Raymond Battegay: Der Mensch in der Gruppe

W0067051

Aus der psychiatrischen Universitätsklinik und -poliklinik Basel
Direktor: Prof. Dr. P. Kielholz

Raymond Battegay

Dr. med., Professor an der Universität Basel
Leitender Arzt der psychiatrischen Universitätspoliklinik

Der Mensch in der Gruppe

Verlag Hans Huber Bern Stuttgart Wien

Library of Congress Catalog Card Number: 72–98111
ISBN 3–456–30572–9

© 1974 by Verlag Hans Huber Bern
In der Schweiz gedruckt

Inhaltsverzeichnis

6

Vorwort

Die verschiedenen Methoden der Gruppenpsychotherapie und des Gruppentrainings sowie die ihnen zugrunde liegende Gruppendynamik nehmen die Aufmerksamkeit immer breiterer Kreise in Anspruch. Es wird zunehmend erkannt, daß die Gruppenpsychotherapie und die Methoden, die einen sozialen Lernprozeß in Gruppen fördern, nicht nur im therapeutischen, sondern auch im sozialen Bereich spezifische Wirkungen ausüben und insbesondere zu einer verbesserten Kommunikation unter den Menschen führen können. Wenn die drei Bände meines Werkes *Der Mensch in der Gruppe* in mehreren Auflagen die Aufmerksamkeit vieler Leser finden durften, so dürfte dieser Umstand vor allem auf die Tatsache zurückzuführen sein, daß immer mehr Menschen den Wert der Gruppe einerseits zur Stützung der Besonderheit des Einzelnen, andererseits zur Förderung der Interaktionen unter den beteiligten Individuen und damit des gegenseitigen Verständnisses wahrnehmen.

Dem Verlag Hans Huber und insbesondere Herrn Heinz Weder gilt mein besonderer Dank. Sie haben es ermöglicht, daß nun mein Werk, wenigstens in großen Auszügen, in Taschenbuchform vorliegt und damit einem größeren Leserkreis zugänglich gemacht werden kann. Leider war es nicht möglich, die Kapitel über spezielle Gruppenmethoden und -erfahrungen in diese Ausgabe aufzunehmen, da sonst der Umfang den Rahmen eines Taschenbuches gesprengt hätte. Es ist aber zu hoffen, daß die darin integrierten Teile ein möglichst abgerundetes Bild von Gruppendynamik, Gruppenpsychotherapie und anderen Arten von Gruppenarbeit bieten.

Basel, im Januar 1974 RAYMOND BATTEGAY

Teil 1

Sozialpsychologische und gruppendynamische Aspekte

1.1. Einleitung

Sprechen wir vom Menschen, so müssen wir ihn in seiner leib-seelischen Einheit und in seinem ihn umgebenden Beziehungssystem verstehen. Der psychophysische Dualismus in der Auffassung des Menschen wird mehr und mehr verlassen, und es bahnt sich zunehmend die Einsicht, daß Psyche und Soma lediglich zwei Aspekte eines einzigen Lebensprozesses sind. Das Thema unseres Buches gestattet es uns aber nicht, näher auf diese Tatsache einzugehen. Wir wenden uns direkt dem sozialen Beziehungssystem, in das hinein ein Mensch – in seiner leib-seelischen Einheit – verwoben ist, zu. Wollen wir ein menschliches Individuum ganzheitlich verstehen, so ist es unbedingt auch notwendig, seine sozialen Bezüge mit zu erfassen. Wenn wir einen Menschen lieben oder ablehnen, so verehren oder negieren wir nicht ihn an sich, sondern seine Art der Beziehungen zu seiner Familie, zu Freunden, zu Bekannten, zur Religion, zur Natur oder anderen Bereichen. Wir lieben zum Beispiel einen uns Begegnenden, weil er eine besondere Art der Beziehung zu schwachen Menschen hat, die seine Hilfe in Anspruch nehmen. Bei der Erfassung eines Menschen ist dazu noch der Hintergrund des Kulturkreises zu berücksichtigen. Glaubt ein Angehöriger einer Primitivkultur an Dämonen, so werden wir seinen Glauben keineswegs als krankhaft auffassen. Würde es aber ein Angehöriger unseres Kulturkreises tun, so würden wir bereits von einer krankhaften Manifestation, einem Dämonenwahn sprechen. Wollen wir einem uns in einem bestimmten Zeitpunkt begegnenden Menschen gerecht werden, müssen wir danach trachten, ihn auch aus seiner Vergangenheit und im Hinblick auf die ihm innewohnende Zukunft zu verstehen. Es wird dabei selbstverständlich erforderlich sein, den mit der Zeit einhergehenden Wandel seines Beziehungssystems mit in unsere Betrachtungen einzubeziehen. Da also das soziale Milieu und die gesellschaftlichen Prozesse, in die hinein ein Mensch verstrickt ist, von außerordentlicher Wichtigkeit für das Verstehen eines Individuums und insbesondere seiner Krankheit sind, wollen wir uns der Sozialpsychologie zuwenden. Wir wählen daraus lediglich das Kapitel der Gruppendynamik, um nicht im Übermaß der Fragen die Übersicht zu verlieren.

ORTEGA Y GASSET und andere Autoren klagen über den Vermassungsprozeß, der in der Gegenwart zu beobachten sei. Sie meinen damit, daß primitive, undifferenzierte und nivellierte Menschen sich ins Rampenlicht der Gesellschaft vorschieben und schließlich tonangebend werden. Es soll damit auch gesagt werden, daß die modernen

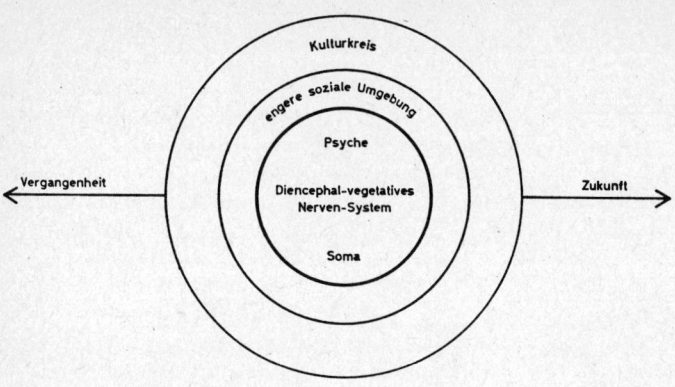

Menschen mehrheitlich ihre Individualität und Originalität verlieren und in einem anonymen Kollektiv aufgehen. In diesen Feststellungen mag etwas Richtiges liegen. Wir können heute tatsächlich erkennen, daß die Menschen an Individualität einbüßen, ich-schwächer sind als in vergangenen Jahrhunderten. Sie sind kaum mehr so bereit wie früher, für eine Sache oder Meinung einzustehen, Verantwortung auf sich zu nehmen. Was uns indessen an der Aussage dieser Autoren über die Vermassung stört, ist, daß sie sich aus diesem Prozeß herausnehmen. Dabei sahen wir in der Geschichte der nahen Vergangenheit wie auch vorher immer wieder, daß auch hervorragende Geister sich vorbehaltlos in einen Massenprozeß miteinbeziehen ließen. Auch geht es nicht an, den Vermassungsprozeß einfach zu verabscheuen. Vielmehr müssen wir alles in unserer Macht Stehende tun, um die dieser Entwicklung innewohnenden Möglichkeiten zu entdecken und zu nutzen, oder aber darin enthaltene Gefahren zu erkennen und sie zu beheben versuchen. Aber auch die Überwertung des Individuums gegenüber dem Kollektiv bzw. ein gesteigerter Individualismus beinhaltet eine Gefahr: diejenige einer gegenseitigen Anonymität und damit des Entstehens einer «anonymen Masse», oder, wie wir später zeigen werden, eigentlicher einer anonymen Menge. Es erfolgt so auch eine wenig nutzbringende Rückwärtsorientierung, die es bedingt, daß die «gute alte Zeit» angepriesen, jedoch wenig für die Weiterentwicklung der modernen Menschheit getan wird.

Dazu beinahe im Gegensatz nahmen sowohl der französische Arzt und Massenpsychologe der Jahrhundertwende LE BON in seiner «Psychologie der Massen» wie auch SIGMUND FREUD, insbesondere in seiner «Massenpsychologie und Ich-Analyse», an, daß der ursprüngliche Mensch, der Urmensch, ein «Massenwesen» gewesen sei. Le Bon dachte dabei an ein infolge Völkerwanderungen und anderer Einwirkungen zusammengewürfeltes Konglomerat von Menschen, Freud an eine unstrukturierte, undifferenzierte Urhorde, in der niemand ein individuelles Gepräge gehabt habe, außer dem Vater-Häuptling. Die Masse erschien Freud als ein Wiederaufleben der Urhorde, wobei er betonte, daß der Urmensch in jedem Menschen der Gegenwart virtuell enthalten sei. Sowohl Le Bon als auch Freud nahmen also als primitiven Zustand ein ungeordnetes Miteinander von individuell nicht differenzierten Menschen an. Sie neigten dementsprechend dazu, den Ordnungsverlust als eine Rückkehr zu primitiveren Zuständen aufzufassen. Hofstätter nimmt gegen diese Ansicht Stellung und frägt sich, ob echte Regression in der Tat je möglich sei. Er glaubt, daß die Ansichten Le Bons sich ausschließlich auf die Desorganisation von Gruppenstrukturen und auf deren Versagen bezögen. Jede Ordnung könne scheitern. Ordnung leite sich jedoch stets nur von Ordnung ab. Demgemäß wäre anzunehmen, daß die heutige strukturierte Gesellschaft sich aus immer wieder wandelnden Ordnungen herleitete. Am Anfang der Menschheit stünde demnach die Gruppe. Je mehr wir indessen in der Menschheitsgeschichte zurückgehen, desto mehr weicht der Intellekt den Affekten und den Trieben, und desto mehr wird es gerechtfertigt sein, die Worte «Gruppe» und «Masse» synonym zu verwenden. Man wird erkennen, daß die Masse in diesem Urzustand eigentlich auch Gruppe ist, eine umschriebene Anzahl von Menschen, die in einer, allerdings wenig differenzierten Art zu einem Ganzen zusammengefaßt sind. Freud hat also im Grunde genommen recht, wenn er die «Urhorde» als eine Masse bezeichnet, da auf dieser Stufe der Menschheitsentwicklung die Masse der Gruppe gleichzusetzen ist. In der Urgruppe haben «Gruppe» und «Masse» ihre gemeinsame Matrix. Das Urkollektiv ist in seinem Wesen Gruppe und Masse zugleich. Je mehr wir in die Gegenwart vorstoßen, um so mehr entwickeln sich Gruppe und Masse auseinander. Wenn wir von Masse und Gruppe sprechen, so müssen wir diese beiden Begriffe zu definieren und sie gegen die Menge abzugrenzen versuchen:

Unter dem Begriff *Gruppe* verstehen wir ein hochorganisiertes soziales Gebilde, das aus einer meist kleinen Zahl von wechselseitig in Beziehung stehenden Individuen zusammengesetzt ist. Die Gruppe besteht aus einem *Füreinander* von gefühls- und verstandesmäßig verbundenen Mitgliedern, von denen jedes eine bestimmte Funktion im Kollektiv ausübt.

Die *Masse* ist eine niedrig organisierte Anhäufung einer meist unbestimmten bzw. großen Anzahl von Menschen, die gefühlsmäßig und triebhaft miteinander zu einem Kollektiv verbunden sind. Sie besteht aus einem *Miteinander* von affektiv und triebmäßig gleichgeschalteten Mitgliedern. In der Masse besteht keine Differenzierung in einzelne Funktionen mit Ausnahme derjenigen des Führers und der Geführten.

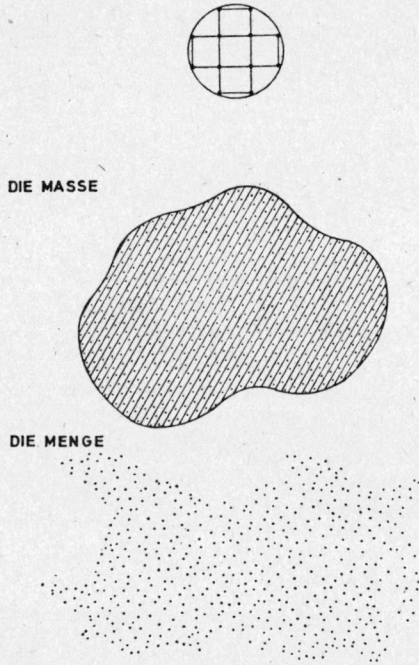

DIE GRUPPE

DIE MASSE

DIE MENGE

Die *Menge* ist eine unorganisierte und zufällige Anhäufung einer unbestimmten bzw. großen Anzahl von Menschen, denen höchstens etwa ein äußerer Wahrnehmungsgegenstand gemeinsam sein kann. Sie besteht aus einem *Nebeneinander* von Individuen, die miteinander weder gefühlsmäßig noch intellektuell in Beziehung stehen.

Wenn die Autoren der Gegenwart oft über die Vermassung in der modernen Welt klagen, wird es uns nun heute deutlich, wie vielmehr die Gruppe, das Team, zum Teil die Funktionen übernommen hat, die früher das Individuum ausfüllte. In den vergangenen Jahren erlangte dabei das Problem der Jugendlichen, die den geradlinigen Weg in das Erwachsenendasein nicht finden, und/oder bei Drogen Zuflucht suchen, eine hervorragende Bedeutung. Wir wollen speziell etwa auch kurz einen Blick auf die Gruppenpsychologie und die Gruppendynamik bei Jugendlichen und bei jugendlichen Drogenabhängigen werfen. Dabei werden Gesetzmäßigkeiten, die bei den Gruppenbildungen und in den Gruppen ganz allgemein gelten, zum Vorschein kommen.

1.2. Die Gruppe als Lebensmilieu des Menschen

Am Anfang der Vergesellschaftung des Menschen und zu Beginn des Lebens des Einzelnen steht die Gruppe. Der Mensch ist zeit seiner historischen und individuellen Existenz darauf angewiesen, Mitglied einer ihn bergenden Gruppe zu sein. Auch kann er den Einflüssen seiner Gruppenzugehörigkeit niemals entrinnen. In diesem Sinne hat schon ARISTOTELES den Menschen als ein «Zoon pólitikon» verstanden, d. h. als ein Lebewesen, das in Gemeinschaft mit anderen, in einer Gruppe, existiert.

In der Literatur wurde durch COOLEY der Begriff «Primärgruppe» eingeführt und von der «Sekundärgruppe» unterschieden (SPROTT). Eine Primärgruppe ist relativ klein, und deren Mitglieder können direkten Kontakt miteinander pflegen. Demgegenüber ist eine Sekundärgruppe nur indirekt verbunden durch ein gemeinsames Symbol, nach unseren Begriffen durch eine gemeinsame «Mitte», ohne daß – bei deren Größe – noch ein direkter Kontakt zwischen allen ihren Mitgliedern möglich wäre. Eine solche Sekundärgruppe bilden beispielsweise die Bürger einer Stadt, eines Landes, für die die Zugehörigkeit zum betreffenden Kollektiv einer Vorstellung von Gemeinsamkeit wie von entsprechenden typischen gemeinsamen Wesenszügen der Einzelnen entspricht. Mitglieder einer Primärgruppe sind sich naturgemäß der Gruppenexistenz stärker bewußt als die einer Sekundärgruppe Zugehörigen. Wenn wir im folgenden von Gruppe sprechen, so ist darunter die Primärgruppe zu verstehen. Wir sind allerdings der Ansicht, daß eine Sekundärgruppe nur dann wirklich noch diesen Namen verdient, wenn sie eine aus Kleingruppen zusammengesetzte Großgruppe darstellt. Sollen eine Nation oder – was wir für eine allerdings noch nicht absehbare Zukunft hoffen – die gesamte Menschheit eine Sekundärgruppe bilden, können sie es nur, wenn sie aus zahllosen, sie konstituierenden und miteinander wirkenden Kleingruppen bestehen.

Die Gruppe vermittelt in ihrer Abgeschlossenheit ein Sicherheits-, Verbundenheits- und Geborgenheitsgefühl, das insbesondere in den Kindheits- und Jugendjahren für eine gedeihliche Entwicklung unerläßlich ist. Es ist die um die Mutter zentrierte Familiengruppe oder ein entsprechender vollwertiger Ersatz, den das Kleinkind als Nährmilieu unbedingt benötigt. Aber auch später bedürfen die Heranwachsenden des fördernden Rahmens der Familie oder eines entsprechenden Kreises. In der Gruppe ist es indessen nicht nur wesentlich, daß die Mutter ihre Rolle übernimmt. Gerade im Lichte der Gruppenpsychologie müssen wir sagen, es ist wichtig, daß jedes Mitglied der Familiengruppe bereit ist, die ihm zufallende Funktion zu übernehmen. Es ist nicht so, daß beispielsweise dem Vater im Familienkollektiv nur eine sekundäre oder keine Rolle zukommt. Vielmehr bedarf es, um das Kind und die Heranwachsenden eine vollwertige Familie erleben zu lassen, des Vaters und der Mutter, ja überhaupt des gesamten Familienkollektivs, wobei selbstverständlich auch die Geschwister bzw. deren Behandlung durch die Eltern wie auch deren Aufeinanderfolge von ausschlaggebender Bedeutung sind. Die Heranwachsenden müssen am Beispiel, in der Identifikation und in der Auseinandersetzung mit dem gleichgeschlechtlichen Elternteil, lernen, sich im Leben zurechtzufinden. Die dem andersgeschlechtlichen Elternteil zukommende Liebe und Hochachtung wird das Richtmaß dafür abgeben, wie sich der spätere Erwachsene dem anderen Geschlecht gegenüber verhält. Im Rahmen der Gruppe lernt der junge Mensch, sich im späteren Leben zu bewähren. Doch auch als Erwachsene können die Menschen die sie umgebende Gruppe nicht entbehren. Nur wenn sich der Mensch in den Reaktionen einer ihn miteinbeziehenden Gruppe erkennen kann, wird er seines Ichs gewahr. Auch wird das menschliche Individuum sich nur dort verwirklichen, wo es mit anderen Menschen, die an seinem Verhalten, an seinen Äußerungen und an seinen Reaktionen Interesse haben, verbunden ist. Während MARTIN BUBER in seinem Buche «Ich und Du» formuliert: «Der Mensch wird am Du zum Ich», werden wir, unter dem Aspekte der gewonnenen gruppenpsychologischen Erkenntnisse, diesen Satz erweitern und sagen: «Der Mensch wird an der Gruppe zum Ich.» Ohne Gruppe hätte das Individuum keinen Widerhall, keinen Wirkkreis und keinen historischen Bestand. Nur im Gedächtnis der Gruppe bzw. der Gruppen, in die es miteinbezogen ist, überwindet das Individuum seine Zeitlichkeit im Flusse der Menschheitsgeschichte. Ohne das Gedenken einer Gruppe, in der das Individuum eine gewisse Funktion zu erfüllen hat, ohne ein Beziehungssystem, in das hinein ein Mensch verwoben ist, würden seine Leistungen verpuffen, und seine Existenz, sobald er nicht mehr da ist, in Vergessenheit geraten. Wir sehen, daß die Gruppe eine der Vorbedingungen für das historische Bewußtsein und das Transzendenzerleben der Menschen ist. Dieser Rahmen ermöglicht es dem Menschen, in dessen Weiterexistenz, auch nach seinem Tode, weiterzuleben.

Die Einwirkung des Kollektivs auf ein Individuum ist in ihrem Umfang kaum zu ermessen. Wie PORTMANN betont, kann sogar die Ausbildung eines Organs wie die menschliche Wirbelsäule umwelts- bzw. gruppenbedingt sein. PORTMANN sagt wörtlich: «Die Wirbelsäule des Neugeborenen ist fast gerade gestreckt. In den drei ersten Lebensjahren erlangt sie unter dem Einfluß der aufrechten Haltung allmählich die charakteristische Form einer tragenden Feder mit S-förmigem Schwung und ihre eigenartige Knickung im Beckengebiet. Im Vorgang dieser Ausformung aber ist untrennbar mitenthalten, als einer unter vielen wirkenden Faktoren, der Drang des kleinen Menschenkindes zum Stehen. Es ist mit darin enthalten, daß dieses Kind um sich lauter aufrechtgehende Menschen sieht, und daß in ihm ein mächtiges Bedürfnis der spielenden Nachahmung lebendig ist. Aber dazu gesellt sich auch die Anregung und Aufforderung zum Stehen, die vielseitige Hilfe, die von der Umgebung ausgeht.»

Wenn wir in der Menschheitsgeschichte zurückblicken, so sehen wir, wie bereits erwähnt, daß an deren Anfang die Gruppe steht. JEAN-JACQUES ROUSSEAU schreibt in seinem 1754 erschienenen «Contrat social» unter anderem: «Die älteste und die einzige natürliche unter allen gesellschaftlichen Vereinigungen ist die Familie», wobei aber unter dem Begriff «Familie» nicht nur der heutige Begriff, sondern auch größere Gemeinschaften wie z. B. Horden, Banden, Rotten, Sippen, Clans (CHRISTOFFEL) verstanden werden können. Der Soziologe OPPENHEIMER gibt einem ähnlichen Gedanken Ausdruck, wenn er sagt: «Man kann ohne Fehler sagen, daß die Gesellschaft aus dem Wir-Interesse und das Ich-Interesse aus der Gesellschaft hervorgegangen ist... Wir werden in der psychologischen Grundlegung zeigen, daß die Gesellschaft aus der Familie erwachsen ist... So ist also das Wir-Interesse älter, vorsozial, das Ich-Interesse jünger, sozial.»

1.3. Individuum und Gruppe

Es ist eine allgemeine Erfahrungstatsache, daß sich Kinder und Jugendliche in einer Gruppe, z. B. in einer Schulklasse oder in einem Verband einer Jugendorganisation, aber auch Erwachsene im Kollektiv anders verhalten, als wenn sie allein auf sich abgestellt sind. Das heißt also, daß das Verhalten des Individuums durch die Umweltsituation beeinflußt wird. Andererseits ist bekannt, daß sich auch umgekehrt das Wirken eines Einzelnen im Gesamtbild einer Gruppe mehr oder weniger deutlich niederschlägt. Durch die Einwirkungen beispielsweise eines sozial verwahrlosten Jugendlichen kann eine ganze Schulklasse ungünstig beeinflußt werden.

Bei den milieugeschädigten und oft in jeglicher Hinsicht verwahrlosten jungen Menschen, die in wachsender Zahl in die Basler Psychiatrische Universitätsklinik eingewiesen werden, sehen wir einerseits immer wieder, daß sich das Kollektiv anders verhält als die es zusammensetzenden Einzelnen. So kommt es bei diesen Jugendlichen, werden sie in einer Gruppe im Rahmen einer für sie speziell eingerichteten Tagesstation zusammengenommen, zu sozialen Fähigkeiten, wie wir sie bei ihnen oft kaum für möglich halten. Sie zeigen allesamt ein gesittetes Verhalten, kochen für sich und die Gäste zu Mittag und sind ohne weiteres bereit, in diesem Milieu irgendwelche Arbeiten zu verrichten, die man von ihnen verlangt. Dabei waren die meisten unter ihnen vorher keiner Arbeit nachgegangen, aus Lehren entlaufen und von Heimen entwichen, in die sie zur Nacherziehung eingewiesen worden waren. Besucher halten es oft kaum für möglich, daß diese Jugendlichen, die vorher sozial vollkommen versagt hatten, sich nun im Kollektiv so ruhig und geordnet verhalten. Allerdings kommt es im Kollektiv dieser jungen Menschen etwa auch zu einer Auflehnung und aggressiven Haltung, wie sie in einer derartigen Intensität bei den einzelnen kaum aufgetreten wäre. Es kann sich daher in einer solchen Gruppe ein dermaßen starker Ausbruch von Gefühlen ereignen, daß der Gruppenverband zerschlagen und eine johlende und überbordende Masse daraus wird. Bei jugendlichen Drogenabhängigen ist die Kommunikationsstörung indessen oft derart, daß sie zwar schon gemeinsam Drogen einnehmen, jedoch – zumindest vorerst – meist keine Gruppengesamtheit entwickeln, die einen wesentlichen Einfluß auf ihr Verhalten ausübte.

Bei therapeutischen Gruppen, die aus andersartigen Patienten zusammengesetzt sind, erkennen wir, daß die Gruppe keineswegs etwa nur aus den Eigenheiten der Beteiligten verstanden werden kann. Sie ist nicht die Summe der individuellen Charaktere. Vielmehr werden gewisse Verhaltensweisen im Gruppenmilieu neutralisiert, andere aber potenziert. Doch ist die Zusammensetzung der Gruppe auch nicht gleichgültig. Schon der Austausch eines Mitgliedes mit einem neu Hinzukommenden kann die Gruppe als gesamte so modifizieren, daß sie von den Altmitgliedern nicht mehr als dieselbe wie zuvor erlebt wird.

Auch bildet sich in allen Gruppen, ebenso in den therapeutischen, eine gewisse Norm aus. Selbst weltfremde Schizophrene bemühen sich im Gruppenverband, nicht allzu weit von der Norm entfernt zu sein. Es liegt ihnen offensichtlich daran, sich in der Gruppe doch mindestens bis zu einem gewissen Grade zu verwirklichen, und sie erkennen, daß sie nur bei Einhalten eines gewissen Normverhaltens, bei einer gewissen Konformität mit der Gruppe, eine Chance haben, von den übrigen akzeptiert, als Zugehörige angenommen zu werden. Verhalten sie sich in der Gruppe in keiner Weise konform, werden sie entweder am Rande der Gruppe, Außenseiter, bleiben oder aber den Kontakt mit dem Kollektiv vollkommen verlieren.

1.4. Das Experiment

Eine recht schöne Demonstration der Unterschiede des individuellen Verhaltens in der Gruppen- und in der Einzelsituation gab der türkische, in den USA wirkende Psychologe MUZAFER SHERIF. Er verwendete hierzu das sogenannte autokinetische Phänomen, bei dem in einem völlig verdunkelten Raum ein sehr kleiner und schwacher Lichtpunkt für kurze Zeit dargeboten wird. Da auch bei fester Fixation unsere Augen nie ganz ruhig bleiben (Nystagmus), scheint sich der Lichtpunkt, der objektiv feststeht, zu bewegen. Eine Versuchsperson besitzt nicht die Möglichkeit, den subjektiven Charakter dieser Bewegungserscheinung zu erkennen, da es dazu eines festen Bezugssystems bedürfte. Ist außerdem die Entfernung des Lichtpunktes unbekannt (der Projektor befindet sich hinter einem Schirm, der erst nach Verdunkelung weggezogen wird), so fällt die Schätzung der scheinbaren Bewegungsweite des Punktes überaus schwer. Der Umfang wie auch die Form dieser scheinbaren Bewegung variieren bei verschiedenen Beobachtern und unter verschiedenen Versuchsbedingungen beträchtlich. SHERIF fand, daß bei Einzelprüfungen von Versuchspersonen eine individuell charakteristische Variationsbreite der errechneten Bewegungen bestand. Der Mittelwert des Variationsspielraumes diente den Versuchspersonen mehr oder weniger als Richtpunkt ihrer Schätzungen. Die Variationsbreite und dieser Richtpunkt erwiesen sich bei wiederholten Versuchen als individuell relativ konstant. Wurden indessen eine Anzahl von Versuchspersonen, die bei Einzeluntersuchungen sehr verschiedene Variationsbreiten und Bezugspunkte entwickelt hatten, bei einer gemeinsamen Prüfung um laute Äußerung ihrer Beobachtung gebeten, so zeigte sich eine Tendenz zu konvergierenden Urteilen. Im Laufe der Zeit neigten die meisten Beteiligten dazu, sich (ihnen selbst unbewußt) der Variationsbreite und der durchschnittlichen Tendenz der anderen Gruppenmitglieder anzugleichen. Diese durch die Gruppe erworbenen Normen blieben auch dann bestehen, wenn die Versuchspersonen späteren Einzelprüfungen unterzogen wurden. Es zeigte sich keine Rückkehr zu den bei den Einzeluntersuchungen entwickelten Normen.

In der Gruppe macht sich also eine Tendenz zur Ausbildung einheitlicher Ansichten und Meinungen bemerkbar: Es sind normative Kräfte, die eine Meinungskonformität und Uniformität zur Folge haben, zu erkennen. Die Streuung der verschiedenen Ansichten und Standpunkte nimmt mit der Dauer des Bestandes der Gruppe ab (Konvergenz). Im Extremfall der Uniformität wird die Streuung der Meinungen gleich Null. Allerdings führt bekanntlich nicht jede Diskussion zur Vereinheitlichung der Meinungen. Nicht selten kommt es zur Bildung von zwei Untergruppen, die sich dann nicht mehr zu einigen vermögen. Diese Entwicklung wird nach HOFSTÄTTER mit «Polarisation» bezeichnet. Dieser Fall ist jedoch nur eine scheinbare Ausnahme von der Konvergenzregel. Es sind lediglich anstelle der Gesamtgruppe zwei Tochtergruppen entstanden, wobei keine der anderen Meinung

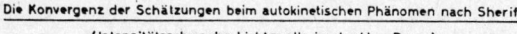

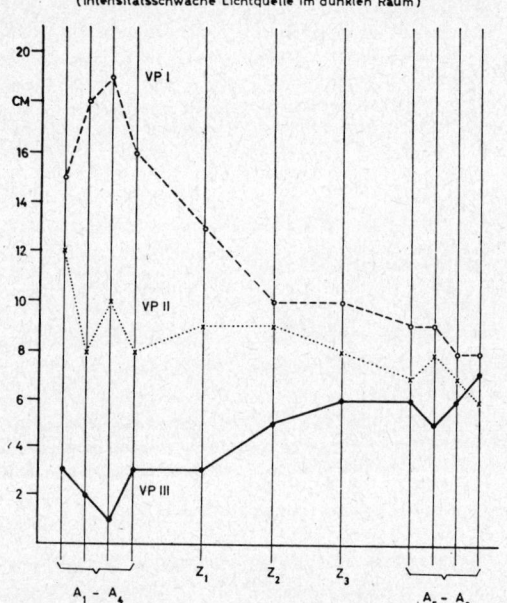

Die Konvergenz der Schätzungen beim autokinetischen Phänomen nach Sherif

(Intensitätsschwache Lichtquelle im dunklen Raum)

$A_1 - A_4$ = Einzelversuche
$Z_1 - Z_3$ = Gruppenversuche
$A_5 - A_8$ = Einzelversuche, die nach den Gruppenversuchen durchgeführt wurden.
Zwischen der ersten Gruppe der Alleinschätzungen, den drei Zusammenschätzungen und der zweiten Gruppe der Alleinschätzungen je 30 Minuten.
(Nach Hofstätter)

billigen kann. Es können sich dabei Schwierigkeiten für Dazwischenstehende, Neutrale, ergeben.

Die Erfahrungstatsache, daß der Meinungsaustausch in Gruppen zu einer Konvergenz der Standpunkte führt, besitzt demnach zwei Realisationsmöglichkeiten. Es kann zu einer tatsächlichen Konzentration oder zu einer Polarisation mit drohendem Zerfall der Gesamtgruppe in zwei Teilgruppen kommen. Eine Gruppe ist immer mehr oder weniger darauf aus, eine gewisse Einheitlichkeit der Standpunkte zu erlangen. Im Falle der Polarisation schließt sie allerdings die Vertreter einer anderen Ansicht aus. Dieses Schicksal erleiden oft auch einzelne Vertreter extremer Meinungen, die dann im Gruppenverband etwa nicht mehr angehört werden und zur Bedeutungslosigkeit herabsinken. Zwar werden diese Gruppenmitglieder oft nicht ausgeschlossen, doch werden sie häufig kaum noch beachtet. Mit der in einer Gruppe bestehenden Tendenz zur Konvergenz der Meinungen ist eine nicht unerhebliche Gefahr verbunden, nämlich diejenige, daß in einem solchen Kollektiv andere als übliche Meinungen nicht akzeptiert werden. Für die Erhaltung der persönlichen Freiheit und unserer demokratischen Einrichtungen ist es indessen gerade wesentlich, daß auch gänzlich andere Ansichten geäußert werden können und auch tatsächlich beachtet werden. Wir werden später auf die Außenseiter und deren Stellung im Rahmen von Gruppen zurückkommen.

1.5. Die Beziehungen in der Gruppe

Der Einzelne ist in der Gruppe in ein Netz von interpersonellen Beziehungen bzw. von wechselseitigen Einwirkungen verstrickt. Die gegenseitigen Einflußnahmen spielen sich dabei auf der intellektuellen und der Gefühlsebene ab. MORENO und einige amerikanische Soziologen und Sozialpsychologen (LAPIÈRE, J.L.GILLIN und J.P.GILLIN, HOMANS) führten den Begriff der *Interaktion* ein, um die gegenseitigen Beziehungen zwischen den einzelnen Gruppenangehörigen zu charakterisieren. Das Wort Interaktion gibt recht gut die Gegenseitigkeitsrelationen in einer Gruppe wieder. Ein auf einen Gruppenbeteiligten gerichtetes Geschehen ist nie ein ausschließlich einseitig orientierter Vorgang. Er löst immer eine Reaktion und eine, zumindest auch, auf den Auslöser gerichtete Bewegung beim Betroffenen aus.

Je dichter die gegenseitigen Einwirkungen, die Interaktionen zwischen zwei oder mehreren Individuen sind, um so mehr sind sie einander ähnlich (HOMANS), um so mehr werden sie zu einer Gruppe. Doch überschreitet die gegenseitige Annäherung im Rahmen einer Gruppe meist gewisse Grenzen nicht, da sich mit dem gegenseitigen Näherkommen auch die wechselseitige Aggressivität steigert. Kommen sich die Beteiligten doch immer näher, so werden sie, aus der Furcht ihre Eigenständigkeit und Individualität zu verlieren, diese Situation unter allen Umständen zu beheben suchen. Die gegenseitige Annäherung in einer Gruppe findet also eine Grenze, und zwar in der sogenannten «sozialen Distanz» (LEWIN) der Beteiligten. Sie ist abhängig einmal von der primären Charakterstruktur, dann auch von der Entwicklung des Individuums, von der Gruppenkonstellation und von kulturellen Gegebenheiten. Wird die für das Individuum in dem speziellen Milieu charakteristische Sozialdistanz im Sinne der Annäherung überschritten, so wird es sich vom Gruppenverband zurückziehen wollen. Bei einer diese Spanne nicht mehr berücksichtigenden Annäherung bestünde die Gefahr, daß der Einzelne sich vom Individualitätsverlust bedroht fühlte. Es träten damit zentrifugale Kräfte in der Gruppe in Erscheinung, und ihre Weiterexistenz wäre in Frage gestellt. Wird umgekehrt die Distanz zwischen den einzelnen Mitgliedern einer Gruppe größer bzw. die Zahl der Interaktionen kleiner, so wird die Gefahr einer Auflösung der Gruppe infolge mangelnder Intensität der Gruppenaktivität und ungenügender zentripetal wirkender, anziehender Kräfte bestehen. Wir könnten also für jede Gruppe charakteristische Grenzwerte ausrechnen, bei deren Über- bzw. Unterschreiten eine Gruppe Gefahr läuft, sich aufzulösen.

Die gegenseitigen Beziehungen in einer Gruppe unterliegen zwar einem stetigen Wechsel; andererseits bleiben dennoch gewisse Beziehungen zwischen Einzelnen und zwischen ihnen und der Gesamtgruppe konstant, so daß eine differenzierte Gruppenstruktur daraus resultiert. Jede Gruppe hat zu jeder Zeit ein sie charakterisierendes Beziehungssystem mit entsprechender Struktur des Kollektivs. Es wird sich dabei ein gewisser, für eine spezielle Gruppe charakteristischer, hierarchischer Aufbau ergeben. Daneben werden sich Eigenheiten zeigen, die für die Gesamtheit der Gruppen typisch sind. Es werden Positionen bzw. Rollen (DAHRENDORF) in Erscheinung treten, die wir in jeder Gruppe wiederfinden, zum Beispiel diejenigen des Gruppenführers. Wir werden später auf diese spezifischen Funktionen innerhalb eines gruppenmäßigen Kollektivs zurückkommen.

1.6. Untersuchungsmethoden

Um eine Einsicht in die interpersonellen Beziehungen in einer Gruppe zu gewinnen, drängt es sich auf, nach Untersuchungsmethoden zu fahnden, die einen möglichst umfassenden Einblick zu geben vermögen:

1.6.1. Soziometrie

Die soziometrische Methode wurde von J.L. MORENO, FRIEDE-MANN, HÖHN und SCHICK u.a. zum Studium der Gruppenstrukturen entwickelt. Bei diesem Verfahren wird die Position des Individuums in einer Gruppe durch eine Erhebung über die gegenseitigen Anziehungen und Abstoßungen der Gruppenmitglieder bestimmt, wenn sie bei einer gegebenen Fragestellung ihre Einstellung zueinander äußern. Es ist mit dieser Methode beispielsweise möglich, eine Schulklasse zu untersuchen. Dabei wird z.B. jedes Kind aufgefordert, die Namen von zwei Klassenkameraden aufzuschreiben, mit denen es gern bzw. nicht gern zusammensitzen würde. Die auf diese Weise ermittelten Namen zeigen die gegenseitigen Vorlieben und Abstoßungen auf. Die Zahl der Anziehungen bzw. Abstoßungen gibt dann die Stellung des Betreffenden im Rahmen des Kollektivs an. So läßt sich die Gruppe in Alpha- bis Omega-Mitglieder aufteilen.

Während des zweiten Weltkrieges wurden bei einer Untersuchung der Gruppenmoral soziometrische Verfahren angewandt. Es sollte festgestellt werden, warum der «Geist» bei einigen Gruppen gut und bei anderen schlecht war. Die Mannschaften von zwei Fliegerschwadronen wurden befragt, welche Leute sie innerhalb oder außerhalb ihrer eigenen Schwadron gern als Flugpartner hätten und wen sie nicht als Partner möchten. Aus den Figuren ergeben sich die ermittelten verschiedenartigen Gruppenstrukturen. In Schwadron A herrschte ein guter «Geist», während der «Geist» in Schwadron B schlecht war.

Diese soziometrischen Figuren sind für die Gruppenbeziehungen sehr aufschlußreich. In Schwadron B zeigte sich eine ausgesprochene Spaltung in zwei Cliquen, während in Schwadron A keine derartige Spaltung bestand. Der «Executive Officer» in Schwadron B wurde von den Gruppenmitgliedern fast einstimmig abgelehnt, und der «Commanding Officer» wurde ignoriert. Von Schwadron A wurden beide Offiziere von vielen der Männer gewählt. In Schwadron B wurden doppelt so viel Mitglieder von ihren Kameraden abgelehnt wie in

Schwadron A. Die Mitglieder der Schwadron A neigten dazu, ihre Abneigungen gegen Personen außerhalb ihrer Schwadron zu richten. Die Männer von Schwadron B zogen zum Teil Leute außerhalb ihrer Gruppe den Kameraden vor. Diese Figuren bieten ein lebendiges graphisches Bild von den Gefühlen und Beziehungen innerhalb einer Gruppe. Mannigfache Gruppen, von informalen Cliquen bis zu ganzen Gemeinden, sind mit Hilfe soziometrischer Methoden untersucht worden. Die Verfahren haben sich für eine Demonstration der besonderen gruppenbildenden Merkmale, von politischen Ideologien über «Klassen»-Zugehörigkeit bis zu persönlichen Vorlieben und Abneigungen als brauchbar erwiesen.

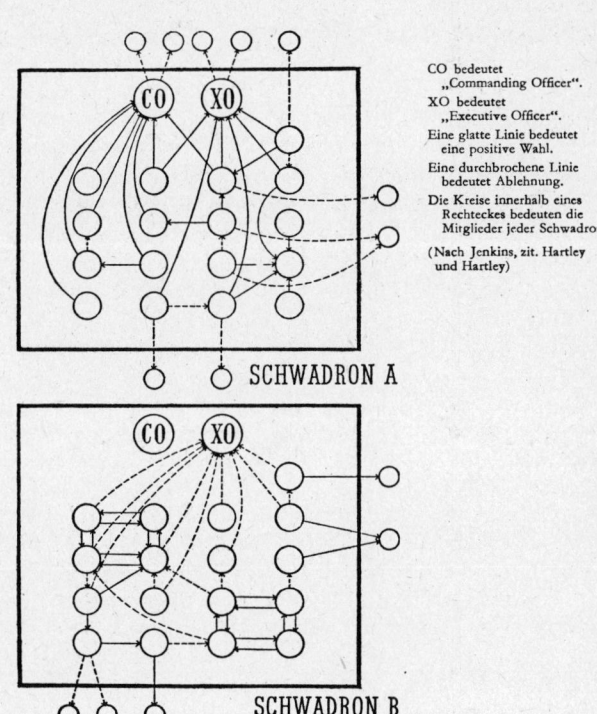

CO bedeutet „Commanding Officer".

XO bedeutet „Executive Officer".

Eine glatte Linie bedeutet eine positive Wahl.

Eine durchbrochene Linie bedeutet Ablehnung.

Die Kreise innerhalb eines Rechteckes bedeuten die Mitglieder jeder Schwadron.

(Nach Jenkins, zit. Hartley und Hartley)

SCHWADRON A

SCHWADRON B

1.6.2. Bewertungsskala

W. I. NEWSTETTER führte in einem entsprechenden Forschungslager 1932 bis 1933 an drei Knabengruppen im Alter von 10 bis 15 Jahren Untersuchungen durch. Es sollten die Beziehungen eines Gruppenmitgliedes zu jedem anderen Mitglied der Gruppe festgestellt werden, so daß die untersuchten Einheiten jeweils Paarbeziehungen waren. Es wurde eine 9-Punkte-Skala aufgestellt, die folgende Verhaltensweisen berücksichtigte:

1. Physischer Ausdruck der Zuneigung.
2. Zeichen besonderer Zuwendung in wohlmeinendem Sinne – geben, leihen, einladen, vorziehen, verteidigen.
3. Zeichen kameradschaftlicher Beziehungen.
4. Zufällige Gespräche.
5. Fast neutrale, aber noch leicht positive Zuwendung.
6. Zeichen der Gleichgültigkeit gegenüber Rechten, Forderungen oder Bitten anderer.
7. Zeichen unverhohlenen Konfliktes mit den Rechten, Forderungen oder Wünschen anderer.
8. Zeichen von Ärger oder Verachtung persönlicher Art.
9. Zeichen der Wut oder absichtlicher Beleidigung – trotzen, fluchen, drohen, herausfordern, schlagen.

Bei der Anwendung dieser Skala durch zwei unabhängige Beurteiler zeigte sich eine sehr enge Übereinstimmung. Jeder Junge wurde nun mit Hilfe dieser Skala dreifach bewertet: 1. nach selbst geäußerter Zuwendung, 2. nach empfangener Zuwendung und 3. nach der Zuwendung in Paarbeziehungen.

Nach den Protokollen äußerte offenbar jeder der Jungen die ganze Variationsbreite der Zuwendung, von extremer Herzlichkeit zu extremer Feindschaft. Hinsichtlich der empfangenen Zuwendung bestanden jedoch ausgeprägte interindividuelle Unterschiede. Hier wurde nicht jedem Jungen das gleiche Verhalten wie anderen zuteil, sondern er wurde in einer ihm allein charakteristischen Weise von anderen behandelt. Einigen Jungen wurde vorwiegend positiv begegnet, andere wurden dagegen hauptsächlich abgelehnt, obwohl jeder einzelne Junge beide Verhaltensweisen gegenüber anderen Gruppenmitgliedern zeigte. Dieses Bewertungsverfahren dient vor allem dann, wenn die soziometrische Untersuchungsmethode nicht angewandt werden kann, z. B. wenn eine Versuchsperson nicht wissen sollte, daß sie bzw. ihre Stellung untersucht wird.

1.6.3. Die Prozeßanalyse sozialer Beziehungen / Systematische Erfassung der Interaktionsprozesse [1]

Von BALES und SLATER wurde eine Untersuchungsmethode der Gruppenbeziehungen entwickelt. Sie versuchten, ein standardisiertes, allen Zwecken gerecht werdendes Kategoriensystem zu konstruieren, in das die sozialen Beziehungen einer Gruppe eingeordnet werden sollen. Diese Kategorien sollten auf jede Gruppe, unabhängig von deren Zielen, anwendbar sein. BALES und SLATER schlugen schließlich zwölf Kategorien der zwischenmenschlichen Beziehungen vor. Diese Kategorien beziehen sich auf Klassifizierungsmöglichkeiten für Verhaltensausschnitte eines Individuums in der Gruppe. Die Liste der vorgeschlagenen Kategorien stellt sich wie folgt dar:

1. Zeigt Solidarität, fördert den Status anderer, gibt Hilfe oder Belohnungen.
2. Zeigt Entspannung, Scherz, Lächeln, zeigt Befriedigung.
3. Stimmt zu, zeigt passive Billigung, Verstehen, willigt ein.
4. Macht Vorschläge, Hinweise, die die Selbständigkeit der anderen implizieren.
5. Äußert Meinungen, Wertungen, Analysen, Gefühle, Wünsche.
6. Gibt Aufklärung, Auskünfte, wiederholt, erklärt, bestätigt.
7. Bittet um Aufklärung, Auskünfte, Wiederholungen, Bestätigung.
8. Bittet um Meinungen, Wertungen, Analysen, Äußerungen.
9. Bittet um Vorschläge, Hinweise, mögliche Aktionsweisen.
10. Stimmt nicht überein, zeigt passive Ablehnung, Förmlichkeit, Verhaltenheit.
11. Zeigt Spannung, bittet um Hilfe, geht aus dem Felde.
12. Zeigt Antagonismus, setzt den Status anderer herab, verteidigt oder behauptet sich.

Mit Hilfe dieser Methode läßt sich die allgemeine und die individuelle Beteiligung am Gruppenleben ermitteln und auch graphisch darstellen. Es ergibt sich dann ein für einen Betreffenden bzw. für eine Gruppe charakteristisches Profil. Wir selbst (BATTEGAY et al.) verwendeten eine modifizierte Form der Prozeßanalyse nach BALES und SLATER bei einer pharmakologischen Gruppenuntersuchung, die sechs Sitzungen von je einer Stunde Dauer an sechs Versuchstagen umfaßte. Es ließen sich signifikante Differenzen zwischen den einzelnen Probanden in bezug auf ihre verbale Aktivität – die sogar durch

[1] Herrn Dr. U. RAUCHFLEISCH sei für seine Mitarbeit an der Revision dieses Kapitels herzlich gedankt.

die applizierten Psychopharmaka (Thioridazin, Desipramin versus Placebo) unbeeinflußt blieb – nachweisen.

BORGATTA hat an der New-Yorker Universität eine systematische und quantitative Studie von Interaktionsprozessen vorgenommen. Diskussionsgruppen mit je fünf Teilnehmern, die zufällig ausgewählt wurden, sind bei der Diskussion von vier Themen beobachtet worden. Jedes Thema wurde während 20 Minuten diskutiert. Die totale Diskussionszeit betrug 80 Minuten. Die Themen wurden auf der Grundlage der Resultate von individuellen Fragebogen ausgewählt. Bei der Auswahl dieser Themen konnte erwartet werden, daß Bejahung und Verneinung in zufälliger Verteilung auftreten werden. Die Art der Diskussion ermöglichte, daß verschiedene Inhalte zur Sprache kamen. Sie gestattete den Mitgliedern auch, einander gegenseitig in unterschiedlichen Kontexten und Wertorientierungen zu beobachten. Die 18 Interaktionsprozeß-Scores der Diskussionsgruppen wurden interkorreliert, und es wurde eine Faktorenanalyse (Centroidmethode) für 175 männliche Personen durchgeführt.

Insgesamt ließen sich acht Faktoren extrahieren. Davon waren die sechs ersten eindeutig identifizierbar. Die Benennung der Faktoren 7 und 8 bereitete hingegen Schwierigkeiten.

BORGATTA nennt folgende Faktoren: 1. Aktivitätsrate (activity rate), 2. Sozio-emotionale Unterstützung (socio-emotional support), 3. Antagonistische Aktivität (antagonistic activity), 4. Direktive Aktivität (directive activity), 5. Übereinstimmungsaktivität (agreement activity), 6. Zurückgehaltene Aktivität (restrained activity), 7. Informative und selbstanalytische Aktivität (gives information, self-analyses), 8. Soziale Anerkennung (social acknowledgments).

BORGATTA führte mit Diskussionsgruppen, die aus drei Teilnehmern bestanden, eine weitere Untersuchung durch. Die aus den dabei erhaltenen Daten extrahierten Faktoren sind hinsichtlich der Kategorien «Aktivitätsrate», «Sozio-emotionale Unterstützung» und «Antagonistische Aktivität» identisch mit den Faktoren der 5-Personen-Gruppe. In bezug auf die übrigen Kategorien weichen die Resultate der beiden Versuchsbedingungen jedoch voneinander ab. BORGATTA schließt daraus, daß trotz ähnlichen inhaltlichen Voraussetzungen die formalen Bedingungen (z.B. Teilnehmerzahl der Gruppe) von großem Einfluß auf den Interaktionsstil der einzelnen Teilnehmer sind.

Auf Grund weiterer Faktorenanalysen, in die Interaktionsprozeß-Scores und eine Reihe anderer Variablen aus Fremd- und Selbsteinschätzung sowie Resultate von Persönlichkeitsfragebogen eingingen, kam BORGATTA zu folgendem Ergebnis:

1. Es ist möglich, das Verhalten eines Individuums innerhalb einer Gruppe in kleinere Einheiten zu zerlegen.
2. Es tritt ein Generalfaktor hervor, der als «Aktivitätsrate» bezeichnet werden kann und für den direkte Korrelate in der Fremd- und in der Selbsteinschätzung bestehen. Das organisierende Konzept in der Einschätzung scheint die Zuversichtlichkeit zu sein.
3. Die Resultate aus einem Persönlichkeitsfragebogen weisen lediglich eine Beziehung zur Selbsteinschätzung auf.

Eine andere faktorenanalytische Untersuchung von Prozeßvariablen in der Gruppenpsychotherapie ist von HECKEL, HOLMES und ROSECRANS durchgeführt worden. Die Autoren stützen sich auf die Daten von 30 männlichen Patienten einer psychiatrischen Klinik, die dreimal wöchentlich zu Gruppensitzungen zusammenkamen. Die Interaktionen sind in elf Kategorien eingeordnet worden, die aus Untersuchungen von BENNE und SHEATS, BALES, SALZBERG und HECKEL, KRAUS und BECK hervorgingen. Die Autoren stellen eine Initialphase (2. und 3. Sitzung) einer späteren Phase (12. und 13. Sitzung) gegenüber. Die elf Interaktionsvariablen sind für jede dieser beiden Phasen interkorreliert und faktorenanalysiert worden (Centroidmethode nach THURSTONE und anschließende Rotation nach simple-structure-Kriterien).

Aus den Daten der Initialphase ergaben sich sechs Faktoren, die folgendermaßen benannt wurden:

1. Egozentrischer Teilnehmer (egocentric participator).
2. Vorsichtiger, unpersönlicher, umweltabhängiger Kommentator (guarded, impersonal, environmental commentator).
3. Oberflächlicher Teilnehmer am Gruppengeschehen (superficial group interactor).
4. Passiver, unverbindlicher Meinungssucher (passive, non-committal opinion-seeker).
5. Sich an den Therapeuten wendender, umweltabhängiger Kommentator (therapist-directed, environmental commentator).
6. Gelegentlicher Meinungssucher (occasional opinion-seeker).

Die aus den Interaktions-Scores einer späteren Phase (12. und 13. Sitzung) extrahierten Faktoren benennen die Autoren folgendermaßen:

1. Kohäsiver Gruppenbauer (cohesive group builder).
2. Oberflächlicher, umweltabhängiger Kommentator (superficial environmental commentator; dieser Faktor bildet eine Kombination der Faktoren 2 und 3 der Initialphase).

3. Fragender, Informationen Suchender (questening-information-seeker).
4. «Radar-Antennen-Typ» (Radar-antenna-typ; dieser Typ ist dadurch charakterisiert, daß er persönlichkeitsbezogene Äußerungen vermeidet, aber eine Zuwendung von Therapeut und Gruppe erfährt).
5. Auf sich selbst orientierter Verbalisierer (self-oriented verbalizer).
6. Gelegentlich persönliche Informationen gebender Teilnehmer (occasional personal information giver).

Die Autoren kommen auf Grund ihrer Untersuchungen zum Ergebnis, daß sich in der voneinander abweichenden Faktorenstruktur der Interaktionsprozesse die Änderung des verbalen Verhaltens von der Initial- zu einer späteren Phase widerspiegelt. Die Initialphase ist durch eine vorsichtige, eher oberflächliche Kontaktnahme der einzelnen Teilnehmer miteinander gekennzeichnet, wobei nur gelegentlich persönliche Probleme zur Sprache kommen. Die spätere Phase hingegen läßt intensive Interaktionen mit deutlichem Kohäsionsverhalten erkennen.

Die zuletzt referierten Befunde sind insofern von besonderem Interesse, als hier durch quantitative Methoden die von verschiedenen Gruppentherapeuten immer wieder referierten qualitativen Beobachtungen verifiziert werden konnten. So wurde auch unsere Stadieneinteilung (siehe Kapitel «Entwicklung einer Gruppe/Gruppenprozeß») durch diese Forschungen bestätigt.

S. J. HUTT und CORINNE HUTT berichten über Methoden der direkten Beobachtung und der Messung des Verhaltens mittels spezieller Registrierapparate, d. h. mittels sogenannter Event Recorders. Solche Event Recorders sind automatische Apparate, welche das Vorkommen ausgewählter Ereignisse registrieren. So kennen wir z. B. den Kymographen, der nicht nur das Geschehnis, sondern auch dessen Dauer und Ablauf bestimmt. Die Autoren erwähnen verschiedene automatische Ereignisaufzeichner, die verwendet wurden, um soziales Verhalten im Tierversuch und bei Menschen zu messen. Es können so beispielsweise bei Tieren in Gruppen der Beginn und das Ende jeden sozialen Kontaktes durch fokussierte Beobachtungen mittels eines Video-Tape-Verfahrens beobachtet und die Zahl der Interaktionen in einer bestimmten Zeiteinheit gemessen werden. Es ist auch möglich, die Zeit zu bestimmen, während der eine soziale Interaktion abläuft. Gewöhnlich wird ein standardisierter elektrischer Zeitmesser parallel geschaltet, damit gleich die Zeit abgelesen werden kann.

Die Verfahren, die im Tierversuch entwickelt worden sind, wurden auch bei der Beobachtung menschlichen, insbesondere kindlichen Verhaltens verwendet. Die beiden HUTTS berichten darüber, daß sie sowohl Registrierlisten in direkter Beobachtung ausfüllten, als auch Tonbänder und Filme, wie auch das Video-Tape-Verfahren benützt haben. Sie haben die Kinder in bezug auf folgende Verhaltenskriterien untersucht:

1. Sich wiederholendes Spiel = gleichbleibendes Verhalten in bezug auf die Manipulation von Spielzeugen oder Objekten.
2. Konstruktives Spiel.
3. Destruktives Spiel.
4. Stereotype Körperbewegungen.
5. Weinen und unlustbetonte Laute.
6. Lokomotion.
7. Interaktion mit Erwachsenen (Annäherung, Kontakt oder umgekehrt).
8. Interaktion mit Kindern nach den gleichen Kriterien (Annäherung, Kontakt oder umgekehrt).
9. Sich verhätscheln lassen.
10. Sich isolieren (kein anderes Individuum innerhalb eines Radius von 60 cm).
11. Aggressives Verhalten.
12. Vermeidendes Verhalten.
13. Aufenthalt an den Grenzen des Raumes (nicht mehr als 90 cm von den Mauern entfernt).
14. Beobachtendes Verhalten, das von keiner Aktivität begleitet ist.

Mit Hilfe dieser Kriterien konnten die Autoren nicht nur das soziale Verhalten der Kinder, sondern auch therapeutische Fortschritte registrieren.

1.6.4. Teilnehmende Beobachtung

WILLIAM F.WHYTE führte die Methode der teilnehmenden Beobachtung ein. Seine bekannte Analyse der Straßenbanden (street-corner-society) wurde mit dieser Methode durchgeführt. Der Beobachter wird in begrenztem Sinne Mitglied der untersuchten Gruppe, und dementsprechend nimmt er so weit am Gruppenleben teil, daß er anerkannt wird. Der Beobachter muß jedoch genügend Objektivität bewahren, damit er einen vollständigen und unvoreingenommenen Bericht über das Verhalten protokollieren kann, welches analysiert werden soll. Bei der Untersuchung der Gruppenstruktur von Straßenbanden achtete WHYTE besonders auf vier Fragen:

1. Beobachtung der raummäßigen Gruppierung.

2. Änderungen der Gruppentätigkeit.

3. Einstellungen, die die Gruppenmitglieder zueinander und zur Welt äußern.

4. Leistungen der Individuen bei Gruppentätigkeit.

Sorgfältige und detaillierte Beobachtungen über die räumliche Verteilung der Gruppenmitglieder können darüber Aufschluß geben, wie oft jemand in Gesellschaft bestimmter anderer Personen gesehen wird. Es ergibt sich bald ein Bild davon, welche Leute am engsten zusammenhängen, welche nicht so regelmäßig teilnehmen und welche an der Peripherie der Gruppe stehen. Beobachtungen über die Veränderungen der Gruppentätigkeit geben Aufschluß darüber, wer die Gruppe zur Handlung veranlaßt, und weisen auf den relativen Rang der verschiedenen Gruppenmitglieder hin. Gefühlseinstellungen oder Haltungen werden untersucht, indem die sprachlichen Äußerungen sobald wie möglich nach dem betreffenden Ereignis protokolliert werden. Zur Protokollierung von Leistungen oder Handlungen sind irgendwelche Maßstäbe erforderlich. Hier können z. B. Punkte in einem Wettspiel, die Anzahl der bei einer Diskussion eingebrachten Vorschläge oder die Anzahl der in einer Fabrik produzierten Werkstücke als Maßstab gelten. Gegen Ende seiner Untersuchungen der Straßenbanden stellte WHYTE z. B. fest, daß die im Ballspiel gewonnenen Punkte einen engen Zusammenhang mit der individuellen Position in der Gruppe aufwiesen. So konnten also die Leistungen im Ballspiel als Anhaltspunkte für die Gruppenstruktur bzw. deren Änderungen dienen.

In der Sozialpsychologie besteht heute die Tendenz, verschiedene der erwähnten Untersuchungsmethoden zu kombinieren. Je vielseitiger der Zugang bei der Untersuchung der Gruppe ist, desto ganzheitlicher wird sie erfaßt werden können.

1.7. Entwicklung einer Gruppe / Gruppenprozeß

1.7.1. Gruppenerfahrung

Die Wirkung einer Gruppe wird dann offenbar, wenn vorher Unbeteiligte und nebeneinander oder weit auseinander Lebende durch das Erleben einer gemeinsam sie betreffenden «Atmosphäre» in ein Kollektiv eingeordnet werden. Es ist jenes Erleben, das die Einzelnen aus der Einsamkeit und Isolierung herausreißt und sie in ein größeres Ganzes eingliedert. Seine Wurzel hat es in der kindlichen Erfahrung, daß menschliches Leben nur im Kreise einer teilnehmenden und schützenden Gruppe wachsen kann. Zeitlebens streben die Menschen nach einem Kollektiv, wie sie es meist in der ursprünglichen Familie erlebt haben. Entbehrten sie in der Kindheit eine solche Erfahrung, werden sie um so mehr sich danach sehnen, eine Gruppe zu erfahren, die sie aufnimmt, behütet und mit ihnen die Verantwortung für sie selbst trägt.

Wir können bei den in unserer Klinik und Poliklinik behandelten jungen Patienten, insbesondere den jugendlichen Drogenabhängigen, immer wieder erkennen, daß dieses zentrale Bedürfnis nach der Gruppe in der Kindheit oft zu wenig erfüllt worden ist. Die Jugendlichen und späteren Erwachsenen, die psychisch erkranken oder/und bei den Drogen Zuflucht suchen, leiden oft unter ihrer früheren Beziehungslosigkeit.

Heute ist oft niemand bereit, sich für ein Kind Zeit zu erübrigen, mit ihm seine Probleme zu teilen, seinem Gruppenbedürfnis zu entsprechen. Die Pflicht und die Verantwortung, die dem Erwachsenen in der Gruppe bei der Begegnung mit der Jugend zufällt, ist zu einer Aufgabe geworden, vor der sich viele scheuen. Dabei ist es besonders in unserer Zeit von zentraler Bedeutung, daß dem Gruppenbedürfnis entsprochen wird. Das Verlangen nach der gruppenmäßigen Einreihung war noch kaum je so stark wie heute. Bei den technischen Möglichkeiten, die der Menschheit in der Gegenwart zur Verfügung stehen, kann der Einzelne seine Aufgaben kaum mehr allein erfüllen. Er muß sich mit anderen vereinigen, um die an ihn gestellten Anforderungen zu bewältigen. Das menschliche Individuum der Gegenwart wird demnach alles daran setzen müssen, eine es gefühlsmäßig und intellektuell erfassende und ansprechende Gruppe, in die es sich einordnen kann, zu suchen. Wenn die Erwachsenen in der Aufgabe versagen, die Jugendlichen in eine gruppenmäßige Gemeinschaft hineinzuführen, werden die daraus sich entwickelnden Erwachsenen zeitlebens in diesem ihrem sozialen Bedürfnis verkürzt sein. Anlagemäßig oder infolge ihrer Lebensgeschichte Prädisponierte haben es dann schwer, von allein den Weg in die Gesellschaft zu finden. Sie neigen dazu, sich ein Ersatzmilieu zu schaffen. Die Bandenbildungen sind – in ihren sozialen Auswirkungen allerdings oft nicht ungefährliche – Versuche der Jugendlichen, die keinen Zugang zur Sozietät finden, eine Gesellschaft im kleinen, in die sie sich eingliedern können, zu gründen. Diese Jugendlichen sind demnach nicht eigentlich als asozial zu betrachten. Ihre Banden entspringen schließlich ihrem Bedürfnis, einen Zugang zu einer Gruppe, zu einer ihnen entsprechenden Gesellschaft zu finden (JORAY). Auch der Griff zur Droge kann als ein Versuch angesehen werden, die soziale Isolierung, wenigstens scheinbar, zu überwinden. Da heute meist die Familien, mit einem oder zwei Kindern, recht klein sind, werden die Heranwachsenden es zu Hause nicht erlernen, sich in der Gesellschaft zu bewegen. In der Kindheit und der Jugend müssen die Eltern oder sonstigen Erzieher alles in ihren Möglichkeiten Liegende tun, um die Heranwachsenden eine bergende Gruppe erleben zu lassen, in der sie auch gesellschaftliche Erfahrung sammeln und sich auf adäquate soziale Verhaltensweisen einüben, konditionieren können. Die Gruppenerfahrung ist schon deshalb so wichtig, weil Kinder und Jugendliche durch Nachahmung und Weiterentwicklung lernen, gewisse Rollen im Rahmen einer «Gesellschaft» zu erkennen und zu übernehmen. Sie werden sich so an jene bereits angetönte Verantwortung gewöhnen, die mit jeder sozialen Position und Aufgabe verbunden ist. Damit wird auch eine prophylaktische Funktion erfüllt werden. Die aus ihnen hervorgehenden Erwachsenen werden eher bereit sein, für sich und ihre Aufgabe einzustehen, und nicht davor zurückschrecken, Verantwortlichkeiten auf sich zu nehmen.

Die ein menschliches Individuum umgebende Gruppe ist schon in der frühen Kindheit von ausschlaggebender Bedeutung für die Entwicklung. So wissen wir seit den bahnbrechenden Untersuchungen von RENÉ A. SPITZ, der 91 Säuglinge eines Findelhauses, denen keinerlei affektive Zuwendung vermittelt wurde, untersuchte, daß das Erleben zumindest einer Zweiergruppe (Mutter–Kind) lebensentscheidend ist. Dabei wird selbstverständlich eine gedeihliche Zweierbeziehung Mutter–Kind nur dort entstehen können, wo sie mit einer größeren Gruppe verbunden ist. Die Säuglinge waren von ihrem dritten Lebensmonat an der Obhut einer Schwester anvertraut worden, die durchschnittlich für zehn Kinder zu sorgen hatte, oft für eine noch größere Zahl. Vorher standen die Kinder unter der Betreuung ihrer Mütter. Die körperliche Pflege der Kinder war vortrefflich. Da die Schwester indessen gleichzeitig zehn oder mehr Kinder zu betreuen hatte, blieben ihr für das Einzelkind nur noch wenig Zeit und kaum mehr mütterliche Gefühle übrig. Es kam zum Phänomen des Hospitalismus: Die Säuglinge magerten ab, wurden passiv-apathisch, blieben in ihrer Entwicklung stehen, führten nur noch stereotype Bewegungen aus. Da das Krankheitsbild einem depressiven Zustand bei Erwachsenen ähnelt, wurde, in Anlehnung daran, der Begriff «anaklitische Depression» verwendet, um dieses Syndrom zu kennzeichnen. Mit vier Jahren konnte ein beträchtlicher Teil von ihnen weder stehen, gehen noch sprechen. Die Krankheitsanfälligkeit und die Sterblichkeit dieser Kinder waren extrem. 37% von ihnen starben während der zwei Jahre, in denen sie Spitz beobachtete. Demgegenüber entwickelten sich 220 Kleinkinder, die in einem anderen Heim aufgezogen wurden, in dem die Mütter selbst sie versorgen durften, unauffällig. Sie durften dort eben die Gemeinsamkeit mit der Mutter und über sie mit einer affektiv warmen (Heim-) Gruppe erleben.

Aber auch später, wenn das Kind in die Schule kommt, oder gar wenn der Jugendliche die körperliche und seelische Reifung in der Pubertätszeit durchmachen muß, ist die Gruppenerfahrung von entscheidender Bedeutung. Fühlt sich ein Kind oder ein Jugendlicher in einer Schulklasse wohl, eingebettet in eine Gruppe, wird es oder er auch den Lehrstoff leichter erwerben können als in einer kühlen, affektiv nicht ansprechenden Umgebung. Zudem wird die Dynamik im Rahmen der Schulklasse es bzw. ihn dazu veranlassen, sich in einer Gruppe von Gleichaltrigen durchzusetzen und zu behaupten. Es wird die Schulklasse zu einer eigentlichen Lehre und einem Training für das Leben. Pädagogen fällt dementsprechend die wichtige Aufgabe zu, dafür zu sorgen, daß die Kinder und die Jugendlichen sich einerseits sicher und geborgen fühlen können, andererseits in den Interaktionen mit den Klassenkameraden es allmählich lernen, sich zu bewähren. Wenn immer nur möglich sollten die Klassen gruppenzentriert und nicht ausgerichtet auf die Lehrer arbeiten. Es frägt sich in diesem Zusammenhang auch, ob nicht in den Schulen spezielle Konfliktsaustragungsmöglichkeiten in Gruppen geschaffen werden sollten, in denen die Kinder und Jugendlichen regelmäßig Gelegenheit zur entlastenden Aussprache, zur gegenseitigen Kommunikation, zur Einsicht und zur Verantwortungsübernahme hätten.

Für die Pubertätsjahre ist entscheidend, was für Vorbilder die Jugendlichen in der Familiengruppe, der sie zugehören, in den ihnen nahestehenden Erwachsenen, sehen, wie die Beziehungen ihrer Eltern untereinander und der Eltern zu den Kindern sind und wie sie ihre Lehrer erleben. Die Begegnung mit dem gleich- und dem andersgeschlechtlichen Elternteil oder einem sonstigen diese Funktion bekleidenden Erwachsenen wird das Richtmaß dafür abgegeben, wie sich die Heranwachsenden in der Begegnung mit dem anderen Geschlecht verhalten.

Bei den in unserer Klinik und Poliklinik in den letzten Jahren gehäuft zur Behandlung kommenden milieugeschädigten und verwahrlosten Jugendlichen, insbesondere aber auch bei den jugendlichen Drogenabhängigen, ergibt sich aus ihrer Lebensgeschichte oft die Tatsache, daß sie in einer vollkommen ungeordneten Umgebung aufwuchsen. Sie lebten dementsprechend in ihrer Kindheit in einem Mengen-Dasein, in dem sich die übrigen Familienglieder ihrer kaum oder nicht annahmen. Dabei hatten sie nie Gelegenheit, aus ihrer Mengen-Existenz herausgeführt und in eine sie packende Gruppe miteinbezogen zu werden bzw. in ein Gruppen-Dasein hinüberzuwechseln. Um so begreiflicher ist es, daß sie einerseits sich stets nach einer Gruppe sehnen und in einer Welt, die ihnen keine Möglichkeit zur Beteiligung an einem bergenden Kollektiv gibt, sich selbst für die Verwirklichung ihrer Sehnsucht – beispielsweise in einer Jugendlichen-Bande – einsetzen. Oder aber sie werden zeitlebens die Gruppe als Lebensmilieu ablehnen, Außenseiter bleiben oder sich sogar gänzlich außerhalb der von den Menschen entworfenen und angenommenen Gesetze aufhalten. Der Griff zur Droge ist ein weiterer Weg. Die Berauschung hebt sie dann – allerdings fiktiv – über die Koordinaten der äußeren Realität hinweg. Nehmen sie die Rauschmittel gemeinsam mit anderen ein, so werden sie, trotz ihrer meist vorhandenen Kommunikationsstörung, zumindest die Illusion der Gruppengeborgenheit erleben.

Auch bei anderen Kranken, die in unsere Klinik eintreten, wie bei Gesunden, erkennen wir, wie wichtig das Wissen für sie ist, an einer sie umfassenden und bergenden Gruppe teilhaben zu können. So können sich beispielsweise Depressive, die sich in ihrer Schwermut ohnehin einsam fühlen, haben sie keinen Halt durch eine sie erfassende Gruppe, gänzlich aus der Welt gestellt fühlen und am Dasein verzweifeln. Erfahren sie keine Gruppe, die an ihnen und ihrem Los teilhat, werden sie oft keinen Mut mehr finden, in die Gesellschaft zurückzukehren. Wir sehen gerade bei diesen Kranken, aber auch bei anderen psychisch Leidenden, wie wichtig eine partizipierende Gruppe für ihre Genesung ist (KIELHOLZ). Hat niemand – außer den Ärzten und dem Pflegepersonal – an ihrer Genesung Anteil, so werden sie häufig nur verzögert oder etwa gar nicht mehr den Weg in ein gesundes Dasein zurückfinden. Ist es aber nicht auch bei Gesunden so, daß sie nur ein Interesse daran haben, zu leisten, zu produzieren, sich für eine Aufgabe einzusetzen, wenn ein sie annehmender und bergender Kreis daran Anteil nimmt und sie eine mitgehende und sichernde Gruppe erfahren können?

Doch wird eine gegenwärtige Gruppenerfahrung stets auch durch eigene frühere Erlebnisse und entsprechende Erfahrungen der Menschheit mitbedingt sein. Sowohl frühere Gruppeneindrücke in der Lebensgeschichte als auch die kollektiv-menschliche Erfahrung mit und in der Gruppe werden mit entscheiden, wie das menschliche Individuum eine es umfassende Gruppe erlebt. Dabei ist die Gruppenerfahrung entscheidend dafür, ob sich ein Mensch durch die ihn Umgebenden angenommen und gefördert oder aber abgelehnt und verworfen fühlt.

1.7.2. Gruppenursprung, -ziel und -zweck

Eine Gruppe hat ihren Ursprung dort, wo sich zwei oder mehr Individuen um eine gemeinsame «Mitte» scharen. Diese Sammlung um ein Zentrum kann aus individueller, verstandes- und (oder) gefühlsmäßig bedingter Entscheidung heraus erfolgen, oder sie ist durch die Geburt in einen entsprechenden Kreis von vorneherein gegeben. Diese «Mitte» ist häufig ein reiner Zweck, wie z. B. bei sportlichen, politischen oder kommerziellen Vereinigungen. Die Kommunen, die nichts anderes als zweckgerichtete Gruppen darstellen, sind auf Gemeinsamkeit des Erlebens, des sozialen und politischen Wirkens sowie der Kindererziehung ausgerichtet. Auch die Jugendlichen-Banden sind in der Regel zweckbedingt. Die Heranwachsenden wollen einmal mit Hilfe der Gruppe jenes erwähnte Bedürfnis nach Sicherheit und Halt in einer Gemeinschaft erfüllt erhalten. Ferner gewinnen sie in einem solchen Kollektiv die Möglichkeit, in ihren Lebensanliegen durch Gleichgesinnte unterstützt zu werden. Ihr Ziel ist es auch, in der Gemeinschaft ihre Einsamkeit zu überwinden. Bei jugendlichen Drogenmißbrauchern soll die Gruppe eine Gemeinsamkeit des Erlebens bringen. Allerdings wird sie durch die Drogenwirkung selbst, mit der sich dabei ergebenden Hingabe an eine individuelle Phantasiewelt, oft wieder aufgehoben.

Die «Mitte» einer Gruppe kann indessen auch von einer höheren Ordnung sein, wie beispielsweise das Totem bei den Sippen der Primitiven oder der unsichtbare Gott bei den christlich-jüdisch-islamischen Religionsgemeinschaften. Diese Gruppen sind dabei nicht zu einem bestimmten Zweck da. Ihre Existenz liegt im Transzendenzerleben und -bedürfnis der Menschen begründet. Die Gruppe ist in ihrer überindividuellen Existenz ein Kreis, der die Transzendenz an den Menschen heranträgt. In der Gruppe wird es ihm offenbar, daß sein Werk und sein Wirken in den mit ihm und nach ihm Seienden und Kommenden fortexistiert. Damit erhält sein Schaffen, ob es im bescheidenen Hintergrunde oder aber im Rampenlicht der Gesellschaft geschieht, Bestand.

Bei der Gruppenpsychotherapie, in der Gruppen von Patienten zusammengenommen werden, besteht der Zweck nicht in der äußeren Realität. Er ist vielmehr auf die «innere Wirklichkeit» eines jeden Beteiligten ausgerichtet. Er beinhaltet die Förderung einer heilsamen Einsicht und die Aktivierung des Heilungsstrebens bei jedem einzelnen Mitglied.

Das Gruppenbedürfnis ist im Verlaufe des Menschenlebens kaum je größer als in jener Zeit, in der die Jugendlichen sich vom Elternhause langsam abzulösen und in die Welt hineinzuwachsen beginnen. Während sie auf der einen Seite eine Eigenständigkeit zu erwerben trachten, suchen sie andererseits die Gemeinschaft von anderen, gleichermaßen mit dieser Aufgabe Beschäftigten. Sie haben es so leichter, diesen beschwerlichen Weg in die ihnen noch unbekannte Gesellschaft zu gehen. Allerdings können sie in dieser Lebensphase auch an eine dissoziale Gruppe geraten, die sie dann mit auf ihre Abwege führt. In diesem Lebensabschnitt treten schon normalerweise Schwierigkeiten auf. Es ist deshalb nicht erstaunlich, daß Jugendliche, die in ihrer frühen Entwicklung zu wenig mitmenschliche Wärme oder Führung erfahren hatten, einer verständnislosen Härte ausgesetzt oder aber verwöhnt worden waren, in der Zeit ihrer werdenden Reifung, ihrer Mann- bzw. Frauwerdung, ihres Hineinwachsens in die Gesellschaft, Schwierigkeiten haben oder zu solchen Anlaß geben.

Es ist für die Entwicklung der Kinder und Jugendlichen auch im Rahmen der Schulklassen wichtig, wie sie pädagogisch angegangen werden. Führt der Lehrer eine Klasse von Schülern oder Schülerinnen demokratisch, als eine mitverantwortliche Gruppe, so wird ein spontaner Zusammenhalt des Kollektivs und ein Gefühl für den Wert gemeinsamer und individueller Leistung und Verantwortlichkeit zustande kommen. In Schulklassen jedoch, die durch einen dominierenden Lehrer geführt werden, resultiert nicht nur eine Opposition gegen ihn, sondern auch ein mangelndes Interesse am Ziel und Zweck des Unterrichts.

Genauso ist es auf einer Patientenabteilung wichtig, den Kranken nicht alles vorzuschreiben. Es muß ihnen, soweit möglich, eine Freiheit gelassen werden, die sie bewußt werden läßt, daß sie im Rahmen des Möglichen mit an der Verantwortung für ihre Genesung tragen. Heute wird in vielen psychiatrischen Spitalzentren dazu übergegangen, gewisse Patientenabteilungen einer Selbstverwaltung zu überlassen und eine «Therapeutic Community» mit ihnen zu treiben. Es wird damit hauptsächlich das Ziel verfolgt, den Patienten durch Beteiligung an einer Gruppe, einer «Gesellschaft im kleinen» jene Verantwortung für sich und ihre Genesung zu geben, die sie tragen können und sie für die Realitätsanforderungen vorbereitet und trainiert (BASAGLIA, JONES, NAPOLITANI, STROTZKA). Auch im Strafvollzug ist es wichtig, daß die Gefangenen zu Gruppen zusammengefaßt werden (ILLING, STÜRÜP u.a.). Es wird damit den Kriminellen selbst eine adäquate Verantwortung für ihre Resozialisierung überbunden. Allerdings müßte, wie LINDEMANN betont, vor allem auch die Gesellschaft es ertragen lernen, ohne Menschen auszukommen, die sie als Kranke, Arme, «Gefallene», Verbrecher usw. stempelt. Haben diese Menschen nämlich mit eine Verantwortung für ihre Heilung, ihr Fortkommen oder ihre Resozialisierung, so bleiben sie auch in ihrer Ausnahmesituation Mitglieder der Gesellschaft. Die Gruppe gibt nämlich den Beteiligten die Möglichkeit, das Ziel der Heilung oder Resozialisierung in der Gemeinsamkeit mit gleichermaßen Betroffenen selbst mit herbeiführen zu helfen und dabei eine verantwortliche Aufgabe mit zu tragen.

1.7.3. Kommunikation

Eine wesentliche Voraussetzung zur Gruppenentstehung ist die gegenseitige Kommunikation der Beteiligten. Dabei müssen wir uns bewußt werden, daß die Kommunikation der Träger des gesamten sozialen Geschehens ist. Wie HARTLEY und HARTLEY formulieren, wird der Mensch «durch die Kommunikation... zum sozialen Wesen...». Die Kommunikation ermöglicht es dem Menschen, die Erfahrung, die Information anderer Menschen zu nutzen und auf diese Weise das in sich aufzunehmen und zu verarbeiten, was ihm selbst entgangen ist. Durch diese Fähigkeit gewinnt der Einzelne einen breiteren Gesichtskreis, um die Welt zu erfahren. Es ist damit auch eine Arbeitsteilung verbunden. Der Einzelne kann und darf damit rechnen, daß andere Bereiche erschließen, die ihm verschlossen sind, wobei auch er durch die Mitteilung Nutzen ziehen wird.

Soll eine engere Kommunikation und eine Gruppenbildung resultieren, so bedarf es wenigstens in einer oder manchen Hinsichten gleichartiger Bezugsschemata. Subjektive Haltungen und Auffassungen können als Kommunikationsschranken wirken. Die Haltungen und Meinungen der Einzelnen sind aus früheren Erfahrungen heraus erwachsen und engen die spätere Beziehungsfähigkeit der Betreffenden ein. Die eine Gruppe zusammensetzenden Individuen müssen also irgendein gemeinsames Erfahrungsgut, wenigstens gewisse gemeinsame Interessen, Vorstellungen und Werte haben, damit sie sich miteinander verständigen können. Diese Tatsache stellt einer der Gründe dar, weshalb eine Gruppe nicht zu viele Individuen umfassen darf. Sonst findet sich kaum ein allen gemeinsames und sie verbindendes Interesse oder eine gemeinsame Erfahrung. Diese gemeinsame «Mitte» aber ist eine der Hauptvoraussetzungen für die Gruppenbildung. Es ist auch notwendig, daß die Beziehungen der Einzelnen zueinander wenigstens gewisse positive Aspekte haben und zumindest eine gewisse Anziehung der einzelnen Mitglieder untereinander besteht. Nur diejenigen Menschen sind also kommunikations- und gruppenfähig, die zu einem Mindestmass an Übereinstimmung und Identifikation mit anderen bereit oder fähig sind.

1.7.4. Die Stadien der Gruppenentwicklung

Die Stadien der Gruppenentwicklung und des Gruppenprozesses können von verschiedenen Gesichtspunkten aus betrachtet werden, je nach der wissenschaftlichen Methode, die wir wählen. Es ist *erstens* möglich, die Gruppe vom horizontal-soziologischen Gesichtspunkt zu betrachten, wobei wir uns dann mit der Beschreibung und Erfassung des interaktionellen, kommunikativen Geschehens im gegebenen Rahmen befassen. *Zweitens* können wir die Gruppenentwicklung und den Gruppenprozeß vom tiefenpsychologisch-motivationell-vertikalen Aspekt her untersuchen. Das Geschehen in einer Gruppe ist stets die Resultante eines soziologischen und eines tiefenpsychologisch-motivationellen Geschehens. Für die Gruppenpsychotherapie ergibt sich ein *dritter* Gesichtspunkt, der therapeutische, der naturgemäß Faktoren des soziologischen und des tiefenpsychologischen speziell berücksichtigen muß. Der therapeutische Aspekt wird später abgehandelt.

1.7.4.1. Der soziologische Aspekt (Gruppendynamik)

1.7.4.1.1. Interaktionen / gegenseitiges Abtasten / Sozialisation

Voraussetzungen zu jeder Gruppenbildung sind, wie erwähnt, die wechselseitigen Kommunikationen bzw. die Interaktionen zwischen den gleichzeitig in einem bestimmten Raum befindlichen Menschen. Je mehr die Beteiligten einander begegnen, um so mehr besteht die

Chance der Entstehung einer Gruppengemeinschaft. HOMANS sagt: «Persons who interact frequently with one another tend to like one another» (Personen, die häufig miteinander in Interaktionen treten, neigen dazu, sich sympathisch zu sein). Nach diesem Autor sind objektiv feststellbare Interaktionsfrequenz und subjektive Sympathie zwei zueinander proportionale Faktoren. Erfahrungen an spontanen und therapeutischen Gruppen an unserer Klinik und Poliklinik ergeben, daß diese Regel zumindest einem Teilaspekt der Gruppendynamik entspricht. Wir erkennen immer wieder, daß die gegenseitige Wertschätzung von Gruppenbeteiligten um so größer wird, je mehr sie Gelegenheit haben, miteinander in einen intellektuellen und affektiven Kontakt zu treten. Die Überwindung der räumlichen und psychologischen Distanz kann zu Nähe, Mitgefühl und gegenseitigem Verständnis führen. Allerdings können die Einzelnen einander zu nahe kommen, so daß sie sich dann – offenbar um sich nicht dem Kollektiv zu sehr anpassen zu müssen – wieder vermehrt zurückziehen oder gar aus dem Kollektiv austreten. Erreichen die Interaktionen eine zu große Dichte, besteht demnach immer die Gefahr, daß der Kreis gesprengt wird.

Interessant sind in diesem Zusammenhang die Untersuchungen, die in einem Dorfe in der Nähe von Hannover (1946) durchgeführt wurden (LOOMIS). Sie vermögen uns einen weiteren Einblick in die Dynamik der Gruppenbildung zu geben. Die 61 Familien des Dorfes wurden nach der politischen Parteizugehörigkeit des Familienoberhauptes geordnet. Unter ihnen fanden sich 23 Sozialisten, 21 ehemalige Nationalsozialisten, 6 Kommunisten und 11 Angehörige anderer Parteien. Es wurde nun die Anzahl der Familien untersucht, die miteinander in einer Relation des Besuchemachens standen. Dabei wurde geprüft, wie viele solcher Relationen innerhalb einer Parteizugehörigkeitsgruppe und wie viele außerhalb bestanden.

Als Fazit der Untersuchung ergab sich dreierlei:

1. Ein Unterschied zwischen Binnendistanzen (innerhalb einer Gruppe) und Außendistanzen (zwischen verschiedenen Gruppen).
2. Ein Kompensationsverhältnis zwischen Binnen- und Außendistanzen.

Die beiden Gruppen, für die der Zugang zu den anderen am schwierigsten ist bzw. die sich am stärksten selbst distanzieren und zu denen auch die anderen am wenigsten leicht den Weg finden (Nationalsozialisten und Kommunisten), sind gleichzeitig auch die Gruppen mit dem intensivsten Binnenkontakt. Die beiden Extremgruppen meiden einander besonders konsequent.

3. Eine Ungleichheit der Distanzen in den beiden Richtungen des Kontaktes. So war es z. B. von den sozialistischen zu den national-sozialistischen Familien weiter als umgekehrt.

Die Extremgruppen befanden sich in einer gewissen Isolierung, wobei wir nach der HOMANSschen Regel annehmen müssen, daß gegenseitige Abstoßungen oder gegenseitiges Desinteresse zwischen den Extremgruppen und den anderen vorlagen. Beiläufig sei die Tatsache

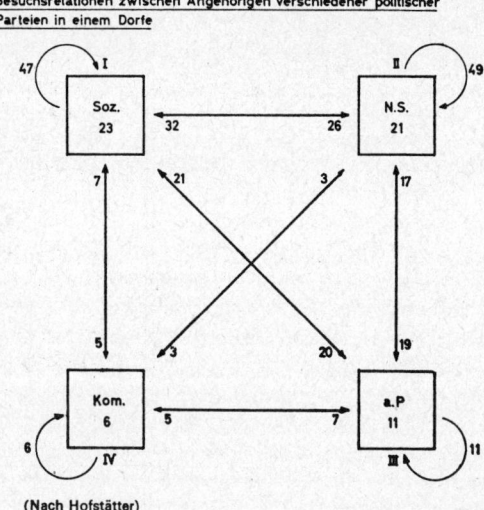

Besuchsrelationen zwischen Angehörigen verschiedener politischer Parteien in einem Dorfe

(Nach Hofstätter)

erwähnt, daß die Kommunisten bedeutend isolierter waren als die Nationalsozialisten. Darf dieses Untersuchungsresultat dahingehend gewertet werden, daß die politische Vergangenheit, zumindest dieses Dorfes, noch immer unbewältigt ist? Dieser Schluß wäre voreilig, doch werden zweifellos gewisse Kreise die Angst vor den Kommunisten ausnützen und damit die Gruppe der Nationalsozialisten stärken wollen. – HOMANS betont, daß die Verminderung der Kontaktdichte zwischen den Angehörigen einer Gruppe und Außenstehenden zu einer Intensivierung des Kontaktes und der Sympathie in der Gruppe selbst und zu einer wachsenden Abneigung gegenüber den Außenstehenden führe. Darin liegt einer der Gründe, weshalb es beispielsweise in einer religiösen Gruppe zu einem oft sehr intensiven Kontakt der Beteiligten kommt und die Außenwelt durch sie häufig in steigendem Maße als negativ, als «sündhaft», erlebt wird. Es werden sich dann etwa weltferne Ansichten und Rituale entwickeln. Dadurch werden sie einerseits immer enger aneinandergekettet, andererseits aber immer mehr der Außenwelt entfremdet. Sie werden schließlich ein weltfremdes Sonderdasein führen. Ähnliche Erfahrungen haben wir mit den in unserer Klinik in den letzten Jahren gehäuft hospitalisierten milieugeschädigten und verwahrlosten Jugendlichen gesammelt. Sie fanden kaum Kontakt zu anderen Mitpatienten, entwickelten aber einen um so engeren Kontakt innerhalb ihrer Gruppe. Überließe man diese Jugendlichen sich selbst, würden sie sich gefühlsmäßig immer mehr aneinander binden und schließlich, unter den Augen der Ärzte, zu einer Bande mit eigenen, nicht der äußeren, sozialen Realität entsprechenden Gesetzmäßigkeiten werden. Und gerade um den Binnenkontakt unter diesen Jugendlichen nicht zu intensiv werden zu lassen, bedarf es für sie einer großen Zahl von Betreuern. Würde dieser Binnenkontakt zu stark, bestünde für sie kein Anlaß mehr, mit der Außenwelt Verbindung aufzunehmen.

Wenn Rauschdrogen durch Jugendliche immer mehr in Gruppen eingenommen werden, so ist dieser Umstand, wie wir an Hand der durch uns behandelten Drogenabhängigen sehen konnten, wohl darauf zurückzuführen, daß sie primär, anlagemäßig, oder durch Milieuschädigungen bedingt, kommunikationsbehindert sind und den Zugang zur Gesellschaft nicht finden. Sie schließen sich deshalb zu Gruppen zusammen, in denen eigene Verhaltensnormen gelten, um Drogen zu konsumieren. Die sich gegen die Sozietät oft auflehnenden, häufig bereits aber resignierenden Jugendlichen gestalten sich so ein Gruppenmilieu, in dem sie leben können. Dieser Umstand wirkt sich dann dahingehend aus, daß sich bei steigendem Gruppenbinnenkontakt eine Subkultur entwickelt, die die Heranwachsenden fasziniert. Die dadurch gegebene Intensität des Geschehens in der Gruppe, deren Realitätsintensität enthebt sie, mit der frustrierenden Außenwelt, mit der Gesellschaftsrealität, in Kontakt zu bleiben. Die zunehmenden Binnenkontakte bringen dementsprechend eine Abnahme der Außenkontakte mit sich. Diese Reduktion der Beziehungen nach außen bedingt noch mehr eine Zentrierung der Aufmerksamkeit der Beteiligten auf die Gruppe. Mit geringer werdendem Kontakt zur äußeren Realität besteht die Gefahr, daß sich in einem solchen Kreise eigengesetzliche Haltungen und Einstellungen entwickeln, die im Extremfall gegen die Mitmenschen der Außenwelt gerichtet sein können. Für die Mitglieder selbst besteht mit zunehmender Ausrichtung auf das Geschehen im eigenen Kreis die Gefahr, daß sie, wie RICHTER es geschildert hat, mehr oder weniger vollkommen, gruppenabhängig werden. Allerdings ließe sich denken, daß das Entstehen einer solchen

Gruppendependenz bei entsprechend Gefährdeten oder Kranken die Abhängigkeit von den Drogen oder vom Alkohol etwa ersetzen könnte. Das Entstehen einer Gruppenabhängigkeit könnte sich unter diesem Aspekt gar therapeutisch in dem Sinne auswirken, daß die Betroffenen ihre Abhängigkeitswünsche zu leben vermöchten, ohne gefährdenden Giftstoffen ausgesetzt zu sein. Zu einer solchen Wirkung der Gruppe wäre es aber wohl notwendig, daß sie entsprechend Gefährdete über lange Strecken durch das Leben begleitete.

An anderer Stelle haben wir deshalb vorgeschlagen, für Jugendliche, die ein Bedürfnis nach Drogenerfahrung haben, in speziell durch die Behörden autorisierten Zentren oder in den vorhandenen Behandlungsinstitutionen für Drogenabhängige, ärztlich kontrollierte Drogenexperimentiermöglichkeiten in Gruppen zu schaffen (BATTEGAY). Erstens hätten die Jugendlichen, die ein Bedürfnis nach Drogenerfahrung haben, Gelegenheit, unter kundiger Leitung, mit bekannten Drogendosen, bei gleichzeitiger psychotherapeutischer Betreuung, diese Mittel einzunehmen. Zweitens bestünde so die Möglichkeit, daß die gefährdeten Jugendlichen in diesen Gruppen in Kontakt mit entsprechend geschulten Sozialberatern und Ärzten kämen. In diesen therapeutischen Gruppen erhielten sie immer wieder Feed-backs über kommunikationsbehinderndes Gebaren unter der Drogenwirkung. Wir haben bei unserer therapeutischen Gruppenarbeit mit jugendlichen Drogenabhängigen erkennen können, daß die Reflexion sozial abweichenden Verhaltens durch Mitbeteiligte, die keiner Drogenwirkung unterstehen, kurativ auf jene wirken kann, die im Drogenrausch an den Sitzungen teilnehmen. Sie merken allmählich, daß sie, wollen sie einen echten Kontakt mit den Gruppenbeteiligten haben, auf die Drogen verzichten sollten. Die Drogengefährdeten erhalten in der Gruppe also Gelegenheit zu einem kommunikativen Kontakt. In ihrer oralen Ansprüchlichkeit kommt es allerdings unserer Erfahrung nach etwa dazu, daß sie nun die Gruppe anstelle der Droge setzen, sie zu ihrem Refugium machen und dementsprechend gruppenabhängig werden.

Wir können indessen HOMANS nicht nur beipflichten, wenn er sagt, daß mit steigender Interaktionsdichte die gegenseitige Sympathie der Mitglieder zunehme. Bei Intensivierung des Gruppenkontaktes kommt es, nach unseren Erfahrungen, nicht nur zu einer Vermehrung der gegenseitigen Zuneigung, sondern auch zu einer Zunahme der wechselseitigen Aggressionen. Wird die Dichte der Interaktionen so groß, daß die Individuen um ihre Eigenständigkeit und ihre individuelle Freiheit bangen müssen, steigert sich die Aggressivität in der Gruppe. Mit zunehmenden Interaktionen wird also nicht nur, wie HOMANS bemerkt, die gegenseitige Wertschätzung, sondern auch die wechselseitige Aggressivität der Mitglieder untereinander gesteigert. Gemäß unserer Erfahrung mit Gruppen – die weitgehend mit Resultaten von Verhaltensuntersuchungen an Tiergruppen übereinstimmt – gewinnen bei zunehmender Interaktionsdichte die aggressiven Interaktionen in bezug auf die Gesamtinteraktionen sogar einen immer stärkeren Anteil, der seinerseits mit der Raumgröße und der Zahl der Beteiligten korreliert. Die Relation von aggressiven Interaktionen zu Gesamtinteraktionen in der Gruppe ist abhängig von der Interaktionsdichte. Je kleiner der Raum und um so größer die Zahl der Beteiligten, desto mehr steigt naturgemäß die Zahl der Interaktionen. Noch mehr wächst aber die Tendenz zu aggressivem Verhalten in der Gruppe an.

Doch kann auch umgekehrt gesagt werden, daß mit anwachsender bzw. sinkender Aggressivität die Interaktionen, wenn auch weniger stark, ansteigen bzw. abnehmen.

Wir können die Aggressivität als Parameter für die Gruppeninteraktionen nehmen. Messen wir die aggressiven Interaktionen und setzen sie in eine Relation zum Total der Interaktionen, so wird sich ein für jede Gruppe und jede Phase des Gruppenprozesses in einem bestimmten Raum spezifisches Verhältnis ergeben.

Schema: Relation: aggressive Interaktionen zu Gesamtinteraktionen in der Gruppe

aggressive
Interaktionen

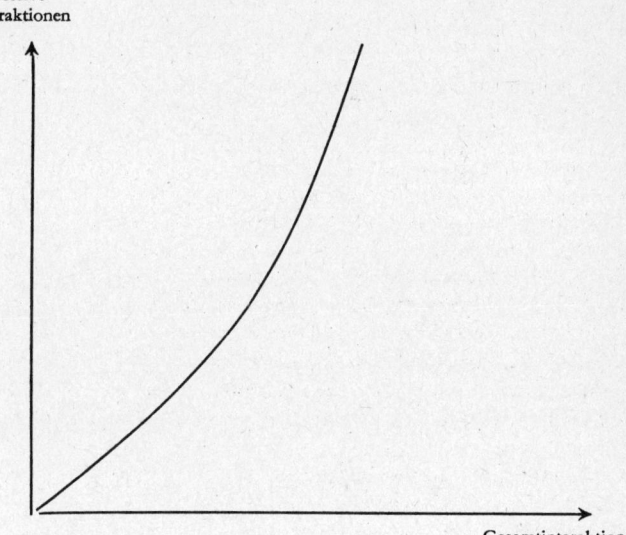

Gesamtinteraktionen

Werden die Interaktionen sehr dicht, kann sich die Aggressivität so steigern, daß die Gruppe auseinanderfällt. Nehmen die Interaktionen in einer Gruppe beliebig ab, so reduziert sich die Aggressivität dermaßen, daß in einer Gruppe im Extremfall kein zupackendes Interesse mehr da ist und sie deshalb Gefahr läuft, die Kohäsion zu verlieren. Wir könnten demnach zwei Grenzwerte feststellen, bei denen die Gruppe auseinanderfällt, jener, bei dem nicht mehr genügend aggressives Interesse und somit nicht mehr genügend Interaktionen auftreten und jener, bei dem die Aggressivität so stark und die Interaktionen so dicht werden, daß die Beteiligten sich in ihrer Individualität bedroht fühlen und die Gruppe aus diesem Grunde auseinanderbrechen könnte.

Nehmen die Interaktionen in einer Gruppe zu, so kommt es also zu einer, auch anteilmäßigen, Zunahme der aggressiven – und der freundlichen – Interaktionen zwischen den Gruppenmitgliedern. Damit ist auch ausgesagt, daß mit steigender Interaktionsdichte die neutralen Interaktionen abnehmen. Mit zunehmenden Kommunikationen in der Gruppe schwindet die Gleichgültigkeit und nimmt das gegenseitige – freundliche oder aggressive – Interesse zu. Diese Tatsache, daß bei wachsender Interaktionszahl die freundlichen und aggressiven Interaktionen zunehmen, erklärt die stärker werdende Kohäsion der Gruppe. Wie erwähnt, kann dann aber die Interaktionsdichte so werden, daß die Beteiligten sowohl wegen der sympathischen als auch wegen der aggressiven Interaktionen, in die sie miteinbezogen werden, zu befürchten beginnen, ihre Eigenständigkeit zu verlieren und sich vom Gruppengeschehen zurückzuziehen trachten.

Wenn BROCHER betont, daß eine der entscheidenden Anpassungsleistungen im Sozialisationsprozeß der Menschheitsgeschichte in der Abwehr der Aggression und ihrer Umwandlung in Aktivität bestehe, anerkannte er ebenfalls die Korrelation zwischen Aggression und Interaktion. Man kann also sagen, daß ohne Aggression und der Notwendigkeit, sie stets von neuem zu überwinden, keine Sozialisation des Menschen möglich gewesen wäre. SPITZ spricht geradezu von einer anpassungsfördernden Rolle der Aggression, die dadurch zustande kommt, daß sich der Mensch vergesellschaften muß, um überleben zu können. Je wirksamer des Menschen Waffen werden, desto umfassender wird die Vergesellschaftung eingreifen müssen.

Wir dürfen nun nicht in den Fehler verfallen, die sozialen Interaktionen vorwiegend im Lichte der Aggression zu sehen. HOMANS hat ja schließlich die Sympathie als ausschlaggebendes Gruppenbildungsmittel beschrieben. Mit FREUD können wir in diesem Zusammenhang von der Libido (Sexualenergie) sprechen, die wesentlich mit an der

Sozialisation des Menschen beteiligt ist. Wertvolle Aufschlüsse über den Vorgang der Gruppenbildung und den Einfluß der Libido auf diesen Prozeß verdanken wir der Entwicklungspsychologie. Wenn bis zum Alter von etwa drei Jahren das getrennte Spielen der Kinder vorherrscht, so bilden sich später kleine Spielgemeinschaften mit drei bis vier Teilnehmern. Die Größe der Spielgruppen wächst zwischen drei und sechs Jahren von zwei auf vier Teilnehmer. Soziometrische Methoden (Soziogramm) zeigen, daß die Wahl der Gespielen in bezug auf das Geschlecht charakteristische Tendenzen aufweist. Im Alter zwischen sieben und zwölf Jahren kommen in Freundschafts- und Spielgruppen fast nur Gleichgeschlechtliche zusammen. Es wird oft fälschlicherweise angenommen, daß in diesem Lebensabschnitt, der als Latenzphase bezeichnet wird, die sexuellen Momente keine Rolle spielten. Wir müssen uns hier vergegenwärtigen, daß, wäre die Sexualität in dieser Phase unwesentlich, ebenso häufig gemischtgeschlechtliche Kollektive anzutreffen wären wie reine Knaben- oder Mädchengruppen. – Es werden übrigens viel seltener Mädchengruppen als Knabengruppen gebildet. – Mit den aufkeimenden heterosexuellen Interessen kommt die Zeit, wo sich beide Geschlechter gemischt zu Gruppen zusammengesellen. In allen diesen Gruppen werden durch den gegenseitigen Kontakt die Binnendistanzen verringert und die Außendistanzen vergrößert werden.

In jeder Stufe der Entwicklung haben die Heranwachsenden damit Gelegenheit, entsprechend ihren Möglichkeiten eine Nähe und eine aggressive Auseinandersetzung mit einer Gruppe zu erfahren. Das eine Mal werden sie sich selbst in den Vertretern des gleichen Geschlechts zu erkennen und sich mit sich selbst auseinanderzusetzen suchen. Das andere Mal geht es darum, bei der Begegnung mit dem anderen Geschlecht – die stets neben liebender Anziehung auch aggressive Selbstbehauptung miteinschließt – in einem kleinen, vertrauten Kreise Erfahrungen zu sammeln und adäquate Verhaltensweisen zu lernen.

In der Gruppe wird sich demnach nicht nur allmählich ein besseres gegenseitiges Verständnis herausbilden, sondern auch eine mit steigender Interaktionsdichte wachsende Aggressivität. Ohne daß mit zunehmender Nähe eine sich sogar überproportional steigernde Aggressivität verbunden wäre, interessierten sich die Beteiligten wohl kaum füreinander. Aggressivität kann im Gruppenverband soziale Verbindung schaffen. Sie braucht nicht in jedem Falle, wie FREUD es annahm, destruktiv zu sein. Voraussetzung dazu, daß sie zur Förderung von Kommunikation dienen kann, ist allerdings, daß sie unter Kontrolle gehalten wird und die Beteiligten dafür trainiert werden, sie in soziale Werte umzuwandeln. Diese Schulung schließt mit ein, die Beteiligten erkennen zu lassen, wo und wann Aggressivität qualitativ entartet und – quantitativ – Maße annimmt, die der Gesamtheit und den Einzelnen schaden.

Zusammengefaßt kann gesagt werden, daß steigende Interaktionsdichte menschliche Nähe und die Bildung einer Gruppenverbindung der Beteiligten fördern kann. Verminderter Kontakt führt zu einer vergrößerten sozialen und psychologischen Distanz. Steigende Interaktionsdichte kann auch ein überproportionales Anwachsen aggressiver Interaktionen zur Folge haben. Diese Vermehrung der Aggressivität in der Gruppe wird einerseits etwa so stark, daß, bei aller Steigerung des gegenseitigen Kontaktes, die Gruppe wegen Angst vor Individualitätsverlust oder Erwachen von Selbstbehauptungstendenzen der Beteiligten vom Zerfall bedroht wird. Andererseits können gesteigerte Aggressivität und Zunahme des gegenseitigen Interesses bedeuten, daß dann eine stärkere Gruppenkohäsion resultiert und die neutralen Interaktionen bzw. die Gleichgültigkeit in der Gruppe abnimmt.

1.7.4.1.2. Tendenz zur Konvergenz der Ansichten und Haltungen / Das Entstehen einer Norm

Wie das in einem früheren Abschnitt angeführte Experiment von SHERIF gezeigt hat, nehmen die Unterschiede der Ansichten und Verhaltensweisen mit der Dauer des Bestandes einer Gruppe ab. Es kommt zu einer zunehmenden Konvergenz und Normierung der Verhaltensweisen der an einer Gruppe Beteiligten. Dieses Herausbilden einer sozialen Norm zeigt sich in jeder Gruppe, in den sozialen wie in den therapeutischen. Dabei wirkt sich diese Norm einerseits haltgebend für die Zugehörigen aus, andererseits aber auch einschränkend in bezug auf die individuelle Freiheit. Die entstehende Norm zeugt davon, daß die Gruppe bereits institutionalisiert ist, d. h. schon stereotype Abläufe des sozialen Geschehens aufweist. Die Interaktionen gehen nicht mehr nach den Regeln des Zufalls vor sich, sondern nach Interaktionsschablonen. Diese Interaktionsmuster können zwar in Reglementen von gewissen Gruppen, z. B. von Vereinen, Instituten, Gemeinschaften, Parteien usw., schriftlich festgelegt sein. Doch werden viele soziale Gruppen keine solchen schriftlichen Festlegungen der institutionalisierten Ablaufsnorm kennen und doch relativ starr in ihren Interaktionsformen sein (informelle Gruppen). Ist eine Gruppennorm allzu rigide, so besteht die Gefahr, daß die Beteiligten zu wenig Bewegungsfreiheit haben. Entwickelte sich indessen umgekehrt überhaupt keine Gruppennorm, so würden sich die Beteiligten wohl ungenügend gehalten fühlen. Schwierig ist allerdings die Tatsache des Bestehens von Gruppennormen für die in eine Gesellschaft Hineinwachsenden zu verarbeiten. Sie nehmen an unterschiedlichen Gruppen teil, zum Beispiel an der Schulklasse, einer Freizeitgruppe, einer Sportgruppe, einer Ideologiegruppe usw., die nicht mehr alle einer einheitlichen abendländischen Norm verpflichtet sind.

Dadurch sind sie gleichzeitig in Kreise hineingestellt, die unterschiedliche Normen vertreten. Es entwickelt sich in ihnen dementsprechend ein Normenkonflikt. Da die Jugendlichen nie alle an den gleichen Gruppen teilhaben, sind die Einzelnen unterschiedlichen Normenkonflikten ausgesetzt. Jeder Einzelne hat allein und isoliert die damit zusammenhängenden Fragen durchzustehen. Dazu kommt eine doch noch bestehende, alle Partialnormen überdeckende soziale Norm, die nun aber hauptsächlich in einem durch die Massenmedien und die Leistungszentrierung bestimmten uniformierten Verhalten der Großzahl moderner Individuen besteht. Infolge der nivellierenden Tendenz der allgemeinen Norm kommen die Gruppennormen zum Teil auch mit der gesellschaftlichen Norm in Konflikt.

In den therapeutischen Gruppen wird es darum gehen, die Patienten in ihrem Ich so zu unterstützen, daß sie einerseits ein Stück Entscheidungsfreiheit beibehalten, andererseits aber doch, wo es für ihre Entwicklung angezeigt ist, sich anpassen. Die in den therapeutischen Gruppen entstehenden Normen werden den Patienten ermöglichen, einen sozialen Lernprozeß durchzumachen, d. h. gleichzeitig Durchsetzungsfähigkeit zu gewinnen und sich in ein soziales Gefüge einzuordnen.

Das Konvergenzverhalten eines Gruppenmitgliedes ist um so größer, je stärker vorher seine Ansichten und Verhaltensweisen vom geometrischen Gruppenmittel abgewichen waren. Vorher nichtkonkordante Meinungen werden dem Gruppenmittel angepaßt. Würde sich ein Mitglied dieser Konvergenzneigung verschließen, so würde es Schwierigkeiten haben, sich in der Gruppe zu halten. Wir beobachten bei Patienten unserer therapeutischen Gruppen, daß diejenigen, die kaum Fähigkeiten zur Konvergenz entwickeln, eigentlich nicht gruppenfähig sind. Andererseits sind diejenigen unter ihnen, die stets und/ oder überrasch zur Konvergenz neigen, in hohem Maße gefährdet, sich immer so zu verhalten, wie das Milieu es fordert. Solche überangepaßten Verhaltensweisen beobachten wir vor allem bei ichschwachen Persönlichkeiten. Nicht selten werden sich solche Menschen an das Kollektiv ausgeliefert und sich in ihrer Individualität bedroht fühlen. Wir können bei der Gruppenpsychotherapie mit Schizophrenen sehen, daß besonders diese Kranken in ihrer Ich-

Schwäche sich etwa der Gruppe ausgesetzt fühlen und sich ängstigen, alles blind ausführen zu müssen, was die anderen bestimmen. Bei Persönlichkeiten mit einer angeborenen oder neurotisch erworbenen Willensschwäche erkennen wir indessen häufig, daß sie nicht selten gerne bereit sind, sich jedem Milieu und jeder Norm adaptieren zu können. Sie setzen den unterschiedlichen Normen keinen Widerstand entgegen und sind froh, sich anpassen und mitschwimmen zu können. Bei den milieugeschädigten und verwahrlosten Jugendlichen, die wir in der Klinik behandelten, haben wir feststellen können, daß sie sich oft recht gut in die Ordnung einfügten, solange sie unter andersartigen Patienten lebten. Sie waren dann arbeitsam, zugänglich und gaben zu keinerlei Schwierigkeiten Anlaß. Waren sie unter anderen Verwahrlosten, zeigte sich jedoch, wie rasch sie sich einem völlig ungezügelten Leben hingeben konnten. Sie setzten der jeweiligen Umgebung keinen Widerstand entgegen, paßten sich ihr an wie die poikilothermen Tiere dem sie umgebenden Milieu. Man könnte sie, da sie sich immer wieder den unterschiedlichen Normen der jeweiligen Gruppe, in die sie eintreten, anpassen, geradezu als poikilotherme Persönlichkeiten bezeichnen. Es ist selbstverständlich, daß gerade diese Jugendlichen am stärksten gefährdet sind, in für sie ungünstigen sozialen Kreisen unterzugehen und den Verlockungen des Drogenrausches zu verfallen.

Wie wir bereits dargelegt haben, kann es gelegentlich zu einer Polarisation der Ansichten und Haltungen mit drohendem Zerfall der Gesamtgruppe kommen. Sowohl die Konvergenz als auch die Polarisation sind die Resultanten der in der Gruppe stattfindenden mannigfaltigen, soziologischen und psychologischen, bewußten und unbewußten, verbalen und averbalen wechselseitigen Einwirkungen der Mitglieder. In der gegenseitigen Einwirkung reifen die Beteiligten. Sie gelangen so allmählich zu mehr oder weniger sozial angepaßten Verhaltensweisen. Ergeben sich Kommunikationsstörungen zwischen Einzelnen oder Teilen der Gruppe, so werden diese Individuen oder Teile sich aus der Gruppe lösen und eventuell eine neue Gruppe bilden. In diesem möglichen Vorgang liegt zwar eine Gefahr für jeden solchen Kreis begründet. Doch ist er harmloser als das Untergehen eines Individuums in den Konvergenz- und Normierungstendenzen der Gruppe. Bleibt lediglich ein Einziger oder verharren nur Vereinzelte abseits dieser Normierungs- und Konvergenzprozesse, ist es einem Individuum also nicht möglich, die Gruppennormen und -ziele zu übernehmen, bzw. anzunehmen, so bleibt es in einer Außenseiterposition oder, wie MERTON sagt, in einem Zustand der «Anomie». Dabei gerät dieses Individuum mit den Normen der Gruppe in Konflikt. Es droht ihm, den Kontakt zu den übrigen zu verlieren und sich zu isolieren.

Wie wir noch sehen werden, kann der Außenseiter, bei einer gewissen Ich-Stärke, durch die Auseinandersetzung mit der Gruppe indessen an Durchschlagskraft gewinnen. Ein Ich-Schwacher wird in dieser Außenseiterstellung aber noch mehr geschwächt.

Schließen sich Menschen zu einer Gruppe zusammen und haben sie regelmäßig Kontakt miteinander, so sehen sie, wie Sherifs Experiment zeigt, die Dinge allmählich in der gleichen Weise. Die Gruppennormen verstärken sich für den Einzelnen dadurch, daß alle Beteiligten ihre Erfahrungen, durch die Gruppennormen geprägt, zum Ausdruck bringen. Jedes Gruppenmitglied setzt voraus, daß die anderen seine Ansichten teilen, und es wird dadurch in der Überzeugung bestärkt, daß seine Ansichten grundsätzlich richtig seien. Die ähnlichen oder gleichlautenden Berichte der anderen Gruppenmitglieder über Wahrnehmungen desselben Phänomens werden dann in der Regel als Bestätigungen hingenommen. Die Einzelnen kommen zur Ansicht, daß, wenn andere ebenso sehen wie sie, ihre Meinungen die richtigen seien. Mit zunehmender Entwicklung von starren Gruppennormen wird die Entwicklung der Einzelnen und die Verständigung mit Nichtmitgliedern immer schwieriger. Es kommt zu typischen Haltungsunterschieden gegenüber Gruppenangehörigen und Gruppenfremden sowie zu Klassifikationen der Eigen- und der Fremdgruppe durch die Beteiligten, zu sogenannten «Auto»- und «Heterostereotypen» (Hofstätter). Dabei besteht die Gefahr, daß eine Gruppe, die allzu sehr auf ihre Klassifikation der Eigen- und der Fremdgruppe ausgerichtet ist, so starr, statisch und normiert wird, daß sie sich behindernd auf die sie konstituierenden Individuen und vor allem auf den Kontakt zwischen ihr und anderen Gruppen auswirkt. Eine solche Gruppe wird sich immer mehr von der übrigen, doch immer dynamischen, Gesellschaft entfernen. Beständen aber in einer Gruppe keine Normen, herrschte in ihr nur noch Dynamik, so würden sich die Einzelnen allzu sehr ungeborgen und der Ungewißheit ausgeliefert fühlen.

Gerade in der heutigen, außengeleiteten Gesellschaft, in der das Individuum ohnehin schon vieles von seiner Eigenständigkeit den sozialen Anpassungsnormen opfern muß, sollte die Gruppe einen Rahmen darstellen, in dem das Individuum und die Individualität einen Rückhalt erfahren und gefördert werden.

Die Tendenz zu Konvergenzansichten und -verhalten in der Gruppe zeigt, daß dem Menschen im allgemeinen ein wesentliches Stück Anpassungsarbeit zugemutet werden darf. Diese gegenseitige Anpassung an die Gruppe wird dem menschlichen Individuum schon unbewußt durch den Umstand erleichtert, daß, wie Jung feststellt, den Menschen seit Urzeiten gewisse Vorstellungs- und Verhaltensmuster kollektiv eigen und damit gemeinsam sind.

Es wäre denkbar, daß dieses Anpassungsverhalten des Menschen an die Gruppe, die unbewußt immer auch als «große Mutter» (E. NEU-MANN) erlebt wird, der frühkindlichen Anpassung an die Mutter, oder, um mit LORENZ zu sprechen, der im ersten Lebensabschnitt erfolgenden «Prägung» auf die Mutter, die dann immer als «groß» und mächtig erlebt wird, entspringt.

Bei zunehmender Reifung wird es dann aber wichtig, daß der Mensch, bei aller Präsenz der Gruppe, seine Eigenständigkeit gewinnt. Ja sogar noch mehr: er wird danach trachten müssen, durch den Halt, den er in der Gruppe erfährt, an Ich-Stärke zu gewinnen.

1.7.4.1.3. Soziale Rollen in der Gruppe / Soziale Schicht / Klasse

Zwischen den Anliegen des Einzelnen und den Erwartungen des Kollektivs besteht immer eine gewisse Spannung. Der Einzelne kann nicht das leben und ausführen, was er in seiner Phantasie entwirft. Er muß ständig Rücksicht nehmen auf das, was die Gesellschaft von ihm erwartet. Ob seine inneren Strebungen oder aber die Ansprüche der Umwelt mehr zu Wort kommen, ist je nach Individuum und sozialer wie auch kultureller Situation verschieden. Die Lebensgeschichte und die in diesem Kulturkreise herrschende Tradition werden beitragen zu der Rolle, die ein Individuum in einer bestimmten Gruppe spielt. Wir können also DAHRENDORF beistimmen, wenn er sagt, daß durch Positionen (Standort im sozialen Beziehungssystem) und Rollen die beiden Tatsachen des Einzelnen und der Gesellschaft vermittelt werden. Nicht einig gehen wir indessen mit diesem Autor, wenn er zum Beispiel sagt, daß soziale Rollen Ansprüche der Gesellschaft an die Träger von Positionen darstellen. Die sozialen Rollen sind vielmehr Resultanten der Triebenergien und Erwartungen der Einzelnen einerseits und des Kollektivs andererseits mit ihrer Vorgeschichte. Nur im Extremfall, wenn sich das Individuum gegenüber der Gruppe in keiner Beziehung behaupten kann, ist die Bemerkung DAHRENDORFS, daß Positionen und Rollen prinzipiell unabhängig vom Einzelnen denkbar sind, gültig. Zudem wäre auch das andere Extrem, allerdings noch seltener, möglich, daß Positionen und Rollen allein durch das Individuum determiniert sind. Ob dem Individuum oder aber der Gruppe das Hauptgewicht bei der Bestimmung der sozialen Rolle des Einzelnen zukommt, hängt auch von der Epoche ab. In der gegenwärtigen, außengeleiteten Gesellschaft kommt der Gruppe die Hauptrolle zu. Früher, in der sogenannten innengeleiteten Gesellschaft, wurden die sozialen

Rollen – der Führenden – vor allem durch das Individuum bzw. durch ihren inneren Entwurf bestimmt (RIESMAN). Kommt es jedoch zu keinem Vergleich zwischen den Erwartungen der Gesellschaft und den Anliegen des Einzelnen, so wird das Individuum nicht auf die Dauer am Gruppengeschehen partizipieren können. Denn die Anforderungen der Gruppe sind ja stets die Normen, die sich in ihr entwickelt haben. Ist es einem Individuum nicht möglich, die Gruppennormen und -ziele zu übernehmen, so sagen wir mit MERTON, daß es sich in einem Zustand der «Anomie» befinde.

LINDGREN bezeichnet als Rollen jene Aktionsmuster, die die Position des Individuums und seinen Status angeben. Der soziale Status ist, nach diesem Autor, in der Regel beeinflußt durch die Position, die ein Individuum in einem bestimmten sozialen System innehat.

Rollen gehören also zu gewissen Positionen. Sie sind dementsprechend mehr oder weniger standardisiert. Doch hängt das Ausmaß der Standardisierung weitgehend vom Individuum ab, das eine bestimmte Rolle innehat.

Menschen, die einen gegebenen Status haben, fühlen sich gegenseitig angezogen durch die ihnen Gleichgestellten, da sie sich diesen Individuen sozial und psychologisch nahe fühlen. Diese gegenseitige Anziehung von Menschen, die sich in einem bestimmten sozialen Status befinden, hilft zu den Gruppierungen zu führen, die wir als soziale Klasse oder als soziale Schicht bezeichnen. Jede Klasse entwickelt ihr spezifisches Verhaltensmuster. Wie ADELSTEIN et al., FARIS und DUNHAM, HAEFNER, HOLLINGSHEAD und REDLICH gezeigt haben, besteht auch eine Abhängigkeit der psychischen Erkrankungen, bzw. der Erkrankungshäufigkeit von der sozialen Klasse, bzw. von der Homo- oder Heterogenität der Bevölkerung. Generell kann gesagt werden, daß in den unteren sozialen Klassen, d. h. bei den sozioökonomisch Benachteiligten, psychische Krankheiten gehäuft vorkommen. Eigene Untersuchungen an unserer Poliklinik (BATTEGAY et al.) an 2558 Patienten, die im Jahre 1968 unsere Institution aufgesucht haben, zeigten ebenfalls, daß die dichtbesiedelten Quartiere bzw. die obere Unterschicht (Schichtenmodell nach BOLTE) überrepräsentiert waren. Dabei ist allerdings zu berücksichtigen, daß unsere Studie keine Epidemiologie einer Stadt darstellt, da andere psychiatrische Institutionen und Privatpsychiater nicht berücksichtigt wurden.

In einer gesunden Gruppe werden sich die Rollen der Einzelnen, wenigstens bis zu einem gewissen Grade, immer wieder wandeln. Tritt in einem Kollektiv überhaupt keine Wandlung mehr ein, droht ihm, an innerer Aktualität zu verlieren und zu zerfallen. Es ist beispielsweise wesentlich, daß in einer Schulklasse, aber auch in anderweitigen Gruppen, zum Beispiel der Administration, der Universität usw. nicht immer die gleichen führende Rollen ausüben. Sonst besteht die Gefahr, daß die einen die ihnen immer zufallende Verantwortung mißbrauchen, die anderen in ihrer Zurückstellung resignieren oder gar an ihrer Verantwortungslosigkeit Gefallen finden.

WITTGENSTEIN unterscheidet eine «Clan-Gruppe» mit starren sozialen Rollen und eine «Kollektiv-Gruppe» mit Rollenwechseln. Dabei stimmen wir mit ihm vollkommen überein, wenn er betont, daß die menschliche Gruppe, soll sie das Individuum in seiner Entwicklung fördern, eine in bezug auf die Rollen bewegliche bleiben muß. Welche Rolle der Einzelne in der Gruppe auch übernimmt, selbst wenn er sie nur zeitweilig, bzw. abwechselnd auf sich nimmt, wird er darauf achten müssen, seine Anliegen zumindest teilweise verwirklichen zu können. Die Gruppe sollte Instrument zur Entfaltung des Individuums bleiben und nicht umgekehrt das Individuum Gruppeninstrument sein. Sie sollte einen Rahmen darstellen, in dem das Individuum und die Individualität einen Rückhalt erfahren und gefördert werden.

1.7.4.1.4. Gruppenorganisation

In den Gruppen gehen, wie wir dargelegt haben, ständig gegenseitige Einflußnahmen, «Interaktionen», vor sich. Dabei weisen nicht alle beteiligten Individuen die gleiche Dichte von Beziehungen auf. Gewisse Gruppenmitglieder vereinigen mehr Gesellungen, Zuwendungen oder Abstoßungen auf sich als andere. Es ergibt sich in jeder Gruppe eine gewisse Ordnung und Hierarchie (FISCHER).

Bei einer pharmakopsychologischen Gruppenuntersuchung, die wir zusammen mit SPIEGEL und ABT ausgeführt haben, wurde diese Tatsache ersichtlich. Mittelpunkt der Untersuchung war zwar die Frage, ob Thioridazin, Desipramin und Placebo unterschiedlich auf Quantität und Qualität der verbalen Interaktionen der Gruppenteilnehmer wirkten. Der Versuch sollte in erster Linie methodischen Abklärungen im Hinblick auf eine spätere Anwendung der Versuchsanordnung an Patientenkollektiven dienen. Der Untersuchung lag die Struktur des lateinischen Quadrats (6 Probanden, 6 Versuchstage, $2 \times 3 = 6$ Präparate) zugrunde. Die Interaktionen wurden nach einer modifizierten Version der Prozeßanalyse nach BALES und SLATER aufgenommen. Die statistische Auswertung ergab nun keine Unterschiede zwischen den Präparaten untereinander und gegenüber Placebo hinsichtlich der untersuchten Parameter der verbalen Interaktionen. Hingegen fanden sich signifikante Differenzen zwischen den einzelnen Probanden in bezug auf ihre verbale Aktivität. Während der sechs Sitzungen zeigte sich sogar, daß die einzelnen Versuchsteilnehmer immer etwa in der gleichen Position verharrten. Wenn sich auch in unserem kurzdauernden Versuch – wohl infolge starrer Untersuchungsbedingungen infolge Anwesenheit eines Beobachters und infolge des sich täglich wiederholenden Rituals der Tablettenabgabe eine Stunde vor Versuchsbeginn und Einhaltung einer Sitzordnung, die das Beobachten gestattete – die Gruppenhierarchie nicht veränderte, ist sie jedoch im allgemeinen wandelbar. SIMMEL hat diese Erkenntnis folgendermaßen formuliert: «Der Kampfcharakter, den die unmittelbare Erfahrung an dem Leben des Individuums erkennen läßt – diese in jedem Augenblick gegebene Notwendigkeit des Eroberns, der Verteidigung gegen Angriffe, der Festigkeit gegen Versuchungen, des Wiedergewinnens eines fortwährend verlorenen Gleichgewichts – setzt sich gewissermaßen unterhalb und oberhalb der seelischen Einzelexistenz fort.»

Die bereits angeführten soziometrischen Tests sollten die Struktur und, bei deren wiederholten Anwendung, die Dynamik einer Gruppe im Quer- und im Längsschnitt quantitativ – und qualitativ – erfassen. Die Gruppe erhebt sich in ihrer Struktur über die Masse. In der Masse sind die einzelnen Mitglieder einander gleichgeschaltet. Es besteht, wie wir darlegten, nur eine zweistufige Hierarchie, nämlich diejenige der Geführten einerseits und des Führers andererseits. Bei der Gruppe verhält es sich komplexer. Jedes Individuum gewinnt im Ansehen der Einzelnen wie auch der Gesamtheit eine gewisse Stellung, die es allerdings immer wieder behaupten muß. Zum Teil damit in Zusammenhang, zum Teil unabhängig davon ergibt sich eine Rollenverteilung in der Gruppe. Es kommt in den Gruppen allmählich zu einer spezifischen Rollenstruktur, um ihr Bestand zu verleihen und Ziele in Angriff nehmen zu können. BENNE und SHEATS schlagen eine dreiteilige Klassifikation der Mitgliederrollen vor, wobei ein Individuum im Verlauf der Zeit etwa unterschiedliche Rollen übernehmen kann:

1. Rollen, die sich auf die Gruppenaufgabe beziehen.
2. Rollen, die sich auf den sozialen Bestand der Gruppe beziehen.
3. Rollen, die sich auf die Bedürfnisse des Individuums in der Gruppe beziehen.

Bei einer Diskussionsgruppe beispielsweise zeigen sich etwa folgende Verhältnisse:

Unter 1. könnten z. B. genannt werden: der Initiator (Anstoßgeber), der Koordinator (der Wegweisende), der Kritiker, der Antreibende. In die 2. Kategorie würden u. a. folgende Rollen fallen: der Bestätigende, der Ausgleichende, der Vermittelnde, der Normengeber, der Kommentator, der Mitläufer. Sub 3 wären z. B. folgende aufzuführen:

der Aggressor, der Hemmende, der Geltungsstrebende, der Dominierende, der Hilfesuchende, der Vertreter besonderer Interessen.

Diese letzteren Rollen beeinträchtigen gewöhnlich den persönlichen Einsatz für die Gruppenziele. Die Einzelnen versuchen dabei, die Gruppe für ihre eigenen Zwecke auszunützen. Naturgemäß geschieht es nicht selten, daß sich jemand einer Gruppe anschließt, um seine eigenen Ziele – und nicht die der Gruppe – mit ihrer Hilfe besser verfolgen zu können.

Die von BENNE und SHEATS erwähnten Rollen sind nur einige unter vielen, die als mögliche aufzuführen wären. Bei verschiedenen Gruppentypen entwickeln ein und dieselben Individuen unterschiedliche Rollen. Eine Einzelperson nimmt meist an verschiedenen Gruppen teil. Sie hat in den diversen Gruppen oft ganz unterschiedliche Rangstufen und Rollen.

Je starrer indessen eine Gruppe aufgebaut ist, desto eher besteht die Gefahr, daß die Beteiligten immer in der gleichen Rolle verharren und ein Individuum nicht hindern, seine Position zuungunsten der Gruppe auszunützen. Durch eine allzu große Rollenstarrheit sind sie nicht genügend in der Lage, die Verantwortung auf sich zu nehmen, die damit verbunden wäre, andere Rollenträger in ihrer Funktion zu überwachen. Eine demokratische Gruppe kann wohl nur dann funktionieren, wenn alle Beteiligten gegenseitig immer wieder ein Feedback geben, um damit eine unsoziale Ausnützung einer Rolle zu hindern. Solche starren Rollenverteilungen ergeben sich vor allem, wenn ein Leiter dauerhaft übergeordnete Funktionen ausübt und kein Rollenwechsel stattfindet. Eine andere, die Beteiligten gefährdende Gruppenstruktur ist aber auch diejenige, bei der nur noch die Gruppe gilt und alle Beteiligten erfaßt werden durch ein gleichmachendes, rollenundifferenziertes Kollektiv (Wir-Gruppe). Am ehesten ist eine dynamische und die Teilnehmer in ihrer Individualität fördernde Gruppenorganisation gewährleistet, wenn zumindest ein gewisser Rollenwechsel der Beteiligten möglich ist und nicht immer die leitende Funktion durch ein und dasselbe Individuum ausgeübt wird.

Im Prozesse der Strukturierung und Rollenverteilung sind auch Gefahren für die Gruppe enthalten. Der Zusammenhalt eines solchen Kollektivs kann verloren gehen. Es entstehen im Verlaufe der Entwicklung der spezifischen Rollenverteilung etwa Untergruppen. Der Binnenkontakt wird sich so an einzelnen Stellen verdichten, an anderen jedoch verringern. Sollte der Binnenkontakt dabei auf die Dichte des Außenkontaktes absinken, ist der Bestand der Gruppe gefährdet. Darum achten gewisse Klein- und Großgruppen darauf, daß der Außenkontakt möglichst klein gehalten wird. Wichtig für den Gruppenbestand ist auch, daß die Rollen nicht in vollkommener, sondern in relativer Autonomie ausgeübt werden und die Beteiligten in ihren Funktionen ständig in austauschender Interaktion bleiben.

Selbstverständlich ergeben sich auch bei der Familie, die eine Gruppe darstellt, Strukturierungen und Rollenverteilungen, die uns aus dem täglichen Leben bekannt sind. Die Familienmitglieder sind daneben zum Teil auch an anderweitigen Gruppierungen beteiligt, beispielsweise an Jugendgruppen, Spiel- und Sportvereinen, politischen Parteien usw. Sind Eltern überbeschäftigt, oder lassen sie es sonst an Interesse für ihre Kinder mangeln, so besteht die Gefahr, daß die Heranwachsenden sich durch andere Gruppen absorbieren lassen und die Familiengruppe zur Bedeutungslosigkeit herabsinkt. Die Familie kann für ihre Mitglieder nur dort zu einem Halt werden, wo der Binnenkontakt größer ist als der Außenkontakt. Stoßen beispielsweise Heranwachsende, die tagsüber gänzlich sich selbst überlassen bleiben (Schlüsselkinder), auf eine sie faszinierende Jugendgruppe, so werden Familien, deren Binnenkontakt locker geworden ist, kaum mehr einen Einfluß auf sie ausüben können. Es ist also für die Erziehung der Kinder und Jugendlichen außerordentlich wichtig, daß die Familie genügend Binnenkontakt aufweist, damit sie nicht nur noch zum Schein existiert. Andererseits darf der Binnenkontakt nicht zu intensiv sein, da sonst die Heranwachsenden es versäumten, sich weiteren Gruppen anzuschließen. Sie würden auf diese Weise keinen Kontakt mit der Außenwelt und der Realität gewinnen. Eltern dürfen also die Kinder auch nicht zu sehr auf sich und die Familiengruppe ausrichten, da sie auch allmählich an anderen Gruppierungen teilhaben sollten, um in die Gesellschaft hineinwachsen zu können.

Die Kleinfamilie der Gegenwart vermittelt indessen ohnehin nur ein beschränktes Maß von Interaktionen. Der soziale Lernprozeß in den modernen Familien ist dementsprechend begrenzt. Schon deshalb ist es wesentlich, daß Heranwachsende schon früh Kontakt mit Kindern außerhalb der Familie haben. Nur wenn die Heranwachsenden schon als Kleinkinder Gelegenheit haben, mit Kameraden aus anderen Familien zusammenzukommen, werden sie die notwendige soziale Stimulierung erfahren, aber auch den Sinn für die Grenzen des in einem sozialen Kontext Möglichen erkennen. Es ist dementsprechend wesentlich, daß die Eltern ihre Kinder nicht zu sehr von den anderen isolieren und nicht ausschließlich auf die eigene Familie ausrichten.

1.7.4.1.5. Außenseiter in der Gruppe

In jeder Gruppe treten Menschen auf, die sich der Tendenz zur Konvergenz der Urteile und Verhaltensweisen, der Gruppennorm, nicht anschließen und sich dementsprechend nach MERTON durch «Anomie» auszeichnen. Dabei verhält es sich so, daß in Gruppen mit starker Kohärenz nicht-konvergente Ansichten und Haltungen stärker abgelehnt werden als in schwach-kohärenten Kollektiven. Die Rolle eines Außenseiters in einer Gruppe ist oft recht schwierig, und zwar um so schwieriger, je stärker der Zusammenhalt der Gruppe ist. Die Gruppe ihrerseits kann jedoch durch die Anwesenheit eines solchen Außenseiters gewinnen, wenn sich die übrigen Mitglieder mit ihm bzw. seinen Ansichten befassen. Die Gruppe gewinnt damit an Binnenkontakt und Realitätsintensität. Der Nicht-Konvergierende leistet so einen Beitrag zum Zusammenhalt der Gruppe. In den Gruppensitzungen mit Patienten konnten wir immer wieder beobachten, daß bei lockerer Struktur eines Kollektivs extreme Meinungsäußerungen häufig nicht nur gut toleriert wurden, sondern sogar der Gruppenkohäsion förderlich waren. Mit den nicht-konvergenten Diskussionsbeiträgen oder Haltungen wurde immer wieder das ganze Kollektiv auf das Gruppengeschehen zentriert. Ohne diese extremen Verhaltensweisen hätte die Gruppe von den Beteiligten nie jene Aufmerksamkeit erlangt, durch die allein sie zusammengehalten wurde. Für den Bestand einer Gruppe ist demnach nicht nur die erwähnte Konvergenz der Mitglieder notwendig, sondern ebenso sehr, daß Vereinzelte ihrer Mitwirkenden sich eben dieser Gruppenmeinung nicht anschließen. Eine gesunde Gruppe muß es lernen, abweichende Meinungen zu ertragen und sich in der Auseinandersetzung mit ihnen zu bewähren. Sie erhält dabei Gelegenheit, daran zu erstarken. Eine demokratische Gruppe sollte vom Durchschnitt abweichende Meinungen verarbeiten können. In der Diskussion mit der Ansicht eines Außenseiters ergibt sich für das ganze Kollektiv ein Gewinn. Nicht nur daß damit der Binnenkontakt anwächst, sondern auch daß sich die Gruppe immer wieder aufs neue mit der anderen Ansicht auseinandersetzen muß, führt zu einer Untermauerung oder aber etwa zu einer Korrektur der Durchschnittsmeinung. Nach COLLINS und GUETZKOW stellt ein Hindernis für jede Umgebung einen Stimulus dar. – Die nicht der Norm entsprechende Ansicht und Haltung birgt demnach für die Gruppe folgende Vorteile:

1. Erhöhung des Binnenkontaktes.
2. Korrektur der Durchschnittsmeinung.

Für die von der Durchschnittsansicht der Gruppe Abweichenden resultieren indessen Schwierigkeiten. Sie werden von der Gruppe, unbeschadet ihrer menschlichen Qualitäten, oft abgelehnt. Diese Ablehnungshaltung des Großteils der Gruppe vermag nur von wenigen, ich-starken Außenseitern ohne Schaden ertragen zu werden. Bei den anderen kommt es entweder dazu, daß sie sich resigniert zurückziehen oder aber vermehrt in die Opposition gegenüber der Norm hineingedrängt werden. Verhält sich indessen eine Gruppe dem Extremisten gegenüber tolerant, so ist es möglich, daß auch er sich der Gruppe wieder nähert. Überträgt man dem Außenseiter eine Aufgabe in der Gruppe – die allerdings, um deren Bestand nicht zu gefährden, nicht zu zentral sein darf –, so wird er oft aus seiner Oppositionsstellung herauskommen und sich für das Kollektiv einsetzen. Ist es nicht eine Volksweisheit, daß man den Bock zum Gärtner machen sollte? Im Rahmen der Familie ist es dementsprechend verfehlt, pubertierende Jugendliche, die sich gegen die in diesem Kreise herrschenden Normen auflehnen, durch allzu strenge Strafen noch mehr in eine Opposition oder in eine für ihre Weiterentwicklung unheilvolle Resignation zu drängen. Durch eine gefühls- und verständnisvolle Haltung der Eltern – die auseinandersetzende Diskussionen nicht ausschließt – werden sich diese Jugendlichen mit den in der Familie geltenden Normen auseinandersetzen können, ohne noch mehr in eine Außenseiterrolle gedrängt zu werden. In diesen Jugendlichen erwächst der Familie eine Aufgabe, die zur Erhöhung ihres Binnenkontaktes und damit zu deren Zusammenhalt beiträgt.

Wenn beispielsweise die Verketzerung der jugendlichen Drogenabhängigen in weiten Kreisen unserer Bevölkerung immer noch üblich ist, so hilft diese Haltung der Erwachsenen keineswegs, diese jungen Menschen wieder der Gruppennorm zu nähern. Im Gegenteil, die Betroffenen werden nur um so mehr in eine Außenseiterposition gedrängt. Sie werden dann zum Freiwild für kriminelle Elemente, besonders für Drogenhändler. Wie erwähnt, haben wir uns deshalb an anderer Stelle (BATTEGAY) für die Schaffung spezieller, durch die Behörden autorisierter Zentren oder die Beiziehung bereits bestehender Behandlungsinstitutionen ausgesprochen, an denen die Gelegenheit bestünde oder geschaffen würde, unter ärztlicher Kontrolle Drogenerfahrung in Gruppen zu sammeln. Jugendliche, die ein Bedürfnis nach Drogenerfahrung hätten, könnten so unter kundiger Leitung, mit bekannten Drogendosen, im Beisein anderer, gleichermaßen Betroffener, aber auch, bei gleichzeitigem Mitsein von entsprechend geschulten Ärzten und Sozialarbeitern, die von ihnen gewünschte Erfahrung gewinnen. Dabei wäre den gefährdeten Jugendlichen eine Chance gegeben, in Kontakt mit geschulten Ärzten und Sozialberatern zu kommen. Dazu würden sie, über die Auswirkungen ihrer Intoxikation bei den anderen, ein korrigierendes Feed-back erhalten. Zwar würde daneben wohl nach wie vor ein unkontrollierter Drogenkonsum vor sich gehen. Die prognostisch günstigeren Jugendlichen

würden aber durch solche ärztlich kontrollierte Drogenexperimentiermöglichkeiten in Gruppen wohl erfaßt und psychotherapeutisch aus
der Abhängigkeit von Drogen herausgeführt werden können. Sie kämen dann aus ihrem Außenseitertum heraus. Das Drogenproblem
kann also nicht so gelöst werden, daß die entsprechend Gefährdeten
oder die schon manifest Mißbrauchenden noch mehr in ein Außenseitertum verbannt werden. Die einzelnen Familien, die anderweitigen
Gruppen und die Gesellschaft als Ganzes müssen es lernen, sich mit den
Betroffenen in Beziehung zu setzen und ihnen wieder Gruppenkon-
takte anzubieten.

Außenseitertum ist nie ausschließlich das Problem des Ausgestoße-
nen, sondern immer auch der Gruppe.

Davon, ob die Gruppennorm starr oder aber wandelbar ist, hängt
es ab, ob sie auch nichtkonforme Ansichten und Verhaltensweisen er-
trägt. Sind die Gruppennormen rigide, so besteht die Gefahr, daß Individuen, die nicht in die Verhaltensschablonen der Gruppe passen, zu
Außenseitern werden. Außenseitertum ist also abhängig:

1. von der individuellen Persönlichkeit,
2. von der Gesamtheit der Gruppe, bzw. deren Ausrichtung auf
   eine Gruppennorm.

Oft ist aber nicht nur ein einzelner Außenseiter. Es kann auch eine
Außenseiterstellung eines ganzen Kollektivs eintreten. So sind in verschiedenen politischen Systemen immer wieder ganze Gruppen in
Außenseiterpositionen gedrängt worden. In gleicher Weise verhält es
sich auch mit den gesellschaftlichen Randgruppen. Wie vergleichende
Untersuchungen von IBEN und Mitarbeitern an Randgruppen der Gesellschaft, vor allem an Obdachlosen oder an Bewohnern von Not-
siedlungen ergeben haben, sind es, neben eigenem Versagen in der Gesellschaft, vor allem die Vorurteile und Stereotype der Durchschnitts-
bürger, die die Betroffenen in einer Außenseiterstellung halten. Es
konnte nachgewiesen werden, daß die soziale Distanz der Lehrer zu
den Randgruppenkindern viel größer war als zu den Mittelschicht-
kindern. Wie bekannt, reagieren Schüler sensibel auf die Einstellung
des Lehrers. Das Selbstgefühl des Kindes ist mit der Wahrnehmung
der Gefühle des Lehrers ihnen gegenüber hoch korreliert. Bereits in
der Schule wird also, wohl meist unbewußt, darauf hin gearbeitet,
daß die Vertreter der Randgruppen weiterhin in einer Außenseiterposition bleiben.

Diese Festsetzung der Randgruppenzugehörigen als Außenseiter ist
aber sicher nicht nur durch die Vertreter der Mittelschicht bedingt. Die
Ich-Schwäche der Randgruppenmitglieder, ihre geringere Verbalisie-

rungsmöglichkeit, die gegenüber der Norm gesteigerte motorische Unruhe und die durch IBEN et al. statistisch nachgewiesene, häufige Identifikation der Randgruppenkinder bzw. Randgruppenbewohner mit den Vertretern der Mittelschicht statt mit ihren eigenen Anliegen, führt dazu, daß es schwierig ist, sie aus ihrer Außenseiterposition herauszuführen. Immerhin ist es, bei geeigneter Orientierung der Randgruppenzugehörigen, bei entsprechender Erziehungshilfe für die Mütter sowie einer – möglichst nicht geschlossenen – Umsiedlung in andere Wohngebiete, möglich, diese Menschen allmählich aus ihrem Sonderdasein herauszuführen. Allerdings muß die Gesellschaft ihrerseits lernen, ohne diese Außenseitergruppe auszukommen. Schon in der Schule wird durch die Förderung von entsprechenden Konfliktaustragungsmöglichkeiten damit begonnen werden müssen, die Jugendlichen soweit zu bringen, daß sie ihre Probleme lösen können, ohne sie auf andere projizieren zu müssen.

1.7.4.1.6. Gruppe und Führer

RICE sucht zwischen dem Begriff Leitung (Management) und jenem der «Führung» zu unterscheiden. Er betont, daß auf der manifesten Ebene des Verhaltens ein Führer in der Lage sein müsse, seine Gefolgsleute mitzureißen, sie zu inspirieren, Entscheidungen für sie zu treffen. Er müsse nicht nur fähig sein, zur Durchführung einer gestellten Aufgabe beizutragen, sondern auch die Kooperation seiner Gefolgsleute zu erlangen. Ein Manager müsse indessen die bestmöglichen Ergebnisse erzielen mit Hilfe der Resourcen, über die er verfüge oder die er verfügbar machen könne, zum Beispiel mit Hilfe der ihm unterstellten Menschen. Führer müßten ihre Gefolgsleute inspirieren und ihre Institutionen führen, Manager indessen effektive Leitungsmethoden entwickeln, Führung müsse sich auch unbewußt vollziehen, Leitung ist, nach RICE, ein wesentlich rationalerer Begriff. RICE betont aber, daß ein Leiter, ein Manager, gleichgültig in welcher Institution er tätig sei, auch die Probleme der Führung kennen müsse und insbesondere jene Arten von Führung zu verstehen habe, die hülfen, mit offenen oder versteckten Widerständen gegen seine Leitung fertig zu werden. Ich möchte hier diese Unterscheidung zwischen Führung und Leitung nicht weiter vollziehen, da sie meines Erachtens sozialpsychologisch irrelevant ist. Das Individuum, das in einer Gruppe eine Spitzenposition innehat, muß wohl beide von RICE beschriebenen Merkmale besitzen, um an der Spitze einer Gruppenhierarchie sein und bleiben zu können. RICE vernachlässigt in dieser Definition mehr oder weniger vollkommen die Gruppenmitglieder. Selbst in der Industrie, die er als Beispiel anführt, wird kaum jemand gegen den ausdrücklichen Willen der Gruppe Führer sein können. Mitentscheidend ist für die Stellung eines Leiters in einer Gruppe auch die Zuwendung der übrigen Beteiligten. Ich möchte im folgenden versuchen, die Stellung des Gruppenleiters, ohne auf den Unterschied von Leiter und Führer weiter einzugehen, zu erfassen: Individuen mit hoher Interaktionsdichte bilden die Spitze der Gruppenhierarchie. Eine solche Führerfigur ist der Gruppe nicht etwa übergeordnet wie in der Masse. Der «Führer» ist hier lediglich der «primus inter pares». Wächst er über diese Stellung hinaus, oder ist er, beispielsweise in der Industrie oder in einer anderen Institution von vorneherein dem Kollektiv übergeordnet, so besteht die Gefahr, daß die Gruppe als solche in ihrem Bestand bedroht ist. Kann die Gruppe den Monopolanspruch eines Mitgliedes nicht eindämmen, oder ist der Einzelne als weit Übergeordneter eingesetzt, so droht dem Kollektiv die Entartung zu einer «Masse im kleinen». Die Einzelnen, außer dem Führer, werden ihre Verantwortung mehr oder weniger restlos dem Einzelnen überbürden und keine differenzierte Rolle mehr ausüben. Es wird nur noch eine zweistufige Hierarchie bestehen: die des Führers einerseits und der Geführten andererseits. In einer industriellen Organisation, aber auch in anderen Gruppensituationen, wie beispielsweise in einer Schulklasse, ist deshalb darauf zu achten, daß nicht immer dasselbe Gruppen- oder Klassenmitglied sich in allen Situationen führend betätigt. Es sollten möglichst alle Gruppenmitglieder eigene Initiative entwickeln und eine differenzierte Rolle ausüben können. Ein Vorgesetzter oder ein Lehrer wird also Interesse daran haben, eine Gruppe so zu leiten, daß jeder einzelne Beteiligte eine Verantwortung für den ganzen Kreis trägt und dementsprechend eine bestimmte Rolle, eine umschriebene Funktion, ausübt. Ebenso muß in der Gruppenpsychotherapie der Therapeut darauf achten, daß er selbst nicht als übermächtiger Leiter seine Funktionen ausübt, sondern gruppenzentriert bleibt. Er muß darauf aus sein, die verschiedensten Gruppenmitglieder Führerrollen und damit eigentliche Hilfstherapeutenrollen übernehmen zu lassen.

Doch ist in allen Gruppen darauf zu achten, daß der Vorgesetzte, der Lehrer, der Therapeut oder anderweitige Gruppenleiter im Zentrum der Gruppe bleibt, um den sich ein Kreis führender Gruppenmitglieder schart, beziehungsweise dem sich die temporären Führerfiguren beiordnen. Wächst ein Einzelner aus einer Arbeitsgruppe oder aus einer Schulklasse in eine dauerhafte übergeordnete Führerstellung hinein, wird es für den Leiter schwierig, die Gruppe in der durch den Betrieb oder von ihm gewünschten Richtung zu fördern. Würden indessen der Abteilungsleiter, der Lehrer, der Therapeut, selbst in der entsprechenden Gruppe in einer allzu übergeordneten Position verharren, so könnten sie zwar vielleicht die ihnen Unterstehenden in jede von ihnen gewünschte Richtung lenken. Es würde jedoch keiner der Beteiligten dazu ermutigt, Verantwortung auf sich zu nehmen. Im Gegenteil, es würden, wie erwähnt, die Betreffenden eher dazu neigen, sich vor allen Verantwortlichkeiten zu drücken und sie den Leitenden zu überbürden. Auch ein Familienvater sollte demgemäß darauf achten, daß er nicht in einer übergeordneten Führerrolle verharrt. Er hat vielmehr danach zu trachten, daß möglichst alle der mit ihm in der Familiengruppe Verbundenen es lernen, in einem ihnen entsprechenden Bereich und ihren Möglichkeiten angepaßt mit an der Führung teilzuhaben.

Wenn wir gesagt haben, daß derjenige mit der höchsten Interaktionsdichte zur Führerfigur wird, so geht daraus auch hervor, daß der Führer keineswegs frei ist. Er ist in ein feinmaschiges Beziehungssystem verstrickt, sogar dann, wenn er wie bei der Masse über das Kollektiv hinausragt. Nur derjenige wird zum Führer, mit dem sich die Beteiligten am besten identifizieren können und durch den sie sich am ehesten repräsentiert fühlen.

Es werden nur solche Individuen zu Führern, die affektive Zuwendungen der Beteiligten erhalten und sich am strengsten an die Normen der Gruppe halten oder aber, im ungünstigsten Falle, der zur «Masse» gewordenen Gruppe ihre eigenen Normen auferlegen können. Zum Führer einer Gruppe wird im allgemeinen auch nur derjenige, welcher im Rahmen des Kollektivs am stärksten dem Gruppenziel oder, anders ausgedrückt, der sie konstituierenden «Mitte» entspricht. Bei ungünstiger Lage wird jener zum Führer werden können, dem es gelingt, der Gruppe ein Ziel nach seinem eigenen Ermessen bzw. eine «Mitte» nach seinem Gutdünken aufzuerlegen. In jedem Falle besteht aber zwischen dem Führer und der Gruppe eine Interdependenz.

Eine Gruppe, sei sie eine soziale oder eine therapeutische, die absolute Identifikation, unbedingten Gehorsam, verlangt, läßt keine Entwicklungsmöglichkeiten für den Einzelnen und das Kollektiv zu. Bei der Gruppenpsychotherapie ist es am Therapeuten, eine solche Entwicklung zu vermeiden. Führt der Arzt eine Gruppe leiterzentriert, so kommt es zu einer Frustration der Mitglieder und, im Extremfall, zu einer Regression und absoluten Ausrichtung auf den «Therapeuten» mit einer Verkümmerung ihrer Fähigkeiten.

Wie bedenklich das Verlangen von unbedingtem Gehorsam sein kann, zeigen inzwischen berühmt gewordene Untersuchungen, die durch STANLEY MILGRAM an der Yale-University in den USA durchgeführt worden sind. Das Forschungsprogramm hatte zum Ziel, zu ergründen, wie sich ein Individuum verhält, das von einem anderen aufgetragen bekommt, ein drittes zu verletzen, und unter welchen Bedingungen es sich weigern wird, den Auftrag zu erfüllen. Dieses Projekt, obschon es wertvolle Aufschlüsse über die Gehorsamsfrage zu vermitteln vermag, ist zwar moralisch nicht unbedenklich und überschreitet wohl doch schon die Grenzen dessen, was unter dem Siegel der Wissenschaft zulässig ist. Doch sind die Ergebnisse so instruktiv, daß wir, bei aller Skepsis, dennoch darauf eingehen wollen. Im psychologischen Laboratorium der Yale-University wurde das Problem nun zu der Frage: Wenn ein Versuchsleiter einer Versuchsperson aufträgt, eine andere Person zu verletzen, unter welchen Bedingungen wird die Versuchsperson dieser Anweisung Folge leisten, und unter welchen Bedingungen wird sie den Gehorsam verweigern?

Hinter Gehorsam steckt indessen nicht nur die Identifikation mit dem Leiter, sondern auch die Angst. Zum Versuch selbst: Es wurden männliche Erwachsene, wohnhaft in den Gebieten von Groß-New Haven und Bridgeport genommen, im Alter von 20 bis 25 Jahren, aus einer Vielzahl von Berufen. Die Berufszusammensetzung für jedes Experiment bestand aus 40% Arbeitern, gelernten und ungelernten, 40% Angestellten aus Handel und Gewerbe und 20% Vertretern von Fachberufen. Der Angelpunkt der Untersuchung war die Intensität eines elektrischen Schocks, den eine Versuchsperson willentlich einer anderen beibringt, wenn ihr vom Versuchsleiter befohlen worden ist, das «Opfer» zunehmend strenger zu bestrafen. Die Applikation des Schocks wurde in den Rahmen eines Lernversuchs versetzt, der angeblich zum Studium der Wirkung der Strafe auf die Erinnerungsleistung angestellt wurde. Außer dem Versuchsleiter nahmen eine ahnungslose Versuchsperson und eine eingeweihte Person, die wir vorhin das «Opfer» nannten, teil. Bei der Ankunft wurden jeder Versuchsperson 4,5 Dollar bezahlt. Der naiven Versuchsperson wurde gesagt, es sei ihre Aufgabe, den Lernenden eine Anzahl von Assoziationspaaren zu lehren, ihn nach dieser Liste zu prüfen und jedesmal Strafe anzuwenden, wenn er in der Prüfung einen Fehler mache. Bestrafung erfolgte als Elektroschock, den die Versuchsperson mittels Schockgenerators an den «Lernenden» zu verabreichen glaubte. Es braucht wohl kaum besonders hervorgehoben zu werden, daß die Elektroschocks nur fiktiv appliziert wurden. Doch die Versuchspersonen glaubten, daß der elektrische Strom tatsächlich auf die «Lernenden» übergehe. Der «Lehrer» ist instruiert, die Stärke des Elektroschocks bei jedem Fehler um eine Stufe auf dem Generator zu erhöhen. Entsprechend der Versuchsanordnung liefert der «Lernende» viele falsche Antworten, so daß die naive Versuchsperson binnen kurzem ihm den stärksten Schock des Generators geben muß. Schockerhöhungen gehen Hand in Hand mit zunehmend nachdrücklicheren Forderungen des «Lernenden», der Versuch sei abzubrechen, weil damit für ihn wachsendes Unbehagen verbunden sei. Der Versuchsleiter befiehlt jedoch dem «Lehrer» klar und deutlich, die Person des Lernenden nicht zu beachten und das Verfahren fortzusetzen. So muß die naive Versuchsperson einen Konflikt zwischen zwei gegensätzlichen Forderungen lösen, die aus dem sozialen Felde kommen. Sie kann fortfahren, den Befehlen des Versuchsleiters zu folgen, oder sie kann sich weigern, den Befehlen Folge zu leisten. Die Proteste des Lernenden sind standardisiert und nehmen mit jeder Volthöhe zu.

Nun zu den Ergebnissen:

Als MILGRAM mit den Versuchen begann, hatte er vermutet, daß die Versuchspersonen sich im allgemeinen nur bis zu geringen Volthöhen gehorsam verhalten. Doch waren viele Versuchspersonen bereit, die extrem verfügbaren Schocks anzuwenden, wenn sie vom Versuchsleiter dazu den Befehl erhielten. 40 führende Psychiater hatten vorausgesagt, daß die meisten Versuchspersonen nicht über 150 Volt hinausgehen werden. Sie sagten weiter voraus, daß bei 350 Volt noch immer 3,73% gehorsam sein werden. Nur 1°/₀₀ (1 Promille) werde den stärksten Schock von 450 Volt applizieren. Das tatsächliche Verhalten sah dann aber ganz anders aus. 65% von beinahe 1000 untersuchten Erwachsenen gehorchten den Befehlen des Versuchsleiters. Die Psychiater schätzten sehr wahrscheinlich deshalb falsch, weil sie das Individuum nicht in seinem sozialen Kontext nahmen. Die soziale Situation mit dem gebietenden Versuchsleiter und dem wenig gelehrsamen «Lernenden» übte einen bedeutenden Druck auf die Versuchspersonen aus. Die Versuchspersonen waren übrigens um so eher bereit, die Befehle auszuführen, je näher der Versuchsleiter war. Telephonierte er beispielsweise seine Befehle, so antworteten sie häufig, daß sie den Befehl ausgeführt hätten. In Wirklichkeit hatten sie dann aber bedeutend weniger Strom als angegeben appliziert. Es zeigte sich des ferneren, daß die Versuchspersonen um so eher schockbereit waren, als sie eine Distanz zum «Lernenden», zum «Opfer», wie wir diese Person wieder nennen wollen, hatten. Mußten sie beispielsweise das «Opfer» berühren, so fiel es ihnen schwerer, es zu schocken. Die Unterbringung des «Opfers» in einem anderen Raum entfernt es nicht nur weiter von der Versuchsperson, sondern bringt auch Versuchspersonen und Versuchsleiter näher zusammen. Eine Gruppenbildung zwischen den beiden setzt ein, von der das Opfer ausgeschlossen ist. Das «Opfer» rückt deshalb in die Ferne, und der Schock wird um so eher appliziert werden. Wurden nicht deshalb in der nahen und fernen Vergangenheit

Menschen oder Menschengruppen oder gar ganze Völkerteile bzw. Völker aus einem Volksganzen oder aus einem Völkerverband ausgeschlossen, um dann um so grausamer gegen die Betroffenen verfahren zu können? In der therapeutischen Gruppe hat der Arzt immer wieder darauf zu achten, daß nicht immer derselbe Patient in der Omega-Position (R. SCHINDLER) verharrt, da er sonst bald durch das Kollektiv als Ausgestoßener und Ausgeschlossener erlebt werden kann. Die Gruppe schließt sich dabei zwar vielleicht enger zusammen. Doch leidet der eine, der Schwache, Not. Der Therapeut muß unter Umständen temporär selbst diese Omega-Position übernehmen, um dem Patienten zu einem Positionswechsel zu verhelfen. Wie richtig die MILGRAM-schen Feststellungen an der Yale-University sind, zeigte sich, indem bei einer Wiederholung der Versuche, in einem Bureau der kleinen Industriegemeinde Bridgeport, bei der die «Hintergrundautorität» dieser berühmten Hochschule fehlte, wo auch nichts darauf hindeutete, daß eine seriöse Organisation dahinter stand, doch noch 48% der dortigen Versuchspersonen bereit waren, dem «Opfer» den Maximal-schock zu verabreichen. Wenn auch eine dermaßen maximale Identifikation mit einer Leiterfigur, ein derart hoher Grad des Gehorsams, gefährliche Entwicklungen impliziert, so ist die Gruppe andererseits ohne eine – auch den Gehorsam fördernde – Identifikation nicht möglich.

Wie wir bereits angeführt haben, sind solche Experimente mit Menschen, die sich für eine wissenschaftliche Untersuchung ahnungslos zur Verfügung stellen, nicht ohne Vorbehalt entgegenzunehmen. BRANDT hält nun den Untersuchungen von MILGRAM entgegen, daß seine Versuche keineswegs den Gehorsam der Beteiligten untersucht hätten, sondern den Ausdruck der Aggressivität der Versuchsleiter. Die Rationalisierungen, die diesen Experimenten zugrunde gelegen hätten, verdeckten, daß sie mit nicht genügend orientierten Objekten durchgeführt worden seien. Diese Untersuchungen mit Menschen seien undemokratisch und unnötig, weil das Verhalten der Versuchspersonen, bei dem erwähnten Gebaren der Experimentatoren, ohne weiteres hätte vorausgesagt werden können.

Wenn sich Schizophrene oft ängstigen, sich mit einer Gruppe und/oder deren Leiter zu identifizieren, so dreht sich ihre Befürchtung immer, mehr oder weniger unbewußt, um den Gehorsam. Sie ängstigen sich, auch bei zaghaften Versuchen, sich mit Einzelnen oder allen Beteiligten und dem Gruppenleiter zu identifizieren, vor dem von ihnen verstärkt verspürten Zwang zur Anpassung an die Mitbeteiligten und den Leiter und dem damit verbundenen Gehorsam. Identifizierten sie sich mit dem Leiter und der Gruppe, würden sie sich in ihrem Erleben der Gefahr aussetzen, vom Individualitäts- bzw. vom Ich-Verlust bedroht zu sein. Auf der einen Seite könnte sie die Identifikation mit einer Gruppe zwar stärken, und es wäre ihnen eine Gelegenheit geboten, von den Chimären ihres in Unruhe geratenen Unbewußten wegzukommen. Auf der anderen Seite fühlten sie sich, bei ihrer Ich-Schwäche, dem Leiter und den anderen etwa bedingungslos ausgeliefert. Wie uns unsere langjährige Erfahrung mit Gruppenpsychotherapie von Schizophrenen lehrt, können sie sich erst dann mit der Gruppe und deren Leiter identifizieren, wenn sie immer wieder deren Vertrauenswürdigkeit erfahren und erkannt haben, daß sie sich ohne Gefahr des Ich-Verlustes mit anderen, bzw. mit dem Leiter, in Beziehung setzen können. Voraussetzung aber ist auch dann, daß die Führung nicht leiterzentriert, sondern vorwiegend gruppenzentriert ausgerichtet vor sich geht. Nur so werden diese Menschen mit ihrem schwachen Ich sich allmählich entfalten und an Ich-Stärke gewinnen können.

1.7.4.1.7. Gruppe und individuelle Freiheit

Wie wir bereits mehrfach dargelegt haben, ist der Einzelne in der Gruppe in ein Netz von wechselseitigen Beziehungen und Einflußnahmen, von Interaktionen, verstrickt. Das ein Individuum umgebende Beziehungssystem schränkt seine Entscheidungs- und Bewegungsfreiheit dementsprechend bis zu einem gewissen Grade ein. Das Individuum kann in einem Gruppenverband nichts unternehmen, ohne daß die übrigen Zugehörigen davon betroffen wären. Und werden sie durch die Handlungen eines Einzelnen miterfaßt, so ist es nichts als selbstverständlich, daß sie auf dessen Handlungen und Verhaltensweisen Einfluß zu nehmen versuchen. Damit kann aber der Einzelne nicht mehr nach seinem Ermessen wirken, sondern er muß im großen und ganzen das tun, was von den übrigen akzeptiert werden kann oder was die anderen von ihm erwarten. In der Gruppe genießt also das Individuum nie eine unumschränkte Freiheit. Es kann nur tun und lassen, was der Spielraum, den ihm die mannigfaltigen Interaktionen im Rahmen einer Gruppe übriglassen, gestattet. Es ist im Volksmund schon längst bekannt, daß in einem gruppenmäßigen Verband, aus Rücksichtnahme auf die übrigen Zugehörigen, damit «die Kirche mitten im Dorfe bleibt», manche individuellen Anliegen zurückgestellt werden müssen.

Erlebt der Mensch in seiner Kindheit und in seiner Jugend eine gesunde, um die Eltern zentrierte Gruppe, so wird er schon früh erfahren, in welchem Ausmaß er sich im Rahmen eines solchen Kollektivs durchsetzen und verwirklichen kann. Er wird in diesem kleinen sozialen Kreise aber auch kennenlernen, welche Bewegungsfreiheit er in der größeren Gesellschaft erwarten darf. Wird einem Kind in der Familiengruppe allzu versagend – oder verwöhnend – begegnet, so wird es in seinen Erwachsenenjahren diese seine früheren Erlebnisse auf die große Gesellschaft übertragen und sich (erneut) frustriert fühlen. Dementsprechend wird es sich entweder ganz auf sich selbst zurückziehen und den sozialen Kontakt meiden, oder aber es wird sich, als Folge einer Überkompensation, mehr Freiheiten als die anderen herausnehmen und rücksichtslos hauptsächlich an die Befriedigung seiner eigenen Triebansprüche und Ambitionen gehen. Kann ihm die äußere Welt in dieser Hinsicht nicht genügend bieten, wird ein solchermaßen frustrierter Heranwachsender schließlich etwa bei den Drogen Zuflucht suchen und im Rausch die Verwirklichung seiner Sehnsucht nach grenzenloser Freiheit – allerdings immer wieder vergeblich – zu verwirklichen suchen. Wie sich der Mensch in seiner Kindheit und in seiner Jugend in die Familiengruppe einfügen mußte, wie er von ihr aufgenommen wurde und was für eine Bewegungsfreiheit sie ihm gewährte, wird demnach das Richtmaß dafür abgeben, wie er sich in der Gesellschaft später verhalten wird, ob er imstande sein wird, sich zu behaupten, aber auch auf die Anliegen anderer Rücksicht zu nehmen. Das Problem der Freiheit drückt sich in diesem Wechselspiel der Strebungen des Einzelwesens mit den Erfordernissen der Gruppe aus. Wir geben hier kurz GUSTAV BALLY das Wort, der u. a. folgendes festhält: «Freiheit versteht sich in der Überwindung dessen, das ihr entgegensteht und ist eine Verheißung. Ist die Freiheit aber aus dem Kampf gegen den Zwang der natürlichen Nötigung entstanden, zeigt es sich, daß sie nicht bestehen kann ohne Ordnung. An ihrem Ursprung steht der Freiheit in der Ordnung eine Schranke entgegen. Nur in dieser Beschränkung hat die Freiheit eine Stätte... Dieser dialektische Gegensatz der Freiheit zur Ordnung bedeutet die Notwendigkeit eines Kampfes, der die Freiheit nie sein, sondern immer nur werden läßt. Wir sehen das Prinzip der Ordnung unversehens zum Gegner der Freiheit werden dort, wo die Ordnung ihr polares Einssein mit der Freiheit, diese ihr Einssein mit jener verliert. In diesem Zerfall geht die Freiheit verloren; in ihm vernichtet sie sich selbst in der Ungestalt zerfahrener Dynamik; oder sie verliert ihre Heimat in einer starre Dauer fordernden Ordnung.»

Indem die Einzelnen in ein Beziehungssystem verwoben sind, das sie mehr oder weniger eng mit den übrigen Gruppenzugehörigen verbindet, fällt ihnen auch eine Verantwortung für die übrigen Gruppenbeteiligten sowie die Gesamtheit und damit eine größere Verantwortlichkeit zu, als wenn sie nur auf sich allein abgestellt wären. Anderer-

seits kann bei diesem Sachverhalt unter den Beteiligten auch die Sicherheit entstehen, daß sie nicht allein für sich zu sehen haben und auch
auf den anderen Gruppenzugehörigen eine gewisse Verantwortung
für sie lastet. Besonders das Empfinden, nicht nur allein für sich verantwortlich zu sein, schafft vielleicht ein stärkeres Freiheitsgefühl, als
eine vollkommene Schrankenlosigkeit es vermitteln könnte. Ist jedoch
die individuelle Entscheidungs- und Handlungsfreiheit vollkommen
unterdrückt, so wird das Leben des Individuums an sich in Frage
gestellt. Es droht dem Menschen dabei der Individualitätsverlust und
der Gruppe der Übergang in eine undifferenzierte und ausschließlich
affekt- und triebgeleitete Masse, in der die Beteiligten einander «gleichgeschaltet» sind.

Wie wir in der Gruppenpsychotherapie schon oft beobachten konnten, kann das Individuum in einer Gruppe gelegentlich sogar eine
größere Entscheidungs- und Handlungsfreiheit erlangen als allein. So
kam es noch in allen therapeutischen Gruppen etwa einmal zu Situationen, in denen der Einzelne mit Hilfe des Kollektivs den Therapeuten gegenüber etwas durchsetzen wollte und wiederholt auch konnte.
Im Kreis der Gruppe besitzt das Individuum einen längeren Hebelarm
und damit mehr Kraft als allein, um irgend etwas durchzusetzen. Also
auch unter diesem Aspekt erreicht das Individuum in einer Gruppe
eine größere individuelle Freiheit, als wenn es allein auf sich abgestellt
wäre. Es ist wohl kein Zufall, daß sich die Menschen der Gegenwart
mehr und mehr in Teams sammeln, um die ihnen gestellten, immer
größer und umfangreicher werdenden technischen, wirtschaftlichen,
sozialen und kulturellen Aufgaben zu bewältigen. Der Einzelmensch
fühlt sich angesichts der Dimensionen der heutigen Erwartungen und
Erfordernisse hilflos und ohnmächtig. Erst die gruppenmäßige Gemeinschaft gibt ihm das Selbstvertrauen, die Sicherheit, Stärke und
Freiheit, immer umfassendere Aufgaben in Angriff zu nehmen und zu
lösen.

Der Mensch und insbesondere derjenige der Gegenwart ist bereit,
durch Einordnung in eine Gruppe, um des Zusammenlebens willen,
etwas von seiner unmittelbaren Freiheit zu opfern. Doch gewinnt er
andererseits durch den gruppenweisen Zusammenschluß, durch die
Verantwortlichkeit für alle Zugehörigen und die von der Gruppengemeinschaft geteilte Verantwortung für ihn selbst eine mittelbare
Freiheit. Die freie Gruppe ist somit wenigstens zu einem Teilersatz
geworden für die unter dem Druck der neuzeitlichen technischen, sozialen und wissenschaftlichen Entwicklungen erfolgte Einschränkung
des Individuums. Es ist wahrscheinlich kein Zufall, daß ein Amerika-
ner, und zwar der in den USA lebende Gruppentherapeut S. R. SLAVSON,

von der (modernen) Demokratie sagt, daß sie nicht der Triumph des freien Individuums, sondern der freien Gruppe sei.

Wir möchten hier nochmals darauf hinweisen, daß die Aufgabe, den Kindern und Jugendlichen erkennen zu geben, welche Freiheit sie in einer gesunden Gruppe, in einer gesunden Gesellschaft erwarten können und notfalls verteidigen sollen, aber auch, welche Schranken ihnen in jedem Kollektiv gesetzt sind, den Eltern und sonstigen Erziehern zufällt. Es wird dementsprechend beispielsweise für die Schüler einer Klasse wesentlich sein, welchen Spielraum und welche Initiativemöglichkeit ein Lehrer ihnen überläßt und wo er sie in die Schranken weist. Verhält sich ein Lehrer in bezug auf die Gewährung von Freiheiten im Rahmen der Klassengruppe zu versagend, so wird er bei den ihm Anvertrauten Unselbständigkeit und mangelnde Verantwortungsbereitschaft fördern. Verhält er sich umgekehrt zu gewährend bezüglich der persönlichen Freiheiten der Klassenbeteiligten, so besteht die Gefahr, daß die Schüler nicht lernen, eine Ordnung anzunehmen. Adäquate Proportionen zwischen Gewähren und Versagen von seiten der Erzieher werden die Heranwachsenden dazu bringen, sich in Freiheit in eine Gruppenordnung zu integrieren.

1.7.4.1.8. Entartungsmöglichkeiten der Gruppe

1.7.4.1.8.1. Entartung der Gruppe zu einer Masse

In einer Gruppe ist die Masse als potentielle Gefahr stets mitenthalten. Diese Tatsache läßt sich aus dem Umstand erklären, daß die Gruppe, je mehr wir in der Menschheitsgeschichte zurückgehen, desto weniger verstandes- und desto mehr trieb- und affektgeleitet ist. Wir werden schließlich zu einem Kollektiv gelangen, das nur noch affekt- und triebverbunden und -dominiert ist, zu einer Masse im Sinne unserer Definition. Gruppe und Masse müssen also in der frühen Menschheitsgeschichte eine gemeinsame Matrix in den ursprünglichen Menschengruppierungen haben. Die Verhältnisse dürften zwar einerseits nicht so einfach liegen, wie FREUD sie mit seiner Urgruppe annahm. Doch drückt seine Aussage, daß «so wie der Urmensch in jedem Einzelnen virtuell enthalten ist, so kann sich aus einem beliebigen Menschenhaufen die Urgruppe wieder herstellen», eine in der Gruppenpsychologie zu erkennende Tatsache aus. Folglich kann gesagt werden, daß in jeder gegenwärtigen Gruppe eine Urform des Kollektivs fortlebt und bei begünstigender Situation dominant werden kann. Folgende Bedingungen tragen zur Entartung einer Gruppe zu einer Masse (im kleinen) bei:

1. Emporsteigen eines Gruppenmitgliedes zum übergeordneten Führer

Wird ein Gruppenmitglied im Vergleich zu den übrigen zu mächtig, so besteht naturgemäß die Gefahr, daß es sich zum übergeordneten Führer aufschwingt. Und hat es diese Stellung erlangt, so besteht die Gefahr, daß es alles daransetzt, seine persönlichen Ambitionen zu befriedigen und die übrigen in eine untergeordnete Position zu drängen, in der sie nur noch willenlos und ohne intellektuelle Anstrengungen das tun, was das führende Mitglied verlangt. Somit sind die verstandesmäßigen Erwägungen ausgeschaltet, und das Kollektiv ist nur noch affekt- und triebgeleitet. Der Führer kann nun, wenn er es versteht, die Gefühlswelt der ihm Ergebenen ansprechen, die Beteiligten lenken, wohin er will.

Wir haben in einer Krankengruppe beobachten können, daß eine recht aktive Patientin in ihrer Aktivitätsrolle durch den Therapeuten stets bestärkt wurde. Der Arzt sah es gerne, daß ihn eine Patientin so tatkräftig unterstützte und stimulierend auf die Gruppensitzungen bzw. -diskussionen einwirkte. Als er jedoch einmal etwas gegen ihren Willen durchsetzen wollte und ihr zugleich eine andere Maßnahme mit einer ihr nahestehenden Patientin nicht behagte, wiegelte sie das ganze Kollektiv gegen den Therapeuten, die Klinik, ja sogar gegen die gesamte Psychiatrie auf. Es kam auf der Abteilung zu recht turbulenten Szenen, die, allerdings in bescheidenen Dimensionen, an die historischen Massenausbrüche der nahen und fernen Vergangenheit erinnerten. Es trat erst wieder Ruhe auf der Abteilung ein, als die führende Kranke entlassen worden war. Da war es nun also geschehen, daß diese aktive Patientin durch die stetige Förderung durch den Therapeuten in eine – übergeordnete – Führerposition hineingewachsen war, von der sie die Gruppe in ein Massenverhalten stoßen konnte.

Eine solche Entartung einer Gruppe zu einer Masse sollte unter allen Umständen verhütet werden, schon allein deshalb, weil bei den Betroffenen immer mehr oder weniger bewußte Schuldgefühle wegen der beim Massengeschehen sich ereignenden Vorkommnisse erwachsen, die sie belasten. Daß das Massengeschehen für unmittelbar und mittelbar Beteiligte gar eine Gefahr bedeuten kann, braucht wohl nicht besonders betont zu werden.

11. Affekt- und Triebstauung bzw. -verdrängung

Können sich in einer Gruppe die Beteiligten nicht genügend entfalten, erfolgt eine Anstauung unlustbetonter Gefühle gegen die sich ihnen entgegenstellende Instanz oder das sie beengende System. Bei genügender Intensität und Umständen, bei denen durch entsprechende

Außenreize die hintangehaltenen Emotionen angesprochen werden, können dann schließlich die längst zurückgehaltenen Gefühle dominant und die Gruppe in ein Massengeschehen miteinbezogen werden. Die intellektuellen Erwägungen werden dabei in den Wind geschlagen, und das Kollektiv ist nur noch trieb- und affektdominiert, also eine Masse mit allen in ihr enthaltenen Gefahren.

1.7.4.1.8.2. Entartung der Gruppe zu einer Menge

Die Gruppe vermittelt dem Einzelnen nicht immer ein Geborgenheitsgefühl. Werden die Interaktionen der Mitglieder untereinander zu dicht, treten sie einander zu nahe, oder ereignet sich nur noch wenig in einer Gruppe, so besteht die Gefahr, daß die Mitglieder zu einem Nebeneinander von beziehungslosen Individuen werden. Die an einer Gruppe Beteiligten ängstigen sich – besonders bei Ich-Schwäche – vor allzu dichter Nähe, vor Unterschreitung einer für ihre Ich-Erhaltung notwendigen Distanz. Wird sie nicht eingehalten, so fürchten sie sich vor dem Ausgeliefertsein an die anderen, vor dem Individualitätsverlust. In einer Schizophrenengruppe konnten wir gelegentlich beobachten, daß die Patienten sich vor allzu ausgesprochener Partizipation der übrigen fürchteten. Die Betroffenen zogen sich entweder innerhalb der Gruppe in ein introvertiertes, kommunikationsloses Mengendasein zurück, in dem sie oft wieder vermehrt psychotisch wurden. Oder aber sie flohen tatsächlich temporär oder endgültig aus der Gruppe.

Doch fühlt sich der Einzelne im Kollektiv auch dann vereinsamt, isoliert, wenn er trotz Beteiligung an der Gruppe sich unerreicht, nicht ergriffen weiß. Läuft in einem solchen Kreis nur noch wenig oder beinahe nichts mehr, werden die Mitglieder das Interesse für das Kollektiv verlieren. Das Individuum wird sich den übrigen nicht mehr verbunden, sondern fremd fühlen. Auch dann ist die Gruppe zu einer Menge entartet.

Wir könnten theoretisch zwei Grenzwerte der Häufigkeit von Interaktionen feststellen, bei denen die Gruppe bedroht ist, in eine Menge zu verfallen: Sie liegen bei zu hoher, die soziale und psychologische Distanz vernachlässigender Interaktionsdichte und bei zu geringfügigen, zu lockeren Interaktionen, bei denen die Gruppe jegliche Aktualität verliert und die Einzelnen sich auf sich selbst zurückziehen.

1.7.4.1.8.3. Entartung der Gruppe zu einem (restlos) auf sich selbst zentrierten Kollektiv

Das Interesse der Beteiligten kann, wie unsere gruppenpsychotherapeutischen Erfahrungen gezeigt haben, in einem solchen Kreis derart auf das eigene Kollektiv zentriert sein, daß alles, was außerhalb ist, in den Hintergrund tritt oder – im schlimmsten Falle – gar nicht mehr als zugehörig, ja oft nicht einmal mehr als Mensch oder als menschliches Werk erlebt wird. Bei den angeführten MILGRAMschen Versuchen wurde beobachtet, daß die Versuchspersonen um so eher bereit waren, dem «Lernenden» einen elektrischen Schock zu verabreichen, als sie eine – gruppenfördernde – Nähe mit dem Leiter einerseits, andererseits das Opfer als ausgeschlossen von der Gruppe erlebt haben. Auch beim Autofahren kann beobachtet werden, daß die Gruppe, die sich innerhalb des Motorfahrzeuges befindet, sich als einen geschlossenen Kreis und durch den Kollektivgeist getragen fühlt. Läßt sich der Fahrzeuglenker mit in die Gruppenkohäsion ziehen – ob er nun mit den Mitfahrern spricht oder nicht –, so erlebt er eine Gemeinschaft im Auto. Dabei droht ihm, daß er zu den Menschen, die sich außerhalb seines Fahrzeuges befinden oder gar seinen Fahrweg kreuzen, keine Gemeinsamkeit mehr empfindet. Das menschlich Verletzliche der Fußgänger oder anderen Fahrer wird ihm fremd. Das Phänomen der Gruppengeschlossenheit im Auto und der restlosen Zentrierung des Kollektivs, inklusive des Fahrzeuglenkers, auf sich selbst dürfte wesentlich zu den zahlreichen Verkehrsunfällen beitragen. Begegnet ein Einzelfahrer Fußgängern oder entgegenkommenden Fahrzeugen, wird er im allgemeinen eher Kontakt mit ihnen haben. Er ist nicht absorbiert durch eine Gruppe. So sprechen beispielsweise alleinfahrende Lenker eher auf Autostop an als andere. Kriege wären kaum möglich, wenn nicht die Großgruppe, wie sie ein Volk darstellt, sich restlos auf sich selbst zentrierte und nicht damit die anderen als Menschen aus den Augen verlöre. Es wären kaum so viele kriegerische Grausamkeiten geschehen, wenn nicht die betroffenen Völker nur noch auf ihre eigenen Belange ausgerichtet gewesen wären und sie nicht die Angehörigen anderer Nationen vom Menschsein ausgeschlossen betrachtet hätten.

Alle Gruppen, seien es gesellige, politische oder religiöse Gemeinschaften, deren Mitglieder ihre Libido mehr oder weniger ausschließlich auf sich richten, laufen Gefahr, den Blick der Beteiligten für Außenstehende zu trüben. Es muß daher als eine Entartung der Gruppe betrachtet werden, wenn sich die Zugehörigen nur noch mit der Gruppe abgeben, das eigene Kollektiv in ihren Narzißmus einbeziehen und in ihrer Ausschließlichkeit die Nichtbeteiligten nicht mehr als Menschen erkennen.

Wie W. SCHINDLER zu Recht betont, ist es auch bei der Gruppenpsychotherapie nicht richtig, die ganze Aufmerksamkeit der Beteiligten und des Therapeuten auf das Kollektiv auszurichten. Nicht nur daß dabei die Persönlichkeitsentfaltung der Mitwirkenden zu kurz käme, sondern daß die Gruppe – bei restloser Bezogenheit auf sich selbst – die Realität außerhalb des Kollektivs aus den Augen verlöre, spricht gegen diese Technik der Gruppenpsychotherapie. Es drohte die Entartung der therapeutischen Gruppe zu einem Kollektiv von Individuen, die ihre Aufmerksamkeit mehr oder weniger restlos nur auf den engen Kreis richteten, in den sie miteinbezogen sind.

1.7.4.1.9. Prophylaxe der Gruppenentartung

1.7.4.1.9.1. Prophylaxe der Massenbildung

Eine Massenbildung stellt potentiell immer eine Gefahr dar, auch wenn die von ihr betroffene Gruppe noch so klein ist und für kürzere oder längere Zeit im Ruhezustand (REIWALD) verharren kann. Um so mehr gilt diese Aussage für Großgruppen. Die an einer Masse bzw. an einem Massengeschehen beteiligten Menschen unterliegen Gesetzmäßigkeiten, auf die sie bewußt, mit ihrem Intellekt, keinen Einfluß mehr nehmen können. Sie sind folglich auch kaum mehr verantwortlich für ihr Tun und Lassen. Es muß deshalb unter allen Umständen danach getrachtet werden, die Bildung einer Masse zu verhindern. Und diese Forderung zu verwirklichen, ist nur möglich, wenn die Menschen ihrer unbewußten Strebungen gewahr sind und sie in ihr Leben zu integrieren trachten. Versuchen die Menschen, ihre unbewußten Strebungen zu verdrängen, niederzudrücken, so werden sie bei einer günstigen Gelegenheit um so stärker losbrechen.

Eine Persönlichkeit, die um ihre Schattenseiten weiß, wird sich nicht vorbehaltlos in ein Massengeschehen miteinbeziehen lassen und so auch prophylaktisch gegen das Umsichgreifen blinder Ideologien wirken. Das Weltbild dieser Menschen wird sich nicht nur auf das Bewußte gründen, sondern auch die Geheimnisse des Unbewußten miteinzubeziehen versuchen. ERICH NEUMANN formuliert diesen Gedanken wie folgt: «Die gefestigte Struktur des Menschen der totalen Ethik ist deswegen weniger gefährdet, weil er eine große Zahl von Elementen der Massenseele, des kollektiven Unbewußten, verarbeitet und eingebaut hat, von denen die anderen Menschen in Grauen oder Staunen, Bewunderung oder Hingerissenheit übermannt werden. Eine solche Persönlichkeit ist mit den Höhen, aber auch mit den Tiefen und Untiefen des Menschlichen vertrauter, weil sie sie in sich selber erfahren und erlebt hat. In den Überschwemmungskatastrophen kollektiver Umbruchzeit bildet sie einen Widerstand gegenüber den Fluten des massenepidemischen Geschehens als Wächter- und Reinigungsinstanz des Kollektivs.»

Menschen, die an verantwortlicher Stelle mit Gruppen zu tun haben, besonders aber auch Erzieher und Politiker, sollten um diese Gefahren, die mit der Massenbildung zusammenhängen, wissen. Sie könnten so mithelfen, rechtzeitig vorzubeugen oder vor drohendem Dominantwerden eines Urgruppenverhaltens zu warnen.

1.7.4.1.9.2. Prophylaxe der Entartung zur Menge

Im sozialen Bereich wird immer darauf geachtet werden müssen, daß in den Gruppen die Interaktionen nicht zum Versiegen kommen. Wenn beispielsweise Vereinigungen über mangelndes Interesse der Mitglieder klagen, darf meist rückgeschlossen werden, daß die Gruppe entweder die gemeinsame «Mitte» aus den Augen verliert, bzw. sie nicht mehr als aktuell oder bindend erlebt. In den therapeutischen Gruppen beobachten wir diesen Prozeß, wenn sie nur noch institutionalisiert, stereotyp weiterlaufen, ohne den Mitgliedern immer wieder Fragen aufzugeben. Die Behandlungsgruppe ist dann ihres therapeutischen Gehaltes entleert. Sie ist zu einer Menge im kleinen geworden, die die Patienten nicht mehr zu interessieren oder gar zu faszinieren vermag.

Sowohl im sozialen als auch im therapeutischen Bereich verfällt die Gruppe bei Mangel an Interesse der Mitglieder und nur noch geringen Interaktionen in eine Menge. Es muß deshalb in jeder Gruppe darauf geachtet werden, daß in ihr Fragen aktuell bleiben, sie noch um eine «Mitte» zentriert ist.

Die Leitenden bzw. die Therapeuten haben sich immer wieder zu vergegenwärtigen, daß zwar die Gruppe nicht leiterzentriert, sondern auf das Kollektiv ausgerichtet funktionieren sollte, sie aber doch die Verantwortung dafür tragen, daß entweder immer wieder Fragen aufgeworfen werden oder aber, ist das Ziel der Gruppe erreicht, die Beteiligten für neue Gruppen, die um weitere Aufgaben geschart sind, freigegeben werden.

Wie aus unseren Ausführungen hervorgeht, haben die für eine Gruppe Verantwortlichen aber auch zu vermeiden, daß die Interaktionen zu dicht werden. Wird eine gewisse soziale und psychologische Distanz zwischen den Beteiligten unterschritten, so kann die Gruppe ebenfalls auseinanderbrechen und zu einer «Menge im kleinen» werden. Deshalb werden die Leitenden einer jeden Gruppe gut daran tun, das interaktionelle Geschehen nicht zu überhitzen und den Beteiligten nötigenfalls temporäre Ruhepausen zu belassen, während deren sie sich von den Gruppeninteraktionen mehr oder weniger zurückziehen können.

1.7.4.1.9.3. Prophylaxe der Entartung zum (restlos) auf sich selbst zentrierten Kollektiv

Nehmen die Mitglieder einer Gruppe nur noch diejenigen Individuen als (Mit-) Menschen wahr, die sich in ihrem Kollektiv befinden, sinkt die emotionale Teilnahme für außerhalb dieses Kreises Befindliche beliebig ab, so ist Gefahr im Verzug. Es kommt zu einer narzißtischen Einengung der Beteiligten auf sich selbst und die Gruppe und zu einer Mißachtung der außerhalb der Gruppe Stehenden. Erkennen die Leitenden einen solchen Prozeß, bei dem sich die Gruppe nur noch mit sich selbst beschäftigt, sollten sie alles daran setzen, das Kollektiv von seiner Selbstbezogenheit bzw. die Einzelnen von der ausschließlichen narzißtischen Identifikation mit dem Kollektiv zu befreien. Wenn immer wieder nach einem Team- oder Gruppengeist gerufen wird, müssen eindeutig auch die damit zusammenhängenden Gefahren rechtzeitig erkannt werden. Sie können im kleinen Bereich Mißachtung der Mitmenschen – außerhalb der eigenen Gruppe – und im großen Bereich des Weltgeschehens Chauvinismus und Krieg mit sich bringen. Darum gilt es, rechtzeitig, den übertriebenen Preisungen der Gruppe bzw. des «Gruppengeistes» zu steuern. Wo die Gruppe zur Entfaltung des Individuums und der Individualität dient, sollte sie gefördert werden. Ist sie aber dazu angetan, den Einzelnen an phantastische Gruppenideale zu bannen und die Nichtteilnehmenden zu verachten, so stellt sie ein Perikulum dar, das rechtzeitig erkannt werden sollte. Es ist deshalb wesentlich, daß die Verantwortlichen in jeder Gruppe allfälliges Übermächtigwerden des Kollektivs zur Zeit erkennen. So wird geholfen zu vermeiden, verantwortungslose Kollektivmenschen zu züchten, die nur Verachtung für die außerhalb des Kreises Lebenden übrig haben können. Wo nur noch die Gruppe etwas gilt, ist das Individuum in Gefahr. Die Leitenden einer Gruppe oder – im medizinischen Bereich – die Therapeuten haben immer wieder auf regressive Strebungen oder auf das Kollektiv projizierte Omnipotenzphantasien der Beteiligten aufmerksam zu machen, wenn sie den allzu engen Zusammenschluß einer Gruppe erkennen. Sie haben stets von neuem darauf hinzuweisen, daß das Individuum nur dort gedeihen und sich entfalten kann, wo es nicht jegliche Verantwortung an die Gruppe abgibt.

1.7.4.1.10. Das Feed-back / Information in der Gruppe

Die Gruppe vermittelt den Beteiligten ein Milieu, in dem sie in den Reaktionen der anderen Rückkoppelungen ihres eigenen Verhaltens erfahren. Dieses gegenseitige Feed-back der Beteiligten führt dazu, daß sie wahrnehmen, wie sie sich in einem sozialen Rahmen bewegen und auf Mitmenschen wirken. Viele nehmen das Feed-back nur unbewußt wahr, andere wiederum lernen im Verlaufe des Lebens, sich der Reaktionen der sie Umgebenden bewußt zu werden, und wieder andere werden sogar so abhängig von den Feed-backs der Gruppe bzw. Gruppen, in der bzw. denen sie leben, daß sie ihre Eigenständigkeit verlieren. Wie SBANDI sehr zu Recht feststellt, beinhaltet der Rückkoppelungsprozeß die Möglichkeit der Kontrolle und damit der entsprechenden Änderung des eigenen Verhaltens und der Haltung der übrigen Beteiligten. Die Gruppe wäre damit eine Art selbstregulierendes System, wie wir es durch die Kybernetik in bezug auf die Selbstregulierung der Vorgänge in mechanischen Systemen kennengelernt haben (SBANDI). Durch die wechselseitigen Interaktionen und das damit verbundene Rückkoppelungsgeschehen sind die an einer Gruppe Beteiligten voneinander abhängig. Diese Interdependenz bedeutet aber nicht, daß sie restlos unfrei wären. Sie beinhaltet indessen, daß jegliche Änderung des Verhaltens bei einem Mitglied wiederum zur Wandlung des Gebarens anderer führt. Es ist, wie uns unsere Beobachtungen an therapeutischen Gruppen und analytischen Selbsterfahrungsgruppen lehren, nicht möglich, daß ein Einzelner sein Verhalten ändert, ohne daß andere oder die gesamte Gruppe mit in den Wandlungsprozeß einbezogen würden. Beschließt beispielsweise jemand, sich vollkommen vom Gruppenprozeß fernzuhalten, nichts mehr zum Geschehen beizutragen, und schweigt er dabei, so wirkt sich seine Resistenz auf andere zumindest in dem Sinne aus, daß sie viel mehr Energien einzusetzen haben, um den Gruppenprozeß in Gang zu halten. Die übrigen werden dem Resistenten damit ein Feed-back geben, das ihm eine Meldung über die Wirkung seines Verhaltens vermittelt. Falls er solche Signale wahrnehmen will, wird er erkennen, daß das Verhalten jedes Einzelnen für den Gruppenprozeß entscheidend ist. Es verhält sich in einer Gruppe wie auf einem Boot. Es kann auf einem kleinen Schiff auch nicht jemand erklären, daß es die anderen nichts angehe, wenn er unter seinem Sitz ein Loch in den Boden bohre. Das ganze Schiff droht damit unterzugehen. Ebenso kann resistentes Verhalten eines Einzelnen in der Gruppe durch Feed-back zu einer Hemmung der ganzen Gruppe führen. Vereinfacht könnte man also sagen, daß die Gruppe so stark ist wie ihr schwächstes Mitglied.

Feed-back bedeutet aber auch, wie wir dargelegt haben, Kontrolle. Die gegenseitige Rückkoppelung bedingt, daß, unbewußt oder bewußt, eine wechselseitige Kenntnisnahme des Verhaltens besteht. Es ist eine längst bekannte Tatsache, daß in einer gut funktionierenden

Demokratie die Öffentlichkeit eine wache Kontrolle über die maßgebenden Instanzen ausübt. Diese Aussage gilt auch für die Kleingruppe. In ihr ist jeder des anderen kontrollierende Instanz. Bei sehr dominierender Norm wird diese Kontrolle sogar soweit gehen, daß sie jegliche Dynamik in ihr und jedes freie Entfalten der Beteiligten behindert. Alles abweichende Verhalten, jegliches Außenseitertum würde dann das Feed-back-Kontrollsystem auslösen.

Dem Feed-back in der Gruppe kommt damit auf der einen Seite für die Beteiligten etwa eine wandlungs- und reifungsfördernde, auf der anderen Seite aber gelegentlich auch eine hemmende Funktion zu, die die Beteiligten in ihrer freien Entfaltung behindern kann.

Besonders bei der Gruppenbehandlung von milieugeschädigten und verwahrlosten Jugendlichen, aber auch bei der Gruppenpsychotherapie mit Drogenabhängigen und mit Schizophrenen haben wir erkennen können, daß das dauernde Feed-back in der Gruppe zu einer Aktualität des Gruppengeschehens, zu einer «Realitätsintensität», führt, die das Hier und Jetzt der Gruppensituation betont und sie entweder aus regressiven Phantasievorstellungen herausreißt oder ihnen korrektiv wirkende Signale über das Abwegige ihres Verhaltens vermittelt.

Das wechselseitige Feed-back beinhaltet auch gegenseitige Informationen in der Gruppe. Die Einzelnen werden durch die Rückkoppelungen der anderen vorerst unbewußt, später auch bewußt, ihr eigenes Verhalten kennenlernen. Aber auch die gezielte Informationssammlung ist in der Gruppe erleichtert. Das Informationsfeld des Einzelnen ist in einem solchen Kreis um die Informationsbereiche der anderen erweitert. Nicht der Einzelne braucht, isoliert, Informationen zu sammeln. Bei der Erhebung der verschiedensten Daten wirken die anderen Beteiligten mit. Es kann durch die Informationsarbeit aller ein Vielfaches von neuen Daten an den Einzelnen herankommen. Die Informationssammlung in der Gruppe ist naturgemäß bedeutend effizienter als wenn sie durch einen Einzelnen geschehen muß. Die Verarbeitung der uns durch die modernen elektronischen Informationssammlungsmöglichkeiten vermittelten Daten und damit der exponentielle Anstieg unseres Wissens in der Gegenwart wäre ohne das soziale Zusammenwirken von Menschen in Gruppen nie möglich gewesen. Das heißt, nicht nur das Sammeln von Daten ist in der Gruppe erleichtert. Auch die assoziative Verarbeitung wird in einer Gruppe gefördert, indem sich die verschiedenen Beteiligten mit verteilten Rollen an Partialinformationen heranmachen, sie verarbeiten und dann den übrigen zur Verfügung stellen können.

Wie uns unsere Erfahrungen mit therapeutischen Gruppen lehren, ergibt sich in jeder Gruppe eine wechselseitige Beeinflussung der Gefühle der Beteiligten. Emotionale Äußerungen eines Mitgliedes lösen Gefühlsmanifestationen bei einem anderen aus, und diese Affekte führen wiederum zu Gefühlsäußerungen bei anderen. Dabei brauchen die Emotionen keineswegs gleichgerichtet zu sein. Ein Affekt kann die verschiedenartigsten Gefühle bei den übrigen auslösen.

Schon allein wegen des wechselseitigen Feed-backs kommt es zu einem Kreisen der Emotionen in der Gruppe. Dazu strömen bei jedem Mitglied immer wieder eigene Gefühle mit ein. Die in einer Gruppe manifest werdenden Emotionen lösen demnach ein emotionales Geschehen aus, das primär nicht voraussehbar ist und weit über die ursprünglichen Gefühle hinausgehen kann. Es wird etwa zu einer gegenseitigen Aufladung mit Affekten kommen, so daß schließlich die gefahrvolle Situation eintreten kann, daß die Gruppe in ihrem Bestand gefährdet wird. Die Beteiligten können derart von Gefühlen ergriffen werden, daß sie nicht mehr verantwortliche Glieder einer rollenstrukturierenden und wohlgegliederten Gruppe darstellen, sondern einem affektiv dominierten und gleichgeschalteten Kollektiv entsprechen. Das heißt, sie sind zu einer «Masse im kleinen» entartet, wie wir sie in einem früheren Kapitel beschrieben haben. Die Verstärkerwirkung der Gruppe auf die Gefühle kann aber auch beinhalten, daß die in ihr Verbundenen zu einem gefühlsmäßigen Erleben imstande sind, wie sie es allein, auf sich abgestellt, nie fähig wären. Zwar kann die meditative Versenkung besonders Disponierter in der Einsamkeit zu einer ergreifenden Erlebenstiefe führen. Der Mehrzahl der Menschen aber ist dieser Zugang zu den Tiefen des Erlebens verwehrt, besonders angesichts des immer enger werdenden Zusammenlebens in großen Agglomerationen, die so viel Aktualität und Intensität des realen Geschehens beinhalten, daß meditative Bemühungen nicht selten vergeblich sind. Die Gruppe mit ihrer Verstärkerwirkung auf die Gefühle kann indessen die Beteiligten, auch inmitten einer übermäßig geschäftigen Welt, in Erlebnisbereiche hineinführen, die sie zu ergreifen vermögen. Würde ein Einzelner einen Vortrag anhören und mit dem Referenten über das Vorgebrachte diskutieren, wäre er wohl meist nicht derart fasziniert vom Thema, wie wenn er in einer Gruppe zu einer Diskussion über das Referat beitrüge. Für viele wird ein Konzert um so erhebender, je mehr sie ihre Gefühle mit einer Gruppe teilen, ihr ihre Eindrücke vermitteln und mit den anderen Beteiligten Gefühle austauschen können. Auch beim Fußballspiel hat die mitanwesende

Großgruppe – sie wird allerdings etwa auch infolge übermäßigen Dominierens gewisser Affekte zur nicht mehr rollendifferenzierten, gleichgeschalteten Masse – eine verstärkende Wirkung auf die Gefühle. Dieser potenzierende Effekt der Gruppe führt zu einer Erlebnistiefe, die sonst nie einträte.

Allerdings birgt die Gruppe vor allem deshalb die Gefahr der Entartung in sich. Es ist in diesem Zusammenhang aber auch zu erwähnen, daß die Verstärkerwirkung sich nicht auf die Gruppe beschränkt, sondern sich auch in der Masse vollzieht, dann allerdings, bedeutend mehr als in der Gruppe, zu unberechenbaren Folgen im Sinne von emotionalen Ausbrüchen führen kann. Die rollendifferenzierte Strukturierung der Gruppe, die damit verbundene gegenseitige Verantwortlichkeit setzt den Emotionen in der Regel einen Rahmen. In der Masse, in der die Verantwortung einem Einzigen abgegeben wird, ist die Gefahr gegeben, daß die Beteiligten durch die Emotionen blind ergriffen und an noch unbekannte Ufer getragen werden.

ENKE hat davon gesprochen, daß das «Gruppensetting mit seiner Dominanz·manifester Interaktionen… einen bestimmten Aufforderungscharakter» habe. Die Gruppe wirkt sich dementsprechend nicht nur verstärkend auf die Gefühle, sondern auch aktivierend auf die Assoziationen der Beteiligten aus. Der Einzelne ist in der Gruppe in ein Netz von Erwartungen verwoben, die ihn psychisch stimulieren. Verstärkt werden also nicht nur die Emotionen im Rahmen einer Gruppe, sondern auch die assoziativen Vorgänge. Die Bewegung, die durch die vielseitigen und vielschichtigen Interaktionen in der Gruppe gegeben ist, führt dementsprechend zur inneren Bewegtheit der Mitglieder.

Zwar können die wechselseitigen Einwirkungen in der Gruppe so intensiv werden, daß die Beteiligten zu sehr auf das äußere Geschehen gerichtet sind und von sich abgelenkt werden. Doch beobachten wir häufiger, daß sich im Gruppenverband die Zugehörigen, zumindest bei einem Durchschnittsmaß an Interaktionen, intellektuell und affektiv stimuliert fühlen.

1.7.4.2. Der psychologische Aspekt

1.7.4.2.1. Explorierende Kontaktnahme

Halten sich Menschen in einem Raum nahe beieinander auf, so nehmen sie beinahe zwangsläufig zumindest Blickkontakt miteinander auf. Bei unserer therapeutischen Gruppenarbeit haben wir indessen immer wieder erlebt, daß bei dichter werdenden Interaktionen Ängste in den

84

Beteiligten aufkommen. Nicht nur ich-schwache Individuen, sondern auch andere befürchten etwa durch die gleichzeitig so nahe Anwesenheit anderer eine Einschränkung ihrer Individualität oder gar einen Individualitätsverlust zu erleiden. Dementsprechend macht sich in dieser Phase der initialen Kontaktnahme in den Gruppen ein vorsichtiges gegenseitiges Abtasten geltend.

Die gegenseitige Exploration dient den Beteiligten auf der einen Seite dazu, die für sie notwendige soziale und psychologische Distanz auf jeden Fall einhalten zu können, auf der anderen Seite aber, einen Versuch der Kommunikation mit den übrigen zu wagen. In den therapeutischen Gruppen senken die Patienten in dieser Phase etwa ihre Augen, damit ihre Blicke nicht – oder nicht so oft – denjenigen der anderen begegnen müssen. Schwer Kontaktbehinderte und ich-schwache Patienten sitzen etwa auch den Wänden eines Zimmers entlang, um sich vor dem «Zugriff» der anderen geschützt fühlen zu können. Ihre Abwehr des Kontaktes ist aber meist ambivalent. Sie scheuen das Neue an Kommunikation, erleben aber doch zutiefst, daß sie sich nur dann verwirklichen können, wenn sie sich in die Gruppe, in die sie gestellt sind, hineinbegeben.

Bei den milieugeschädigten und verwahrlosten Jugendlichen, insbesondere auch bei den jugendlichen Drogenabhängigen erkennen wir etwa auch eine Trotzeinstellung, eine Opposition gegen das Ergriffenwerden durch die Gruppe. Diese jungen Menschen, die meist in Ablösungsschwierigkeiten mit ihren Eltern oder Ersatzpersonen verwickelt sind, möchten sich, wie ANNA FREUD es für Jugendliche als typisch geschildert hat, nicht in neue Abhängigkeiten begeben. Doch gewannen wir stets wieder den Eindruck, daß sie den Zugang zur Gruppe durchaus fanden, wenn sie erkannten, daß dieser Kreis sie annahm, wie immer sie sich auch verhalten mochten. Erkannten sie, daß andere vorangingen und sich diesem Kreis öffneten, so wagten sie es schließlich selbst. Diese Phase dient dazu, die Jugendlichen von der Vertrauenswürdigkeit der ihnen Entgegenkommenden zu überzeugen. Haben sie zu erkennen vermögen, daß die Gruppe an ihnen teilnimmt und zu ihnen hält, beginnen sie in der Regel, aktiver am Gruppengeschehen teilzunehmen.

1.7.4.2.2. *Die verschiedenen Weisen der Identifikation*

Ist der Kontakt mit der Gruppe erfolgt, haben die Beteiligten Vertrauen gegenüber den anderen gewonnen, so neigen sie dazu, sich, mindestens partiell, miteinander zu identifizieren. Die Identifikationsprozesse gehen vorerst meist unbewußt, später auch bewußt vor sich.

Zu Beginn erkennen wir im Gruppenprozeß, daß die Beteiligten nur bereit sind, ihre Eigenständigkeit teilweise aufzugeben, wenn sie einen mehr oder weniger starken Regressionsprozeß vollziehen. Im Zusammenhang mit der Gruppenbildung werden in den Beteiligten kindliche Vorstellungen des Familienzusammenhaltes oder des Klassenverbandes und anderer Kollektivsituationen der Kindheit wach. Durch das gleichzeitige Wiedererwecken kindlicher Kollektivsituationen im Erleben der Beteiligten wird die wechselseitige Identifikation der Gruppenmitglieder gefördert. Es ist damit jedem Zugehörigen leichter möglich, sich in die anderen einzufühlen. Diese vorerst unbewußt erfolgende gegenseitige einfühlende Partnerschaft ist wohl ohne regressive Wiederbelebung früheren Kollektiverlebens, beispielsweise geschwisterlicher Verbundenheit, nicht möglich. W. SCHINDLER hat deshalb von einer «Familienübertragung» auf die Gruppe gesprochen.

In diesem Sinne bedeutet Regression nicht etwa ein zu vermeidendes Phänomen. Sie erleichtert vielmehr die Gruppenkohäsion, die Kommunikation innerhalb eines solchen Kreises. Die Identifikation geschieht aber nicht nur durch die Wiederbelebung vergangener Kollektiverlebnisse. Begegnen an einer Gruppe Beteiligte einander, so lernen sie naturgemäß einander auch besser kennen. Gegenseitige Einfühlung wird auch möglich durch gesteigerte Interaktionsintensität. Gegenseitige Vorurteile der Zugehörigen schwinden, und eine – auch bewußte – gegenseitige Identifikation in den aktuellen Bezügen wird möglich. Die von SULLIVAN erwähnte Angst der Menschen vor dem abschätzigen Urteil der anderen wird überwunden, wenn sie erkennen, daß in den übrigen ähnliche Fragen offen sind. Mit der gegenseitigen Identifikation werden jene trennenden Vorurteile überwunden, die die Menschen oft zur Angstabwehr hegen.

Gegenseitige Identifikation bedeutet indessen auch, daß die Mitglieder voneinander abhängig sind. Allerdings geht in einer Gruppe, solange sie noch eine Gruppe ist, die Identifikation nie so weit, daß die Phantasien der Beteiligten einander vollkommen überschneiden. Es besteht immer ein Spielraum der Freiheit für die Mitglieder, der sich auch darin äußert, daß keine vollkommene, sondern nur eine partielle und wechselnde Gleichrichtung unbewußter Vorstellungen bei den verschiedenen Beteiligten möglich ist. Nach erfolgter Kontaktnahme und gegenseitigem abtastendem Sich-kennen-Lernen wachsen die Mitglieder einer Gruppe aber doch zu einer mehr oder weniger lockeren oder geschlossenen Einheit zusammen. Diese Phase der Gruppenentwicklung ist durch ein stärkeres Gefühl der Zusammengehörigkeit und der Identifikation der Gruppenmitglieder miteinander gekennzeichnet. Es kommt also zu einer affektiven Bindung der Beteiligten, die sie – je nach Gruppe in unterschiedlichem Grade – zu einer überindividuellen Einheit werden läßt. Dazu wird etwa auch die verstandesmäßige Einsicht wachsen, daß ein Mensch in einer Gruppe von gleichermaßen sich um eine «Mitte» scharenden Individuen mehr erreichen kann als ein auf sich allein abgestelltes Individuum. Das Erkennen der Tatsache, daß der Einzelne in der Gruppe einen längeren Hebelarm gewinnt, um seine Anliegen und Absichten durchzusetzen, ist ein Motiv, das ihn zur Gruppenbildung drängt. Dem Menschen der Gegenwart, der sich vor immer größere Aufgaben gestellt sieht, wird es in steigendem Maße bewußt, daß er allein oft zu schwach ist, um einen von anderen gänzlich unabhängigen Lebensweg zu beschreiten. Das Team erfüllt heute nicht selten die Rolle, die früher ein Individuum allein übernehmen konnte. Allerdings wußte man zu allen Zeiten, daß gewisse Aufgaben, z. B. das Heben einer schweren Last, nur in gemeinsamer Anstrengung einer Gruppe bewältigt werden kann.

Wir hatten erwähnt, daß sich die Kinder im sogenannten Latenzalter, d. h. zwischen sieben und zwölf Jahren, fast ausschließlich mit Gleichgeschlechtlichen zu Freundschafts- und Spielgruppen vereinigen. Das Geschlecht der Beteiligten ist jedoch nur ein Charakteristikum aus einer Reihe von Merkmalen, für die ähnliche Feststellungen gemacht werden können. So ist es bekannt, daß Freunde in vielfacher Hinsicht ähnlich sind, z. B. hinsichtlich Alter, der sozialen und wirtschaftlichen Stellung, der Familie, der Intelligenz usw. Wenn beispielsweise Jugendliche imstande sind, ihrem Wesen ähnliche zu erkennen und sich mit ihnen zu identifizieren, setzt es voraus, daß sie ihr eigenes Selbst bereits zu deuten begonnen haben. Die Unterscheidung zwischen Menschen, die ihm selbst ähnlich oder fremd sind, erfordert vom Jugendlichen ein gewisses Maß von Bewußtheit. Bei der Beigesellung zu einer ähnlichen Freundesgruppe wird der Jugendliche allerdings ohnehin nach und nach erfahren, inwieweit er sich mit den Gruppenkameraden identifizieren kann. Dabei wird er sich selbst erkennen lernen, aber auch allmählich eine voreilige Wahl und Zugesellung entsprechend korrigieren können.

Eine Voraussetzung für das Gefühl der Nähe, wie es in einer Gruppe, soll sie Bestand haben, herrschen müßte, ist die erlebte Ähnlichkeit. Umgekehrt fördert das Gefühl der Nähe Identifikationstendenzen bei den Gruppenmitgliedern. Um ein Mindestmaß an Ähnlichkeit zu garantieren, sehen viele Vereinigungen für ihre Mitglieder gewisse Abzeichen vor. Im Militärdienst garantiert eine Uniform das Ähnlichkeitsempfinden. Wo auch immer eine Tracht getragen wird, erleichtert sie die Identifikation mit den Zugehörigen, aber auch mit der Gesamtheit der Gruppe.

Auch das Kollektiv richtet seinen Beschluß über die Aufnahme eines Neumitgliedes nach dem Prinzip der Ähnlichkeit. Sieht die Gruppe, daß sich der Betreffende mit ihr identifizieren kann, und ist sie imstande, es mit ihm zu tun, so entscheidet sie, daß er zu ihr paßt. Irgendeine Nuance im Dialekt, in der Hautfarbe, in der Religion, im «Stand» kann schon dazu ausreichen, einen Menschen einer Gruppe als fremdartig erscheinen zu lassen.

Die Identifikation der Gruppenzugehörigen miteinander wird durch die Person des Leiters erleichtert. Oft gelingt es den Beteiligten spontan, Gemeinsamkeiten mit den anderen Zugehörigen zu erkennen. Es glückt ihnen zuweilen eher, die Anliegen einer Führerfigur als die ihren zu erkennen als die Sorgen und Nöte der übrigen Gruppenbeteiligten. Der Leiter wird – als Einzelner – oft klarer in seiner Eigenart erkannt als die übrigen Gruppenmitglieder. Die Identifikation mit ihm ist daher meist leichter als die Gleichsetzung mit dem Rest des Kollektivs. Tritt ein Individuum in eine Gruppe ein, so kommt es nicht selten vor, daß es zu Beginn nicht realisiert, was sie zusammenhält, zu was sie da ist. Sie ist ihm zu wenig faßbar. Ja es zweifelt etwa sogar an deren Existenz. Gelegentlich wird die Gruppe dem Einzelnen erst und nur im Leiter, der sich ihrer in besonderer Weise annimmt und deren Sein er durch seine Funktion bezeugt, faßbar. ETZIONI sagt in diesem Zusammenhang, daß Organisationsleiter «eine wichtige Aufgabe erfüllen, indem sie zur Erhaltung der emotionalen (und in diesem Sinne nicht rationalen) inneren Verpflichtungen gegenüber der Rationalität beitragen... Die Identifizierung mit einer Person, einem Leiter oder dem ,Kopf' der Organisation ermöglicht aber eine psychologische Hebelwirkung, die die abstrakte innere Verpflichtung gegenüber den Vorschriften der Organisation dadurch erzwingt, daß sie ein konkretes und ,emotional positives' Bild schafft, mit dem man sich leichter (als mit der Gesamtorganisation) identifizieren kann».

In einer therapeutischen Gruppe kann es allerdings nicht darum gehen, nur eine einseitige Identifikation mit dem Leiter entstehen zu lassen. Vielmehr ist es notwendig, auch Identifikationstendenzen mit den übrigen Zugehörigen zu wecken. Wie wir aber bei der Besprechung der therapeutischen Gruppen (Teil II) sehen können, ist es für die Behandlung wesentlich, daß die Patienten Gelegenheit erhalten, in der Gruppenauseinandersetzung möglichst viele ihrer früheren und jetzigen Beziehungen zu anderen Menschen, zu Vater, Mutter, Geschwistern, Lehrern, Schulkameraden, Geschäftskollegen wieder oder neu zu beleben und neue Arten der Begegnung nicht nur mit einem Menschen, sondern mit einer Gruppe Vertrauter zu erfahren. Zu Beginn richten zwar viele Patienten ihre Aufmerksamkeit vorwiegend auf den Leiter. Bleibt der Therapeut aber zurückhaltend und wirkt er tatsächlich nur als Moderator, so treten sie allmählich mit den anderen Gruppenmitgliedern in Kommunikation. Bleibt der Einzelne in der Gruppe indessen dauerhaft auf den Einzigen, den Leiter, ausgerichtet, besteht die Gefahr, daß er ihm hörig wird und nur noch darauf aus ist, gehorsam dessen Wünsche oder Anordnungen auszuführen. Schon deshalb ist es wichtig, daß sich das Gesichtsfeld der Beteiligten nicht nur auf einen, dem Kollektiv übergeordneten Menschen beschränkt, sondern über mehrere erstreckt.

Wir werden später zu zeigen haben, daß in den sozialen, aber auch in den therapeutischen Gruppen übermäßiger Gehorsam daraus entsteht, daß der Leiter allzu sehr auf ein Podest gehoben wird. Nicht nur im sozialen, sondern ebenso sehr im therapeutischen Bereich birgt das bedingungslose Verfallen an eine Führerfigur Gefahren. In einer Behandlungsgruppe wird ein direktiv vorgehender Therapeut in einem solchen Falle zwar darüber befriedigt sein, daß in diesem Kreise immer etwas geschieht. Doch sieht er meist darüber hinweg, daß sich in einer solchen Gruppe nur jene Anliegen der Zugehörigen formulieren können, die seinen Gefallen und Beifall finden oder zumindest durch ihn aktiviert werden.

Das Entstehen einer Identifikation ist demnach für die Entwicklung einer Gruppe, sei sie eine therapeutische oder eine soziale, unabdinglich. Geht der Identifizierungsprozeß aber so weit, daß sich das Individuum restlos unterordnet und sich jeglicher Freiheit begibt, so gerät es selbst in eine existentielle Gefahr. Mitgefährdet wird das Kollektiv. Es wird sich nur noch in jener Richtung entfalten können, die ihm ein Einzelner konzediert. Es ist damit entartet zu einem relativ undifferenzierten sozialen Gebilde, einer «Masse im kleinen», die nur noch aus einer zweistufigen Hierarchie, dem Führer einerseits und den Geführten andererseits, besteht. Die Gruppe als ganze ist nicht mehr in der Lage, mit allen ihr innewohnenden intellektuellen und affektiven Potenzen zu handeln. Wo also totale Identifikation eintritt, sind Individuum wie Gruppe in Gefahr.

In einer therapeutischen Alkoholikergruppe konnten wir beobachten, daß die Mitwirkenden sehr stark zur gegenseitigen Identifikation neigten und widersprechende Auffassungen nur schlecht ertrugen. Es fehlte initial den meisten auch der Mut, eine andere als die konforme Meinung zu äußern. Diese Übereinstimmung war jedoch nicht das Zeichen einer besonderen Stärke dieser Kranken. Vielmehr hielten sie um so stärker und fester zusammen, je weniger sicher sie sich ihrer selbst waren. Ungeübte hätten sich vorerst freuen mögen an der Kompaktheit und Einheitlichkeit des Kollektivs. Doch wären ihre Illusionen bald zerronnen, hätten sie bemerkt, daß eine solche Gruppe sich nicht nur in therapeutisch erwartetem Sinne auswirken kann. Unvermittelt entsteht in einer solchermaßen kompakten Alkoholikergruppe eine Wirtshausatmosphäre. Die Mitglieder beginnen über ihre Trinkfestigkeit und ihre Stammtischerlebnisse zu prahlen. Die Mehrzahl unter ihnen lehnt es in solchen Momenten ab, nach Klinikaustritt alkoholabstinent zu leben. Meist hatten sie, dazu im Widerspruch, im individuellen Gespräch mit dem Arzt, vielleicht gerade noch vor der Kollektivsitzung, erklärt, daß sie nie mehr in ihrem Leben Alkohol zu sich nehmen werden. Die aus Ich-Schwäche erfolgende ungeteilte Identifikation mit der Gruppe bedingte es, daß sie alle guten Vorsätze vergaßen oder verdrängten.

In jeder Gruppe wird indessen die Tendenz zur gegenseitigen Angleichung der verschiedenen Meinungen offenbar. Das SHERIFSCHE Experiment vermochte diese Tatsache eindeutig zu erhärten. Die Identifikationstendenzen im Rahmen der Gruppen und das damit zusammenhängende Nähegefühl der Beteiligten bedingt es, daß der Binnenkontakt erhöht, die Beziehungen nach außen jedoch vermindert werden. So geht im Grunde genommen jede im Entstehen begriffene Gruppe eine Phase der Isolierung von der Umwelt durch. Gelingt es der Gruppe, sich um ein Zentrum zu sammeln und von hier aus den Kontakt zu anderen Individuen und Gruppen zu finden, so führt sie zur Gesellschaft hin. Bleibt sie aber in der Isolierung, so besteht die Gefahr, daß sich in ihr weltfremde oder gar für die Gesellschaft gefährliche Ideen und Bräuche entwickeln.

Die Identifikation im Rahmen einer Gruppe kann, wie bereits angeführt, bewußt oder unbewußt erfolgen. Je unbewußter die Übereinstimmung der Zugehörigen ist, desto kompakter wird das Kollektiv sein. Treten aber an eine solche Gruppe Belastungsmomente heran, wird sie ihnen oft nicht gewachsen sein. Es werden sich Angst- und Panikreaktionen leicht über den gesamten Kreis ausbreiten und die Gruppe als solche in ihrem Bestand oder in ihrer Eigenart mitsamt allen Zugehörigen gefährden. Eine Gruppengemeinschaft, in der zwar alle auch unbewußt, doch vorwiegend bewußt zusammenhalten, ist viel eher imstande, an sie herantretende emotionale Belastungen aus sich selbst heraus zu tragen und zu überwinden.

In naher und ferner Vergangenheit haben wir zur Genüge beobachten können, daß Volksgemeinschaften, die nur in blinder, unbewußter Identifikation zusammenhalten, solche Bewährungsproben nicht bestanden. Entweder es kam bei drohender Gefahr zu einem Massenverhalten, oder aber die sie konstituierenden Menschen wandten sich im bedrohlichen Moment vom Kollektiv ab. Oft kam es auch vor, daß sich ein Teil vorbehaltlos in einen Massenprozeß einspannen ließ, während ein anderer Teil sich vom Kollektiv zurückzog. Nur eine Gemeinschaft, in der die Beteiligten wissen, weshalb und wozu sie sich mit anderen identifizieren, wird sich bewähren und Bestand haben. In den therapeutischen Gruppen beobachten wir allerdings, daß gelegentlich ein Beteiligter oder mehrere sich temporär nicht mit den anderen und dem gesamten Kreis identifizieren können oder wollen. Ihr Mangel an Identifikationsbereitschaft ist oft Zeichen von Widerständen gegen analytisches Erhellen ihrer komplexhaften Einstellungen und Verhaltensweisen. Ihre – ihnen oft nur recht wenig bewußte – Ablehnung der Identifikation soll es ihnen ermöglichen, sich vor einem Angesprochenwerden durch die anderen, das sie veranlassen könnte, ihr «neurotisches Arrangement» (ADLER) abzubauen, zu schützen. Doch kennen wir auch bewußte Ablehnung einer Identifikation. Gerade jene Individuen werden sich als ich-stark und gereift erweisen, die, wenn eine Gruppe auf Irrwege gerät, sich nicht mit ihrem Verhalten identifizieren. Dieses Nicht-Identifizieren erfolgt nun aber bewußt, aus der Einsicht heraus, daß dem Einzelnen im Kollektiv eine Verantwortung nicht nur für sich selbst, sondern für alle zukommt. Ohne Zugehörige, die ihre Identifikation bewußt abwägen, fehlen einer Gruppe oder einer Volksgemeinschaft Wächterinstanzen, die unentbehrlich sind, soll ein Kollektiv nicht immer wieder Gefahr laufen, blind einem Massenprozeß zuzusteuern.

1.7.4.2.3. Das Entstehen einer «Mitte»

Durch die wechselseitige Identifikation, erfolge sie bewußt oder unbewußt, bildet sich ein gemeinsames Zentrum, eine gemeinsame «Mitte» heraus. Doch werden die Mitglieder nur dann zielstrebig und unbeirrt durch momentane oder zufällige Einwirkungen auf ein zentrales Ziel zugehen können, wenn die Identifikation mindestens zum Teil auch bewußt erfolgt. Die Orientierung nach einer «Mitte» besteht in einer gefühls- und/oder verstandesmäßigen Ausrichtung der Gruppenmitglieder auf einen Gruppeninhalt, einen Gruppenzweck oder ein Gruppenziel. In den therapeutischen Gruppen ist das Interesse nicht allozentriert, auf eine äußere Aufgabe ausgerichtet. In der Behandlungsgruppe besteht die gemeinsame «Mitte» vielmehr darin, daß sich die Zugehörigen autozentriert bemühen, zu einer Einsicht in ihre Fehlhaltungen und -verhaltensweisen zu gelangen und sich entsprechend zu wandeln. Die gemeinsame «Mitte», um die sich die Einzelnen scharen, wird demnach in der therapeutischen Gruppe durch das Bemühen aller Mitwirkenden, einander in gemeinsamer Anstrengung zu einer Selbstentfaltung und -verwirklichung zu verhelfen, dargestellt. Einsichten eines oder mehrerer Patienten in der Gruppe werden immer Erkenntnisse bei den anderen fördern. Ihre gemeinsame «Mitte» ist demnach das therapeutische Anliegen. Zuweilen können aber die Widerstände eines Mitglieds gegen das Behandlungsziel der Gruppe auch «ansteckend» auf andere wirken, so daß eventuell nicht nur ein Einzelner, sondern dann das ganze Kollektiv diese «Mitte» mehr oder weniger vollständig aus den Augen verliert. Wird diese therapeutische «Mitte» von der Gruppe oder gar vom Leiter nicht mehr erkannt, besteht die Gefahr, daß die Beteiligten zwar das Geschehen in der Gruppe recht interessant finden, oder das Kollektiv selbst als bergend erleben, doch dabei therapeutisch nichts gewinnen. Für die Patienten wie für den Therapeuten ist es daher wichtig, daß sie sich immer wieder bewußt werden, was die Gruppe zum Inhalt hat.

In einer Ärztegruppe berichtete eine Beteiligte vom Ableben ihres ehemaligen Lehranalytikers und vom emotionalen Schock, den ihr diese Nachricht bereitet habe. Sie habe insbesondere einen Menschen verloren, dessen Existenz ihr, obschon sie die Psychoanalyse schon vor mehreren Jahren abgeschlossen habe, Sicherheit und Halt bedeutet habe. Zwei andere Beteiligte, die in einer entscheidenden Phase ihres Lebens steckten und durch die Gruppe schon wesentliche Hinweise für die Korrektur ihrer allzu sehr auf den beruflichen Ehrgeiz ausgerichteten Lebenseinstellung gewonnen hatten, begannen nun nach über 50 Sitzungen zu befürchten, daß der Leiter bald die kollektive Psychotherapie mit ihnen zu einem Ende bringen wolle. Halb ironisch, halb ernst und hoffend bemerkte ein anderer, ob die Gruppe wohl, bis der Tod die Beteiligten trennte, zusammenbleibe. Es war den Zugehörigen, zumindest in diesem Moment, keineswegs mehr klar gewesen, weshalb sie sich für die analytische Selbsterfahrungsgruppe gemeldet hatten und was der eigentliche Sinn und Zweck ihres Mitwirkens in der Gruppe ist. Der Therapeut hatte nun wieder darauf hinzuweisen, daß dieses therapeutische Kollektiv sich um die Aufgabe zentriere, jedem Einzelnen der Beteiligten zu einer neuen Erfahrung zu verhelfen, um in der Gruppendynamik einen sozialen Lernprozeß durchzumachen sowie neue Einsichten in noch unentwickelte oder verkümmerte Persönlichkeitsbereiche zu gewinnen und sie zu entfalten. Einerseits konnte er sie beruhigen und ihnen versichern, daß die Einsicht bei den Beteiligten und deren Wandlung noch längst nicht so weit sei, daß man von einem Erfolg der Therapie sprechen könne. Er habe deshalb auch nicht an den Abbruch der Behandlung gedacht. Andererseits gab er ihnen aber unmißverständlich zu verstehen, daß die Gruppenarbeit einmal werde abgeschlossen werden müssen, schon wegen seiner anderweitigen Verpflichtungen, aber auch ihretwegen, weil sonst die Gefahr bestehe, daß sie in einer unheilvollen Regression verharrten. Mit den Bemerkungen des Therapeuten wurde den Zugehörigen die therapeutische «Mitte» wieder bewußt. Der ärztliche Leiter ist in diesem Sinne in den therapeutischen Gruppen Hüter dieses Zentrums.

Aber auch in Gruppen, die sich, um irgendeine äußere Aufgabe zu vollbringen oder um ein inneres Ziel zu erreichen, zusammentun, ist der Leiter, sei er gewählt durch das Kollektiv oder ihm durch Tradition von vorneherein gegeben, der Wächter dieser Mitte. Ihm fällt deshalb eine besondere Verantwortung zu. Doch ist sowohl im sozialen als auch im therapeutischen Bereich eine Gruppe erst dann reif, wenn nicht nur die leitende Person, sondern mit ihr auch die anderen Zugehörigen an der Verantwortung für das Kollektiv und an den Führungsaufgaben teilhaben. Eine «Mitte» kann von einer Gruppe eigentlich überhaupt nur dann erreicht werden, wenn sie durch alle angestrebt und getragen wird. Auch wenn sich diese gemeinsame «Mitte» in einer sozialen oder anderweitigen Gruppe etwa im Verlaufe der Zeit wandelt oder zumindest unter einem veränderten Aspekt erlebt wird, kann doch gesagt werden, daß das Kollektiv nur so lange Bestand hat, als es sich um ein Zentrum sammelt. Schart sich eine Gruppe nicht um einen inneren Wert, geschieht nichts mehr in ihr, um ein – inneres, äußeres oder übermenschliches – Ziel zu erreichen, so ist ihr Bestand in Frage gestellt. Wo nichts mehr gemeinsam erreicht werden will, da werden die affektiven und intellektuellen Interaktionen seltener. Ein Kreis, in dem sich nichts mehr ereignet, fällt auseinander, wie jede Gruppe zerfällt, in der eine gewisse minimale Interaktionsfrequenz unterschritten wird. Die gemeinsamen Ziele und inneren Werte führen zu einer Erlebnisintensität und einer Zentripetalkraft der Gruppe, die die Zugehörigen an sie bindet. Werden Erlebnisintensität und Zentripetalkraft gleich Null, überwiegen naturgemäß die Interessen für Aufgaben der Außenwelt und die Zentrifugalkräfte. Die Beteiligten werden sich dann neuen «Mitten» bzw. Gruppen zuwenden.

Allerdings konnten wir beobachten, daß Gruppen, deren Interaktionen zur Erreichung eines inneren oder eines äußeren Zieles sehr dicht werden, bei den Beteiligten etwa Ängste mobilisieren, die den Gruppenbestand in Frage stellen können. Die Beteiligten ängstigten sich dann in der Regel vor dem Eigenständigkeits- oder dem Individualitätsverlust, und sie trachten danach, sich aus der Gruppe zurückzuziehen. Es kommt dementsprechend bei einer bestimmten Höhe der Interaktionsfrequenz zu einer Mobilisierung zentrifugaler Kräfte. Wir können dementsprechend, wie bereits angeführt, in jeder Gruppe einen unteren und einen oberen Grenzwert der Interaktionen feststellen, bei dem sie in Gefahr steht, auseinanderzubrechen. Die zentripetalen, kohäsiven Kräfte überwiegen nur dann, wenn in einer Gruppe einerseits etwas geschieht, andererseits die Interaktionen aber nicht so dicht werden, daß die Beteiligten sich kaum mehr voneinander abzugrenzen vermögen. Die Gruppe kann ihren Bestand am ehesten dann sichern, wenn sie auf der einen Seite sich um eine «Mitte» schart, auf der anderen Seite aber die Individualität der Beteiligten respektiert.

1.8. Zusammenfassende Betrachtungen

Zum Verständnis dessen, was in den therapeutischen, aber auch in den anderweitigen Gruppen geschieht, ist die Kenntnis gruppendynamischer Gesetzmäßigkeiten unerläßlich. – Wir verstehen unter einer Gruppe ein aus einer meist kleinen Zahl von Individuen bestehendes, hochorganisiertes soziales Gebilde, dessen Mitglieder, indem sie differenzierte, ihren eigenen Bedürfnissen und den Notwendigkeiten der Gesamtheit entsprechende Rollen übernehmen, gefühls- und verstandesmäßig miteinander verbunden sind. – Die Gruppe ist das Lebensmilieu des Menschen. Nur wenn die ihn umgebende bzw. umgebenden Gruppen berücksichtigt wird bzw. werden, kann der Mensch in seiner psychosomatosozialen Existenz erfaßt werden. Denn, wie sich auch im Experiment erweist, ist nicht nur sein Verhalten durch die Gruppe geformt, sondern auch sein Erleben durch das Kollektiv bestimmt. Der Einzelne verharrt im Gruppenverband in der Regel nicht starr auf seiner eigenen Ansicht und Verhaltensweise. Er wird sie meist der Norm anzupassen suchen. Nur Vereinzelte bleiben beharrlich in einer Außenseiterrolle. Eine gesunde Gruppe allerdings gewinnt in der Auseinandersetzung mit den peripheren Mitgliedern an Reife. Wird der Kontakt eines Mitglieds zur Gruppe indessen zu locker, so wird es in ihr keinen Widerhall mehr finden. Werden die Interaktionen in der Gesamtheit einer Gruppe lockerer und seltener, so ist ihr Bestand gefährdet. Aber auch wenn sich die Beteiligten zu nahe kommen, kann sie zerfallen. Nicht nur gegenseitige Anziehungen, sondern auch wechselseitige Aggressivität – die immer auch zugreifendes Interesse beinhaltet – und insbesondere deren Überwindung können zur Gruppenkohäsion beitragen. Es zeigt sich, daß, je dichter die Kommunikationen in der Gruppe werden, desto mehr nicht nur die gegenseitige Sympathie, sondern auch die Aggressionen ansteigen, wobei die sympathischen und die aggressiven Interaktionen in der Regel nicht nur absolut, sondern auch anteilmäßig zunehmen. Die neutralen Kommunikationen und damit die gegenseitige Gleichgültigkeit nehmen dabei ab. Bei zu dichten Interaktionen ängstigen sich die Einzelnen, besonders auch wegen der damit verbundenen gesteigerten Aggressivität, ihre Individualität zu verlieren. Sie streben daher auseinander, und es kann so die Gruppe auseinanderbrechen, zu einer «Menge im kleinen» werden. Werden jedoch die gegenseitigen Beziehungen in einer Gruppe zu locker, ist kein gegenseitiges ergreifendes Interesse der Beteiligten vorhanden, droht sie auch wieder auseinanderzubrechen. Bei intensivem Binnenkontakt in einer Gruppe können sich aber auch Normen entwickeln, die sie von den Normen der Gesellschaft wegführen. Je stärker und dichter die zwischenmenschlichen Beziehungen im Innern einer Gruppe sind, desto weniger wird der Kontakt zur Außenwelt gepflegt werden. Es besteht dann die Gefahr, daß die Gruppenbeteiligten ihre Aufmerksamkeit mehr oder weniger restlos auf sich selbst konzentrieren und dabei die Außenstehenden nicht mehr in ihrem Menschsein erkennen.

Die in jeder Gruppe zu beobachtende Rollendifferenzierung und die damit zusammenhängende Organisation und Struktur vermittelt den Beteiligten einen Halt. Zwar ist damit einerseits die individuelle Freiheit eingeschränkt. Doch kann sich andererseits der Mensch nur dort frei fühlen, wo ihm gewisse ordnende Grenzen gesetzt sind. Die Ordnung darf jedoch nicht etwa starr sein. Sie muß vielmehr einem freien Rollenspiel Raum gewähren. Nur so vermögen sich die Mitwirkenden zu entfalten und immer wieder zu wandeln. Wird in einer Gruppe eine Führerfigur zu mächtig, so besteht die Gefahr, daß eine vorher differenzierte Rollenverteilung einer primitiven, zweistufigen, aus dem übergeordneten Führer einerseits und den übrigen Beteiligten andererseits bestehenden Hierarchie Platz macht. Die Gruppe ist damit zur «Masse im kleinen» entartet, in der nur noch ausgeführt wird, was die Leitfigur fordert. Ein solches Kollektiv ist nur noch affektiv- und triebverbunden und überläßt die intellektuellen Funktionen dem Führenden. Diese Entwicklung ist deshalb möglich, weil die Masse hintergründig als Gefahr in der Gruppe immer mit enthalten ist.

Gruppenentwicklung und Gruppenprozeß können, je nach wissenschaftlicher Methode, von verschiedenen Gesichtspunkten aus betrachtet werden. Verlegen wir uns auf die Beschreibung und Erfassung des interaktionellen Geschehens, so wählen wir den soziologischen Aspekt. Untersuchen wir indessen das Gruppengeschehen auf die motivationell-tiefenpsychologischen Prozesse, die dem Geschehen in der Gruppe zugrunde liegen, so befassen wir uns mit dem psychologischen Aspekt. Die gegenseitige abtastende Kontaktnahme, die Konvergenz der Ansichten und Haltungen, verbunden mit dem Entstehen einer Norm der Meinungen und Verhaltensweisen, und die Differenzierung in unterschiedliche Rollen als jene Aktionsmuster, die die jeweilige Position des Individuums in einer bestimmten Gruppe angeben, die Struktur und Organisation der Gruppe kennzeichnen den soziologischen Aspekt. Der psychologische Gesichtspunkt befaßt sich wiederum mit der anfänglichen explorierenden Kontaktnahme, nun aber vom motivationellen Hintergrund aus, und der damit einhergehenden Angst vor der gegenseitigen Beziehungsaufnahme, mit der Identifikation als notwendigem Prozeß zur Gruppenkohäsion und zum Entstehen eines gemeinsamen Gruppenziels bzw. Gruppeninhalts oder Gruppenzwecks, einer gemeinsamen «Mitte».

Die Gruppenerfahrung ist eine der stärksten Erlebnismöglichkeiten, die der Mensch haben kann. Sie vermag sogar solche Individuen zum Mitmenschen hinzuführen, die gänzlich auf sich selbst bezogen waren oder den Wert des Menschseins bisher restlos in Frage stellten. Die Gruppe gibt dem Menschen Gelegenheit, in den Kommunikationen aus sich heraus zu den anderen hinzutreten.

Die Gruppen sind Einheiten, die ebenso wie Individuen miteinander in Kontakt treten können. Es herrschen dabei Gesetzmäßigkeiten vor, wie wir sie von den Interaktionen zwischen Einzelmenschen kennen. Auch hier gilt, daß die Gruppen in der gegenseitigen Auseinandersetzung wachsen. Ein Staat wird deshalb nur dann gedeihen, wenn er dem freien Spiel der ihn konstituierenden Gruppen Raum läßt. In den Interaktionen der Gruppen, aus denen er zusammengesetzt ist, liegt seine Kraft. Im zwischenstaatlichen Bereich wird es notwendig sein, bei aller Pflege der Binnenkontakte, die Außenkontakte so zu intensivieren, daß trennende Auto- und Heterostereotype abgebaut und immer mehr Möglichkeiten zu verbindender Gemeinsamkeit geschaffen werden.

Nicht immer erfolgen aber die Interaktionen der Gruppen harmonisch. Gesellschaftliche Randgruppen oder anderweitige Gruppen werden etwa als gesamte in Außenseiterstellung gehalten. Die soziale Distanz der Normvertreter zu den an den Außenseitergruppen Beteiligten ist viel größer als zu den Repräsentanten der Norm. Es ist deshalb wesentlich, bereits in den Schulen so zu wirken, daß entsprechende Vorurteile und Stereotype fallen. Nur so werden die Menschen, die in Randgruppen leben, in die Gesellschaft geführt werden können. Dabei wird allerdings die Erziehungsarbeit auch an den Außenseitergruppen ansetzen müssen. Deren Mitglieder werden zu lernen haben, sich mehr mit ihren eigenen Anliegen als mit der Ansicht der Gegner zu identifizieren, um dadurch als Gleichwertige auftreten zu können.

1.9. Literatur

ADELSTEIN, A.M., DOWNHAM, D.Y., STEIN, Z., SUSSER, M.W.: The Epidemiology of mental Illness in an English City. Sozialpsychiatrie *3*, 47, 1968.

ADLER, A.: Individualpsychologische Behandlung der Neurosen. In: Praxis und Theorie der Individualpsychologie. Bergmann, München/Wiesbaden 1920.

BALES, R.F.: Interaction Process Analysis: A Method for the Study of small Groups. Reading, Mass.: Addison-Wesley 1950.

BALES, R.F., und SLATER, PH.E., in: PARSONS, T., und BALES, R.F.: Family, Sozialisation and Interaction Process. The Free Press, Glencoe, Ill., Thirdprint 1960.

BALLY, G.: Vom Ursprung und von den Grenzen der Freiheit. Benno Schwabe, Basel 1945.

BASAGLIA, F. (Ed.): Die negierte Institution oder die Gemeinschaft der Ausgeschlossenen. Ein Experiment der psychiatrischen Klinik in Görz. Aus dem Italienischen von ASCHERI-OSTERLOW, ANNEHEIDE. Suhrkamp, Frankfurt a.M. 1971.

BATTEGAY, R.: Vom Hintergrund der Süchte. Blaukreuz-Verlag, 2.Aufl., Bern/Wuppertal-Barmen 1972.

BATTEGAY, R., RAUCHFLEISCH, U., Graf v. SCHLIEFFEN, H.: Etude-Pilote épidémiologique d'une Policlinique Psychiatrique. L'information psychiatrique *48*, 537, 1972.

BATTEGAY, R., SPIEGEL, R., ABT, K.: Comparative Pharmacopsychological Study of the Effects Produced by Psychopharmaceuticals on Verbal Interaction in a Group of Students. Experientia *26*, 924, 1970.

BENNE, K.D., und SHEATS, P.: Functional Roles of Group Members. J. Soc. Issues *4*, 41, 1948.

BENNE, K.D., und SHEATS, P.: zit. in: HARTLEY, E.L., und HARTLEY, P.E.: Die Grundlagen der Sozialpsychologie. Rembrandt, Berlin 1955.

BOLTE, K.M.: Deutsche Gesellschaft im Wandel. C.W.Leske, Opladen 1967.

BORGATTA, E.F.: A Systematic Study of Interaction Process Scores, Peer, and Self-assessments, Personality and other Variables. Genetic Psychology Monographs *65*, 219, 1962.

BRANDT, L.W.: Science, fallacies and ethics. The Canadian Psychologist *12*, 231, 1971.

BROCHER, T.: Anpassung und Aggression in Gruppen. In: MITSCHERLICH, A.: Bis hieher und nicht weiter. Ist die menschliche Aggression unbefriedbar?, S.152. Piper, München 1968.

BUBER, M.: Ich und Du. Schocken, Berlin 1936.

CHRISTOFFEL, H.: Die menschliche Familie. Der Psychologe *8*, 93, 1956.

COLLINS, B.E., und GUETZKOW, H.: A Social Psychology of Group for Decision-Making. John Wiley, New York/London/Sidney 1964.

COOLEY, CH.S., in: SPROTT, W.J.H.: Human Groups. Penguin, London 1958, repr. 1969.

DAHRENDORF, ROLF: Homo Sociologicus. Westdeutscher Verlag, Köln/Opladen 1964.

ENKE, H.: Umgang mit Aggression und Angst in der psychoanalytischen Gruppenpsychotherapie (versus Gruppendynamik). In: Gruppenpsychotherapie und Gruppendynamik, Band 5, Heft 3, Juni 1972.

ETZIONI, A.: Soziologische Organisation. Juventa, München 1967.

FARIS, R.E.L., DUNHAM, H.W.: Mental Disorders in Urban Areas. Hafner, New York 1960.

FISCHER, H.: Gruppenstruktur und Gruppenleistung. Hans Huber, Bern/Stuttgart 1962.

FREUD, ANNA: Probleme der Pubertät. Psyche *14*, 1, 1960.

FREUD, S.: Massenpsychologie und Ich-Analyse. Gesammelte Werke, Bd.13, Seite 71, Imago, London 1940.

– Neue Folge der Vorlesungen zur Einführung in die Psychoanalyse, 3.Aufl. S.Fischer, Frankfurt a.M. 1961.

FRIEDEMANN, A.: Gruppenpsychotherapie. In: Handbuch der Neurosenlehre und Psychotherapie. Urban und Schwarzenberg, München/Berlin 1958.

GILLIN, J.L., und GILLIN, J.P.: An Introduction to Sociology. MacMillan, New York 1946.

HÄFNER, H.: Modellvorstellungen in der Sozialpsychiatrie, dargestellt am Beispiel einiger psychiatrisch-epidemiologischer Forschungsergebnisse. In: Psychother. und med. Psychol. *19*, 85, 1969.

HARTLEY, E.L., und HARTLEY, P.E.: Die Grundlagen der Sozialpsychologie. Rembrandt, Berlin 1955.

HECKEL, R.V., HOLMES, G.R., ROSECRANS, C.J.: A Factor Analytic Study of Process Variables in Group Therapy. J. Clin. Psychol. *27*, 146, 1971.

HECKEL, R.V., KRAUS, R., BECK, E.W.: Measurement of Attitude Change in Nursing Aides. Psychol. Rep. *10*, 14, 1962.

HÖHN, E., und SCHICK, CHR.: Das Soziogramm. Verlag für Psychologie. Hogrefe, Göttingen 1954.

HOFSTÄTTER, P.R.: Gruppendynamik. Rowohlt, Hamburg 1957.

HOLLINGSHEAD, A.B., REDLICH, F.C.: Social Class and Mental Illness: A Community Study. John Wiley & Sons, Inc., New York 1958.

HOMANS, C.G.: The Human Group. Harcourt and Brace, New York 1950.

HUTT, S.J., HUTT, C.: Direct Observations and Measurement of Behavior. Charles C. Thomas, Springfield, Ill., USA, 1971.

IBEN, G., unter Mitarbeit von: ANDERS, G., DÜRKOP, G., KRAUSS, L., REUNING, A., RIESEN, I., RÜHL, H., SCHLENKER, H.-J., SCHNEIDER, R.-B., WORMLAND, A.: Randgruppen der Gesellschaft. Untersuchungen über Sozialstatus und Erziehungsverhalten obdachloser Familien. Juventa, München 1971.

ILLING, H.A.: Einige Probleme der Gruppenpsychotherapie in Strafanstalten. Z. diagn. Psychol. *5*, 288, 1957.

JENKINS, W.O.: zit. in: HARTLEY, E.L., und HARTLEY, P.E.: Die Grundlagen der Sozialpsychologie. Rembrandt, Berlin 1955.

JONES, M.: Social Psychiatry. Charles Thomas, Springfield, Ill., 1962.

JORAY, R.: Bandenbildung und Bandendelikte. Karger, Basel/New York 1961.

JUNG, C.G.: Über die Psychologie des Unbewußten. Gesammelte Werke, Bd.7. Rascher, Zürich/Stuttgart 1964.

KIELHOLZ, P.: Diagnose und Therapie der Depressionen für den Praktiker. J.F.Lehmanns, München 1965.

LAPIÈRE, R.T.: Sociology. McGraw-Hill, New York/London 1946.

LE BON, G.: Psychologie der Massen. Alfred Kröner, Leipzig 1932.

LEWIN, K.: Die Lösung sozialer Konflikte. Christian, Bad Nauheim 1953.

LINDEMANN, E.: Sucht und Rausch als Krankheit. Münch. med. Wochenschr. *107*, 2461, 1965.

LINDGREN, H.C.: An Introduction to Social Psychology. John Wiley & Sons, Inc., New York/London/Sydney 1969.

LOOMIS, C.P., in: HOFSTÄTTER, P.R.: Einführung in die Sozialpsychologie. Kröner, Stuttgart 1963.

LORENZ, K.: Der Kumpan in der Umwelt des Vogels. In: Über tierisches und menschliches Verhalten. Gesammelte Abhandlungen, Bd. 1, Seite 115. Piper, München 1965.

MERTON, R.K.: Social Theory and Social Structure. Free Press, Glencoe, Ill., 1957.

MILGRAM, ST.: Einige Bedingungen des «Autoritätsgehorsams» und seiner Verweigerung. In: WIESBROCK, H. (Hrsgb.): Die politische und gesellschaftliche Rolle der Angst, Seite 170. Europäische Verlagsanstalt, Frankfurt a.M. 1967.

MORENO, J.L.: Die Grundlagen der Soziometrie. Westdeutscher Verlag, Köln/Opladen 1954.

NAPOLITANI, F.: Report on a Psychiatric Therapeutic Community Self-administered by Patients Proc. 3rd World Congress Psychiat. Montreal 4.–10.6.1961. University of Toronto Press and McGill University Press, Montreal 1961.

NEUMANN, E.: Tiefenpsychologie und neue Ethik. Rascher, Zürich 1949.

– Die Große Mutter. Rhein-Verlag, Zürich 1956.

NEWSTETTER, W.I., zit. in: HARTLEY, E.L., und HARTLEY, R.E.: Die Grundlagen der Sozialpsychologie. Rembrandt, Berlin 1955.

OPPENHEIMER, F.: System der Soziologie. Bd. 1, Allg. Soziologie. Gustav Fischer, Jena 1922.

ORTEGA Y GASSET, J.: Der Aufstand der Massen. Deutsche Verlags-Anstalt, Stuttgart 1957.

PORTMANN, A.: Vom Ursprung des Menschen. Friedr. Reinhardt, Basel 1944.

REIWALD, P.: Vom Geist der Massen. Pan, Zürich 1946.

RICE, A.K.: Führung und Gruppe. Ernst Klett, Stuttgart 1971.

RICHTER, H.E.: Die Gruppe: Hoffnung auf einen neuen Weg, sich selbst und andere zu befreien. Rowohlt, Rheinbek bei Hamburg 1972.

RIESMAN, D.: Die einsame Masse. Rowohlt, Hamburg 1958.

ROUSSEAU, J.J.: Der Gesellschaftsvertrag. Felix Meiner, Leipzig 1919.

SALZBERG, H.C.: Effects of Silence and Redirection on Verbal Responses in Group Psychotherapy. Psychol. Rep. 11, 455, 1962.

SBANDI, P.: «Feedback» im Sensitivity Training. In: Gruppenpsychotherapie und Gruppendynamik, Band 4, Heft 1, Seite 17, Oktober 1970. Vandenhoeck und Ruprecht, Göttingen.

SCHINDLER, R.: Grundprinzipien der Psychodynamik in der Gruppe. Psyche 11, 308, 1957/58.

SCHINDLER, W.: Transference and Counter-Transference in «Family-Pattern» Group Psychotherapy. Ref. Int. Psychotherapie-Kongreß, Zürich 1954, Acta Psychother. 3, Suppl., 345, 1955.

– Is the Group as a Whole Treatable? Ref. 2nd Int. Congress of Social Psychiatry, London 4.–8.August 1969, Proc. 2nd Int. Congr. of Social Psychiatry. Avenue Publ., London 1969.

SHERIF, M., in: HOFSTÄTTER, P.R.: Gruppendynamik. Rowohlt, Hamburg 1957.

– Einführung in die Sozialpsychologie. Kröner, Stuttgart 1963.

SIMMEL, G.: Soziologie. Duncker und Humblot, Leipzig 1908.

SLAVSON, S.R.: Analytic Group Psychotherapy. Columbia University Press, New York 1950.

SPITZ, R.A.: Die Entstehung der ersten Objektbeziehungen. Ernst Klett, Stuttgart 1957.
– Zur anpassungsfördernden Rolle der Aggression. In: MITSCHERLICH, A.: Bis hierher und nicht weiter. Ist die menschliche Aggression unbefriedbar?, Seite 140. Piper, München 1969.

SPROTT, W.J.H.: Human Groups. Penguin, London 1958, repr. 1969.

STROTZKA, H.: Einführung in die Sozialpsychiatrie. Rowohlt, Hamburg 1965.

STÜRÜP, G.K.: The Position of Forensic Psychiatry in Denmark. Acta Med. leg.-soc. 9, 293, 1956.

SULLIVAN, H.ST.: The Interpersonal Theory of Psychiatry. W.W.Norten, New York 1953.

THURSTONE, L.L.: Multiple-Factor Analysis. University of Chicago Press, Chicago 1947.

WHYTE, W.F., zit. in: HARTLEY, E.L., und HARTLEY, R.E.: Die Grundlagen der Sozialpsychologie. Rembrandt, Berlin 1955.

WITTGENSTEIN, O.: Märchen – Träume – Schicksale. Diederichs, Düsseldorf/Köln 1965.
– Persönliche Mitteilung 1966.

Teil 2

Allgemeine und spezielle
gruppenpsychotherapeutische Aspekte

2.1. Allgemeine Grundlagen

2.1.1. Einleitung

Die Gruppe ist in allen geschichtlichen Epochen und in allen Lebensphasen das Existenzmilieu des Menschen. Der Gruppenverband ist für das menschliche Individuum der Hintergrund, auf dem es sich abzeichnet, Gestalt annimmt. Nur in den Reaktionen der es in der Gruppe umgebenden Mitmenschen kann es sich erkennen und nur dort verwirklichen, wo es mit einer Umwelt, die an seinem Verhalten, an seinen Äußerungen und Reaktionen teilnimmt, verbunden ist. Ohne partizipierende Gruppe hat der Mensch keinen Widerhall, keinen Wirkkreis und keinen historischen Bestand. Nur im Gedenken der Gruppe, bzw. der Gruppen, in die das Individuum miteinbezogen ist, überwindet es seine Zeitlichkeit. Die Gruppe ist das Milieu, das die Transzendenz an den Menschen heranträgt, denn sie existiert als natürlicher Verband meist vor ihm und wird auch nach ihm weiter bestehen. Sie zeugt mit ihrer Struktur und ihrem Gehalt vom Wirken vergangener Geschlechter und wird künftigen Generationen wenigstens etwas, von dem aufzeigen, was die Menschen in der Gegenwart erstrebt und erkannt haben. Erst in und an der Gruppe wird also der Mensch zu dem, der er ist. Wäre er allein auf sich abgestellt, ohne ein ihn umgebendes, gruppenstrukturiertes Beziehungssystem, würden seine Leistungen ins Nichts verpuffen. Das menschliche Individuum kann daher erst dann ganzheitlich ermessen werden, wenn es auch in seiner sozialen Verstricktheit, in den Interaktionen mit seiner mitmenschlichen, gruppenzentrierten Umwelt erfaßt wird. Auch in seinem Kranksein ist daher der Mensch nicht nur als Individuum, sondern als ein geselliges Wesen, als ein «Zoon politikon» (ARISTOTELES) zu verstehen. Im Kranken, der uns um unsere Hilfe angeht, tritt uns folglich nicht nur sein eigenes Leiden, sondern gleichzeitig die Not seiner mitmenschlichen Umwelt entgegen. Schon allein die Tatsache, daß die Familie oder eine anderweitige Gemeinschaft, der er zugehört, sein Leiden nicht mehr aus sich selbst heraus und in sich selbst bewältigen kann, zeigt ein Mitkranksein des Kollektivs an. Der Einzelne wird sich erst dann veranlaßt fühlen, einen Arzt zu konsultieren, wenn er in der ihn umgebenden (Familien-) Gruppe nicht mehr jenen Halt oder Rat finden kann, dessen er in seiner Not bedarf. Bei der viel stärkeren Kohäsion, die die Familie, bzw. die Sippe, in früheren Jahrhunderten zusammenhielt, konnte die benötigte Hilfe weit eher im Kreise der Angehörigen gefunden werden. In der Gegenwart sind die Einzelnen indessen oft dermaßen auf sich selbst zurückgeworfen, daß sie in der Gruppe, in die sie hineingestellt sind, häufig nicht jene Unterstützung erlangen, derer sie so dringend bedürften. Die Tatsache, daß seit einigen Jahren bzw. Jahrzehnten immer mehr Menschen psychiatrische Hilfe benötigen, ist nicht nur ein Zeichen einer erhöhten Krankheitsanfälligkeit des Einzelnen. Sie ist vielmehr auch ein Symptom für die Insuffizienz der Familie und der übrigen Gruppen, in denen die kranken Menschen leben. In der gesteigerten Krankheitsanfälligkeit des modernen Menschen manifestiert sich demnach auch die Krise der menschlichen Familie und der übrigen Gruppen, in die er miteinbezogen ist; sie sind nicht mehr imstande, den Einzelnen bergend zu umfangen, und lassen ihn mit seinen Sorgen und Nöten allein. Die Familie und die anderen Kollektive vermögen oft kaum mehr Spannungen und Konflikte durch eine Gemeinsamkeit des Erlebens zu tragen. An sie herankommende Schwierigkeiten beinhalten heute nicht selten die Gefahr, daß sie aus ihrem – oft labilen – Gleichgewicht geworfen werden und zerbrechen. Die Emotionen, die an die Familie und an andere gruppenmäßige Gemeinschaften herankommen, werden häufig nicht mehr durch die Beteiligten gemeinsam bewältigt. Durch die vielfältigen und vielseitigen affektiven Belastungen, die die Einzelnen und das jeweilige Kollektiv erfahren, ist die Gruppe nicht selten kaum mehr in der Lage, diese Funktionen zu erfüllen. Im Gegenteil, das Leiden des einen intensiviert nur das Leiden der anderen und der Gemeinschaft, jedoch nicht, weil der andere an des einen Not teilnähme, sondern weil das Unglück des Nächsten eine weitere Belastung für die ohnehin schon übermäßig Belasteten darstellt.

Doch erlebt der Mensch die ihm in der Gegenwart zunehmend erwachsenden Aufgaben als derart vielfältig, schwerwiegend oder überwältigend, daß er sich immer wieder bewußt werden muß, ihnen als Einzelner nicht gewachsen und auf die Mithilfe einer partizipierenden Gruppe angewiesen zu sein. Es wird ihm klar werden, daß es ihm nur im Zusammenwirken mit gleichermaßen Forschenden und Arbeitenden möglich sein wird, den an ihn herantretenden Erfordernissen gerecht zu werden. Der Mensch der Gegenwart ist also, will er bestehen, in besonderem Maße auf eine mit ihm verbundene und mitwirkende Gruppe angewiesen. Gerade in unserer Zeit, in der sich die Bande der Familie lockern, wird sich also der Mensch neu auf die Gruppe als Ort der Begegnung, der Umsorgung, der Sicherung, des Haltes und der Stärkung zurückbesinnen wollen oder müssen. Es ist deshalb heute besonders wichtig, daß in der Psychotherapie das Individuum nicht nur als isoliertes Wesen behandelt, sondern auch im Verbande einer therapeutisch mitergriffenen Gruppe erfaßt wird. Außerhalb der therapeutischen Situation wird alles daran gesetzt werden müssen, die Familiengruppe wieder zu stärken und ihren Sinn in den Gegenwartsbezügen zu erneuern. Daneben wird es sich aufdrängen, die Menschen, die sich durch ihre Aufgaben und Pflichten – oder das Fehlen derselben – in Beruf und Freizeit überfordert – oder zu wenig angesprochen – fühlen, zur Einordnung in Teams, die mit ihnen am gleichen Werke arbeiten oder ein Interesse teilen, zu ermutigen. Zwar kann dabei, wie COLLINS und GUETZKOW zeigen, die Konzentration der Einzelnen auf die Aufgabe leiden, doch wird das vereinigte Bemühen einer Gruppe, auch bei reduzierter Ausrichtung der Einzelnen auf das zu erreichende Ziel, im allgemeinen mehr ausrichten können als ein auf sich allein abgestelltes Individuum. Daß die in einer Gruppe zusammengefaßten Individuen mehr erreichen als die Einzelnen isoliert es könnten, ist allerdings davon abhängig, ob ein gesundes Gleichgewicht des Kollektivs besteht und ob es als Gesamtes weitgehend auf eine gemeinsame «Mitte» (siehe Teil I) ausgerichtet ist.

Die Gruppe als Ort der mitmenschlichen – und therapeutischen – Begegnung hat in der Gegenwart auch aus anderen Gründen einen besonderen Wert. Die Beziehungen von Mensch zu Mensch sind lockerer geworden. Verloren hat oft das Individuum die Fähigkeit zur mitteilenden Gemeinsamkeit. Vereinsamung, Isolierung und Verzweiflung sind häufig die Folge. Wenn der moderne Mensch verstärkt das Bedürfnis verspürt, sich mit gleichermaßen Strebenden zu einer Gruppe zu vereinen, so kann es folglich auch daraus verstanden werden, daß er sich nach mitmenschlichen Begegnungen sehnt, die ihm sonst versagt bleiben. Ein Refugium im Treiben der derzeitigen, unruhigen und beunruhigten Welt muß ihm erhalten bleiben, wo er sich auf sich selbst besinnen, sich mit den höheren Werten in Beziehung setzen, wo er erreicht werden, wo er den Mitmenschen begegnen und sich entfalten kann. Könnte nicht die – freie – Gruppe jener Ort sein, wo sich der Mensch selbst findet, wo er seinen Nächsten erkennt, mitmenschliche Hilfe und Zuwendung erfährt und die Allgegenwart transzendenten Geschehens erleben kann? Die Gruppe ist, bei aller Beschränkung, die deren Rahmen den Beteiligten auferlegt, jener Kreis, in dem und von dem aus das Individuum, unterstützt durch die anderen Beteiligten, wenigstens etwas von seinen mannigfaltigen Erwartungen verwirklichen kann. Die Gruppenzugehörigen, die ihm entgegenkommen, sind ihm ein Ansporn, sich mit den Mitmenschen auseinanderzusetzen und an ihnen zu wachsen. Der Rahmen der Gruppe ermöglicht es ihm, aus sich heraus zu den anderen hinzutreten und damit seine Individualität zu überwinden. Die Gruppe ist jedoch auch ein Kreis, der es den Zugehörigen ermöglicht, in gegenseitiger

Auseinandersetzung die eigenen Möglichkeiten – und Grenzen – zu erkennen. Der Kreis der Gruppe öffnet den Mitwirkenden einerseits den Blick auf die in einem Kollektiv und den einzelnen Vertretern begründet liegenden ungezählten Potenzen und Entfaltungsmöglichkeiten, andererseits schützt die Gruppe in ihrer Begrenzung die Zugehörigen davor, sich in der Unendlichkeit zu verlieren. Ohne Ansporn der Gruppe drohte den Menschen das Versinken in Apathie und Teilnahmslosigkeit oder aber das Verfallen an eine Angst vor dem Leben, die immer auch eine solche vor dem Tode wäre, weil ihnen drohte, das Leben zu verfehlen. Das Wesen des Menschen könnte sich ohne ihn umgebende Gruppe, bzw. Gruppen, nicht entfalten. Es würde verborgen und verschüttet, unentdeckt bleiben. Der Mensch wird also erst an der Gruppe, zuerst an der Familie, dann an den weiteren Gruppen, in die er hineinwächst, zu dem, der er ist.

Wollen wir einen Menschen in seinem Kranksein verstehen, müssen wir ihn demnach in seinem Lebensmilieu zu erreichen versuchen. Behandeln wir ihn nur als Isolierten, wird uns viel an ihm verborgen sein. Unerkannt wird bleiben, wie er sich mit seinen Mitmenschen in Beziehung setzt, wie er sich in einem gesellschaftlichen Rahmen behauptet, welche Menschen ihm zugetan sind und welche er abstößt. Unentdeckt wird vor allem auch bleiben, in welcher Art seine Kommunikationen mit der Umwelt gestört sind. Es werden die sozialen Wurzeln seines Leidens nicht erkannt und damit der Patient als Kranker wie als Mensch überhaupt fehlbeurteilt werden. Nur dann werden wir dem Wesen eines Menschen gerecht werden und ihm nahekommen, wenn wir um seine Weise des Daseinsvollzugs (L. BINSWANGER) in der Auseinandersetzung mit den ihm Begegnenden wissen, wenn wir um jenen Bereich wissen, den ein Individuum in seiner mitmenschlichen Umwelt ausfüllt oder aber nur ungenügend versehen kann.

Es ist daher naheliegend, die meist beziehungsgestörten, speziell psychisch kranken Menschen nicht nur individuell, sondern auch in Gruppen therapeutisch zu erfassen und zu behandeln. Wenn wir an der Basler Psychiatrischen Universitätsklinik seit 1955 dazu übergingen, die Patienten nach Möglichkeit nicht nur individuell, sondern auch gruppenpsychotherapeutisch anzugehen, geschah es in dieser Erkenntnis. Wir können zwar auch heute noch die Ansicht FREUDS, daß die soziale Umwelt im Seelenleben des Einzelnen mitenthalten ist, teilen. Doch haben wir seither verstehen gelernt, daß das Kommunikationssystem, in das hinein ein Mensch verwoben ist, niemals allein aus dem, was an Ab-, Vor- oder Zerrbild in seiner Psyche enthalten ist, ermittelt werden kann. Daher ist es wesentlich, dem psychisch Kranken auch in einer sozialen Sphäre, wie sie eine therapeutische Gruppe darstellt, zu begegnen. Dazu kommt, daß es im Gruppenverband oft leichter ist, von der Norm abweichendes Gebaren zu erkennen und zu korrigieren. Überhaupt jegliche Veränderung gestaltet sich für das Individuum leichter, wenn es sie im Kreise, bzw. zusammen mit einer Gruppe, vollzieht. KURT LEWIN sagt dazu u. a. folgendes: «Man könnte meinen, daß einzelne Individuen nachgiebiger wären als Gruppen von gleichgesinnten Individuen. Die Erfahrungen beim Training von Führern, bei der Veränderung von Ernährungsgewohnheiten, bei der Arbeitsproduktion, bei der Kriminalität, beim Alkoholismus und bei Vorurteilen scheinen im Gegenteil alle darauf hinauszulaufen, daß es gewöhnlich einfacher ist, Individuen zu ändern, die sich zu einer Gruppe geformt haben, als jeden Einzelnen unabhängig vom anderen ändern zu wollen. Solange die Werte der Gruppe unverändert bleiben, wird sich das Individuum gegenüber einer Änderung um so mehr zur Wehr setzen, je stärker es von seinem Gruppenstandard abweichen muß. Ändert man den Gruppenstandard selbst, so wird der Widerstand, der sich aus der Beziehung von Individuum und Gruppe ergibt, beseitigt.»

Die Wirkung der Gruppe auf den Einzelnen ist also oft effektvoller als das Wirken eines einzelnen Therapeuten. Allerdings ist in einem therapeutischen Zweierverhältnis oft ein gründlicheres Bearbeiten der zutage tretenden Probleme und Konflikte möglich. Das will aber nicht heißen, daß in einer Gruppe weniger Fragen aufkommen. Im Gegenteil, die gegenseitige Stimulierung im Rahmen eines solchen Kollektivs läßt bei den Beteiligten vorher zurückgehaltene oder unbewußte Fragen früher aufkommen. Da aber niemand der Zugehörigen zu kurz kommen darf noch soll, können die zur Sprache gelangenden Anliegen, im Gegensatz zur individuellen therapeutischen Situation, oft nicht gründlich behandelt werden.

Nach dem Gesagten gelangen wir zur Frage, was die Behandlungsmethode, welche mit der Gruppe als Instrument arbeitet, überhaupt ist und welche Besonderheiten und Indikationen ihr zukommen. Vorher noch wäre es sinnvoll, sich um die Abgrenzung des Begriffs «Gruppe» gegenüber anderen sozialen Kategorien zu bemühen. Doch müssen wir es uns in diesem Zusammenhang versagen, die gruppenpsychologischen und gruppendynamischen Gesetzmäßigkeiten, soweit sie die Belange der therapeutischen Gruppe, bzw. der Gruppenpsychotherapie, überschreiten, zu besprechen. Wir müssen uns mit dem Hinweis auf Band I begnügen.

Wenden wir uns nun aber den allgemeinen Grundlagen und Gesetzmäßigkeiten vorerst der therapeutischen Gruppe und in der Folge der Behandlung in diesem Rahmen, der Gruppenpsychotherapie, zu.

2.1.2. Die therapeutische Gruppe

2.1.2.1. Definition

Eine therapeutische Gruppe ist ein aus drei oder mehr Miterfaßten und therapeutisch Mitwirkenden bestehender Verband. Der, bzw. die, sie betreuende(n) Therapeut(en) geht (gehen), besonders in den analytischen, aber auch in den anderen therapeutischen Gruppen, nicht leiterzentriert, sondern gruppenzentriert vor, d.h. er (sie) verhält (verhalten) sich grundsätzlich zurückhaltend. Der Therapeut, bzw. das Therapeutenteam, reflektiert oder deutet den Einzelnen und der Gesamtheit ihr Verhalten nur dann, wenn nicht die Beteiligten von allein es tun. Selbst in direktiv-suggestiven Gruppen wird ein erfahrener Gruppentherapeut, wenn möglich, der Gruppe zumindest einen Teil der intendierten therapeutischen Arbeit überlassen. Stellt sich ein Therapeut zu sehr in den Mittelpunkt, so wird es zu keinen Interaktionen zwischen den Mitgliedern und damit nicht zur Formation einer eigentlichen Gruppe kommen. Die Beteiligten werden nur mit dem, bzw. den Therapeuten, nicht aber mit den übrigen Gruppenbeteiligten in Verbindung treten.

Das Ziel einer therapeutischen Gruppe ist nicht deren Erhaltung, sondern die Einsichtsförderung, Reifung und Entfaltung eines jeden Mitgliedes. Die therapeutische Gruppe ist auf die Erhellung der Konflikte und Probleme ihrer Zugehörigen, das Erkennen der Gruppengesetzmäßigkeiten in ihren Auswirkungen auf die Mitwirkenden sowie die aus dem sozialen Lernen heraus erfolgende Verhaltenskorrektur ausgerichtet. Dementsprechend ist die Behandlungsgruppe autozentriert, auf sich selbst, bzw. auf ihre Mitglieder, ausgerichtet. Im Gegensatz dazu stehen Gruppen, beispielsweise die BALINTschen Fallseminare (siehe Kapitel «Die BALINT-Gruppe»), die der Verbesserung der Arzt-Patient-Beziehung, d.h. einer äußeren Aufgabe, verpflichtet sind.

Nach dieser einleitenden kurzen Begriffserklärung liegt es uns daran, ausführlich auf die verschiedenen Charakteristika der therapeutischen Gruppe einzugehen.

2.1.2.2. Die hohe Realitätsintensität der therapeutischen Gruppe; multiple und multidimensionale Beziehungen in der Behandlungsgruppe

In einer therapeutischen, wie übrigens in allen anderen Gruppen, sind gleichzeitig die verschiedensten gegenseitigen Beziehungen möglich. So können beispielsweise von einem Individuum gleichzeitig multiple emotionale oder/und intellektuelle Relationen zu verschiedenen Mitwirkenden, dem Therapeuten und der Gesamtheit ausgehen. Zur gleichen Zeit sind andere Zugehörige in andere Beziehungen verstrickt. Die Relationen im Kreise einer Gruppe können sich auf den verschiedensten Ebenen abzeichnen. So kann es in einem solchen Kollektiv zu verbalen und, unabhängig davon oder irgendwie korreliert dazu, zu averbalen Kommunikationen und Interaktionen kommen. Diese vielseitigen und vielschichtigen, sprachlich und ohne Vermittlung durch Worte erfolgenden, wechselseitigen Einwirkungen haben eine hohe Frequenz von Interaktionen zwischen den einzelnen Beteiligten, zwischen ihnen und dem Therapeuten und zwischen den Einzelnen und der Gesamtheit zur Folge. Diese hohe Intensität der gegenseitigen Einwirkungen und wechselseitigen Beziehungen führt dazu, daß die Beteiligten auf das soziale Geschehen aufmerksam werden. Sie werden aus der Introspektion herausgerissen und auf die Interaktionen zugeführt. Die hohe Realitätsintensität der Gruppe kann es denn auch beispielsweise zustande bringen, daß Schizophrene, welche langjährig einem Wahn verfallen waren, in der Gruppe erstmals wieder für kürzere oder längere Zeit ihrer psychotischen Welt entsteigen. Eine Patientin behauptete zum Beispiel während einer gruppenpsychotherapeutischen Sitzung, daß unsere ganze Stadt bevormundet sei. Sie brachte ihre Bemerkungen mit fanatischem Blick vor und unterbrach die anderen in ihrem Gespräch. Als sie dann aber das Unverständnis der anderen erkannte, hielt sie erstmals in ihren Behauptungen inne und fügte sich, zumindest für die betreffende Sitzung, der Gruppenordnung. Eine andere Kranke, die seit Jahren an einer paranoiden Schizophrenie litt, wurde während einer Kollektivsitzung, als die anderen die von ihr vorgebrachten psychotischen Gedankeninhalte nicht verstanden und ablehnten, zum ersten Mal krankheitseinsichtig, und sie fragte nun, ob sie das gleiche Leiden habe wie ihre Mutter, die während Jahrzehnten psychiatrisch hospitalisiert gewesen war. Eine weitere Patientin, die mit dem Problem beschäftigt war, ob der eine der beiden Therapeuten der Teufel oder der Heiland sei, und darob in eine Aufregung geriet, erfuhr in der Schizophrenengruppe von den einen eine intensive Teilnahme, von den anderen aber eine ziemlich radikale Ablehnung. Sie wollte gegen das Kollektiv aggressiv werden. Als sie dann aber das Unverständnis aller bemerkte, ließ sie nicht nur plötzlich von ihren aggressiven Intentionen ab, sondern sie stimmte mit in das Gelächter ein, das sich nun inzwischen ergeben hatte.

Die hohe Realitätsintensität der Behandlungsgruppe führt überhaupt oft dazu, daß die Mitwirkenden von der Norm abweichende

Einstellungen und Verhaltensweisen eher aufgeben als im therapeutischen Zweierverhältnis. Fehlkonditionierungen können unter dem Eindruck der Gruppennorm häufig rascher als solche erkannt, aufgegeben werden. Ebenso werden neue Vorstellungen und Verhaltensweisen leichter und rascher im interaktionsintensiven Gruppenmilieu eingeübt werden können als in einem therapeutischen Zweierverhältnis. Wir haben insbesondere bei den in unserer Klinik hospitalisierten Milieugeschädigten und Verwahrlosten erkennen können, daß es im Rahmen einer Gruppe leichter möglich war, ihnen das «Realitätsprinzip» (FREUD) nahezubringen als in der therapeutischen Zweierbeziehung. Es mag dabei mitgespielt haben, daß sie in der Behandlungssituation für sie beinahe unmerklich gezwungen waren, sich in eine «Gesellschaft im kleinen» zu integrieren. Damit hatte für sie aber die Realität eine höhere Intensität als die klassische, duale therapeutische Beziehung, in der oft der Patient – wie etwa auch der Therapeut – die soziale Dimension mehr oder weniger unbewußt ausklammern.

Die Behandlungsgruppe ist also eher als das übliche therapeutische Zweierverhältnis in der Lage, den Patienten die Maße aufzuzeigen, mit denen in der äußeren Welt gemessen wird. In und mit der Gruppe öffnet sich ihnen, wenigstens für die Zeit der Sitzung, die Welt der anderen, derjenigen Menschen, die die Norm vertreten. Indem die therapeutische Gruppe die Realität an die Zugehörigen in hoher Intensität heranträgt, ist den Patienten eine Chance gegeben, da, wo es ihnen zuvor nicht möglich war, den Zugang zu den sozialen Bezügen zu finden. Oft ist schon das psychiatrische Krankenhaus ein Rahmen, in dem die Kranken soziale Anpassung erlernen können. Doch unterstützt das spezielle Schon-, Übungs- und Behandlungsmilieu der therapeutischen Gruppe die «klinische Soziotherapie» (LANGEN, ALNAES) und damit die Resozialisierung der Patienten, bzw. deren erstmalige Einführung in die Gesellschaft.

2.1.2.3. Die therapeutische Gruppe als Mittlerin zwischen Spital und Gesellschaft bzw. zwischen Familie und Gesellschaft

Indem wir die zu uns kommenden beziehungsgestörten Patienten in therapeutische Gruppen einreihen, vermitteln wir ihnen ein Übungsfeld, in dem sie adäquates Verhalten lernen können. Alte Verhaltensweisen werden so allmählich dekonditioniert und neue konditioniert werden können. Die Beteiligten erfahren dabei, wo sie sich besser anzupassen, aber auch, wo sie sich entschlossener durchzusetzen haben, um als Individuen bestehen zu bleiben.

Im psychiatrischen Spital sichert die therapeutische Gruppe den Patienten nicht nur ein Mindestmaß an psychotherapeutischer Zuwendung. Vielmehr ist es mit Hilfe der Gruppenpsychotherapie, bzw. der therapeutischen Gruppe, möglich, die soziale Realität an die Patienten in kleinem, beschränktem, beinahe experimentellem Rahmen heranzutragen. Die vielfältigen und vielschichtigen Interaktionen, die in der Gruppe ablaufen und in die die Einzelnen miteinbezogen sind, geben ihnen eine Gelegenheit zum sozialen Lernen. Sie werden in einem schonungsvollen Milieu mit sozialen Anforderungen konfrontiert, ohne bereits der äußeren Gesellschaft mit ihren Unberechenbarkeiten ausgeliefert zu sein. Die therapeutische Gruppe ist damit eine Mittlerin zwischen bergender Klinikatmosphäre und fordernder gesellschaftlicher Realität.

Das Milieu der Behandlungsgruppe gestattet es auch, die Patienten leichter zum Klinikaustritt zu bewegen, vorausgesetzt, daß nicht die Gruppe, indem sie sich zu sehr auf sich selbst zentriert, eine allzu gewährende Atmosphäre erzeugt. Haben Spitalentlassene Gelegenheit, ambulant noch an der Klinikgruppe teilzunehmen, so fühlen sie sich dadurch gesichert. Sie werden ihre Schwierigkeiten, denen sie in der Sozietät begegnen, in der Gruppe erörtern, durcharbeiten können und damit einen neuen Halt gewinnen. Statt zu rezidivieren und wieder in die Klinik einzutreten, reicht die therapeutische Gruppe oft aus, den Patienten für die zu bestehenden Realitätsanforderungen eine genügende Sicherung und Sicherheit zu geben.

Die therapeutische Gruppe gestattet nicht nur analytische Erhellung, sondern auch eine Verhaltenskorrektur, bzw. -therapie. Der von EYSENCK, BRENGELMANN u. a. erwähnte Lernprozeß in der Gruppe, der den Patienten den Wiedereintritt in die Gesellschaft erleichtert, ist nichts wesentlich Anderes als die von SLAVSON erwähnte Realitätsprüfung. Die Realitätserfahrung in der Behandlungsgruppe – wie wir sagen möchten – hilft ihnen, die Belastungen der großen Gesellschaft zu ertragen.

Bei den vielfältigen Anforderungen, die dem Individuum im sozialen Leben der Gegenwart gestellt sind, droht ihm beim Krankwerden, rasch den Anschluß an die Gesellschaft zu verlieren. Besonders wenn bereits zuvor Kommunikationsstörungen bestanden haben, ist es für die Betroffenen oft schwierig, sich nach Klinikentlassung zurechtzufinden. Das Gruppenmilieu im Spital bietet diesen Menschen eine Möglichkeit zum sozialen Lernen während ihres Krankenhausaufenthaltes. Dieser Lernprozeß bildet für sie ein Training, durch das sie es später, bei Klinikaustritt, leichter haben, ihren Weg zu finden.

In einem Spital, in dem gruppenpsychotherapeutisch gearbeitet wird, herrscht eine sozial aktivere Atmosphäre als in einem Krankenhaus, in dem kein gruppentherapeutisches Programm besteht. Nicht nur das Erfassen der Patienten in diagnostisch einheitlichen kleinen Gruppen, sondern auch die Arbeit mit diagnostisch heterogenen Großgruppen (siehe entsprechende Kapitel), in die wir ganze Spitalabteilungen miteinbeziehen und mit denen wir somit eine Art «therapeutic community» (MAXWELL JONES) treiben, bringen in die psychiatrischen Spitäler zumindest einen Teil jener Dynamik, die die Patienten auch außerhalb der Klinik erwartet. Es ist deshalb günstig, wenn die Patienten sowohl in kleinen Gruppen als auch in den Abteilungsgruppen (Großgruppen) mitwirken.

Wenn in einem Spital zusätzlich Gruppenbesprechungen mit den Ärzten, den Krankenschwestern und -pflegern der verschiedenen Abteilungen und dem übrigen Personal durchgeführt werden, so ist ein Weiteres dazu getan, die Atmosphäre dynamisch zu halten. Auch der medizinische Stab ist dann davor gefeit, sich stets in alten Bahnen zu bewegen.

Insbesondere in den USA und in England, vereinzelt auch auf dem Kontinent, ist man dazu übergegangen, die Patienten nach Klinikentlassung, wenn nötig, in sogenannten Halbwegs-Häusern – Halfway Houses – (JANSEN) unterzubringen. – Ein entsprechendes Projekt ist auch bei uns in Planung. – Die Patienten können dann von dort ihre soziale und berufliche Tätigkeit in der Gesellschaft wieder aufnehmen. Besonders in diesen Halbwegs-Häusern ist es aber notwendig, die Patienten aktiv an einem therapeutischen Gruppen- und Therapeutic-Community-Programm teilhaben zu lassen. Das «Halfway House» kann seine Aufgabe als Mittelstation zwischen Klinik und Gesellschaft nur dann erfüllen, wenn die Bewohner in therapeutischen Klein- und Großgruppen Gelegenheit haben, im Kontakt mit der beruflichen und sonstigen Umwelt aufgekommene Probleme zu verarbeiten, Vertrauen zu finden und somit an Halt zu gewinnen. Gelegentlich wird ein Spitalaufenthalt durch die Unterbringung in einem Halfway House mit einem psychiatrisch geschulten Hauselternpaar auch umgangen werden können.

In der psychiatrischen Ambulanz ist es ebenso wesentlich, mit den verschiedenen Patientenkategorien ein therapeutisches Gruppenprogramm durchzuführen. Wie uns unsere Erfahrung seit anfangs 1968 in der Basler Psychiatrischen Universitätspoliklinik lehrt, kann mancher Patient, der sonst einem psychiatrischen Spital hätte zugeführt werden müssen, in der Gesellschaft behalten werden, wenn er in eine therapeutische Gruppe miteinbezogen wird. Sie vermittelt ihm jenen Halt, der es ihm erleichtert, in der Sozietät zu bleiben.

Wir sehen in zwei Studentengruppen, die unsere Sprechstunde aufgesucht haben und mit denen wir seit Herbst 1969 bzw. Januar 1970 arbeiten[1], daß viele Belastungen, die sie vor Prüfungen, aber auch bei sonstigen Konflikten, wie Auseinandersetzungen mit den Eltern, Liebesenttäuschungen, Verlust von Angehörigen durchzustehen haben, durch die Gruppe gemildert werden. Sie haben es infolge der Gruppenpartizipation leichter, ihre persönlichen Schwierigkeiten zu tragen, ohne daß sie durch das Gruppenmilieu zu sehr verwöhnt würden. Mindestens für die 90 Minuten dauernden Sitzungen finden sie jene Muße, die es ihnen gestattet, sich wieder zu sammeln und zu finden. Damit sind sie auch wieder besser ausgerüstet für das Bestehen der Lernanforderungen oder anderer persönlicher Probleme.

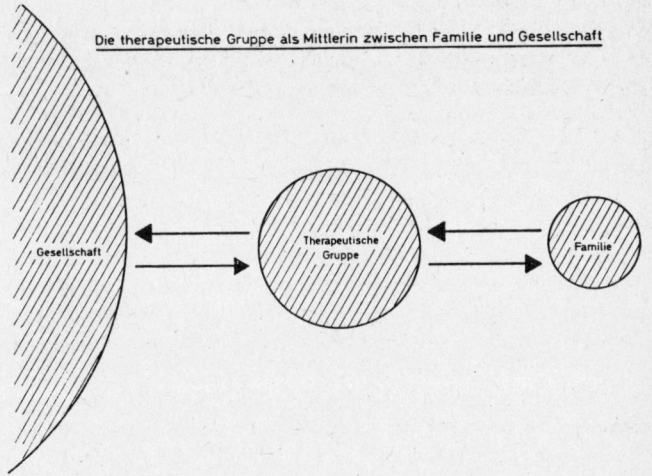

Die therapeutische Gruppe als Mittlerin zwischen Familie und Gesellschaft

Die Patienten der Gegenwart, die meist in kleinen Familien aufgewachsen sind, haben häufig nicht die notwendige Erfahrung, um sich mit einer weiteren Umwelt auseinanderzusetzen. Besonders bei Menschen, die als Einzelkinder aufwuchsen, können sich diese Kommunikationsstörungen bemerkbar machen. Wir haben in den erwähnten beiden therapeutischen Studentenkreisen, aber auch in anderen Behandlungsgruppen, beobachten können, daß dieser Rahmen es solchen Individuen erleichtert, sich in die Sozietät hineinzuentwickeln. Diese Menschen begegnen in der Gruppe erstmalig «Geschwistern» (BATTEGAY), mit denen sie in Rivalität treten können. Damit erwächst ihnen im therapeutischen Rahmen zwar eine schwierige Aufgabe. Doch sind sie später darauf vorbereitet, in Situationen, in denen wirk-

[1] Herrn Dr. B. BECK und Herrn Dr. GRAF VON SCHLIEFFEN sei für ihre Mitarbeit herzlich gedankt.

115

liche oder vermeintliche Konkurrenten auftreten, sich wirksamer durchzusetzen oder, wo zweckmäßig, in den Hintergrund zu treten. Die therapeutische Gruppe kann somit auch zur Mittlerin zwischen Familie und Gesellschaft werden.

2.1.2.4. Regression – Reifung

Die therapeutische Gruppe vermittelt den Zugehörigen infolge der Anteilnahme der übrigen eine Gelegenheit, eine bergende Umsorgung zu erfahren. Noch beinahe in jeder Behandlungsgruppe unserer Klinik haben wir beobachtet, daß sie von den Mitwirkenden bald als eine familiäre Gemeinschaft erlebt wird. Die Patienten übertragen auf die Gruppe jene Gefühle, die sie ursprünglich für ihre, um die Eltern oder entsprechende Ersatzpersonen zentrierte Familie hatten oder aber nicht hegen konnten (W. SCHINDLER). Es entsteht dabei naturgemäß eine gewisse Tendenz der Gruppenmitglieder, in ihrem Verhalten auf infantile Stufen zu regredieren. Durch die Reaktivierung der kindlich-familiären Situation kommt es bei den Beteiligten zu einer Mobilisierung kindlicher Erwartungen in bezug auf die Gruppe und deren Leiter. Diese Entwicklung kann sich in einer beliebigen Gruppe abspielen, ist aber besonders ausgeprägt in den entsprechenden therapeutischen Kreisen, wo viele Patienten beteiligt sind, die jene gefühlsmäßige Zuwendung erhoffen, welche sie vielleicht früher übermäßig empfingen oder aber nicht erhielten. Wie wir später ausführlicher darstellen werden, liegen aber gerade in diesem Regressionsvorgang in der Behandlungsgruppe therapeutische Möglichkeiten begründet. Die Patienten erhalten damit beispielsweise Gelegenheit, frühere affektive Frustrierungen zu kompensieren oder zu überwinden. Sie werden es vielleicht auch erlernen, sich damit abzufinden, daß sie in ihrer Kindheit affektiv zu kurz gekommen sind. Wieder andere werden es in der Regression lernen müssen, daß nichts mehr in der Welt ihnen die früher erfahrene überbehütende Umsorgung wiederbringen kann.

Gelingt es den von der Regression Betroffenen, ihre kindlichen, unzeitgemäßen Anliegen als solche zu erkennen, können sie jene Reifungshemmung, die ihre Entwicklung bis jetzt beeinträchtigt hatte, oft überwinden. Sie werden erkennen können, wo sie gefühlsmäßige oder anderweitige Unterstützung erwarten dürfen und wo sie demgegenüber vollständig, ohne nach Hilfe umzuschauen, ihr Schicksal in ihre eigenen Hände zu nehmen haben.

Aber auch dort, wo keine regressiven Strebungen vordergründig werden, bringt der Gruppenprozeß, indem die Beteiligten gegenseitig in Kontakt treten, sich gegenseitig abschleifen, eine Bereicherung der sozialen Erfahrung mit sich. Die Ausweitung ihrer Kenntnisse der sozialen Vorgänge und Gegebenheiten führt bei den Mitwirkenden zu einer Reifung. Sie werden so eher als zuvor imstande sein, sich mit ihren realen Möglichkeiten und Grenzen auseinanderzusetzen und abzufinden.

2.1.2.5. Gesteigertes Verantwortlichkeitsgefühl, erhöhte Verantwortungsbereitschaft

Die an einer Behandlungsgruppe Beteiligten erfassen angesichts des Mitseins der anderen Zugehörigen oft recht bald das Gewicht, das ihrem Wort und ihrem Verhalten in einem solchen Kreise zukommt. Sie lernen meist ebenso rasch, ihre Verantwortung gegenüber den Mitpatienten erkennen. Nehmen sie beispielsweise wahr, daß eine ablehnende oder aggressive Bemerkung ihrerseits einen oder mehrere Gruppenbeteiligte vor den Kopf stößt und deren affektives Gleichgewicht gefährdet, geht ihnen oft ihre Verantwortlichkeit für ihr Tun und Lassen auf. Wie BION darlegt, ist das Individuum im – therapeutischen – Gruppenverband immer auch für die Gesamtheit verantwortlich, und es ist diese Verantwortlichkeit, derer die in ein Behandlungskollektiv Eingereihten gewahr werden. Werden sich die Patienten dieser erhöhten Verantwortung in der Gruppe bewußt, so werden sie etwa verängstigt. Wir beobachteten in einer Neurotikergruppe immer wieder diese Angst, wenn die Beteiligten bemerkten, daß sie beispielsweise nicht ohne Konsequenzen für die anderen von eigenen Suizidtendenzen sprechen konnten, da sie damit ähnliche Gefühle oder Impulse bei den anderen weckten. Aber auch jenen, die sich schweigend zurückhielten, wurde meist bald klar, daß sie mit an der Verantwortung für diejenigen trugen, die sich über ihre Verzweiflung äußerten. Sie konnten sich nicht länger in Schweigen hüllen, wenn sich vor ihnen, inmitten ihrer Gemeinschaft, jemand in Not befand. Sie mußten sich des anderen annehmen, ihre Verantwortung für ihn erkennen. Das Übernehmen einer Verantwortung im Rahmen einer therapeutischen Gruppe ist auf der einen Seite etwas schwieriger als in der dualen Behandlungssituation. In der Gruppe muß ein Mitglied oft eine Verantwortlichkeit für mehrere Mitkranke übernehmen, während der Patient in der klassisch-psychotherapeutischen Situation nur für sich Verantwortung trägt. Auf der anderen Seite erleichtert es der Gruppenverband dem Einzelnen und der Gesamtheit, irgendeine verantwortungsvolle Aufgabe zu übernehmen, da andere Zugehörige, sofern sie dazu in der Lage sind, beim Tragen mithelfen. Das Teilen der Aufgabe in der Gruppe erhöht die Bereitschaft, Verantwortung zu übernehmen.

Die Einzelnen und die Gesamtheit haben so Gelegenheit, an der Verantwortungsübernahme zu wachsen.

2.1.2.6. Dynamik und Statik

Die mannigfaltigen wechselseitigen Einwirkungen zwischen den Gruppenmitgliedern einerseits und zwischen ihnen und der Gesamtheit andererseits bedingen einen ständigen Wandel in der Erscheinungsweise des Kollektivs und im Verhalten des Einzelnen. So fiel den Mitgliedern einer analytischen Lehrgruppe von Ärzten immer wieder auf, wie sehr sich die Problematik der Gemeinschaft und der Einzelnen wie auch deren Verhaltensweisen von Sitzung zu Sitzung wandelte. Es war kaum voraussehbar, was beim nächsten Zusammensein hervorkommen wird; stets bot sich wieder ein neuer Aspekt des Einzelnen und der Gesamtheit. In diesem permanenten Wandlungsprozeß der therapeutischen Gruppe gelangen immer wieder andere Seiten der Einzelnen zur Geltung. Vorher vielleicht mangelnd entwickelte latente Möglichkeiten werden so etwa erstmalig vordergründig und können sich entfalten.

Mit der Wandlung der Einzelnen verändert auch das Kollektiv ständig seine Gestalt. Diese permanente Metamorphose der Gruppe setzt die Beteiligten einer Dynamik aus, die sie zwingt, Einstellungen, Haltungen und Verhaltensweisen stets von neuem in Frage zu stellen und zu überdenken. Das damit verbundene Geschehen beinhaltet eine therapeutische Chance, denn es werden damit auch eingeschliffene pathologische Vorstellungen und Verhaltensweisen aufgegeben werden können.

In den therapeutischen Gruppen finden sich jedoch nicht nur Kräfte, die deren ständige Wandlung herbeiführen. Es kommen vielmehr in diesen Kollektiven auch Tendenzen zum Vorschein, die sie in der einmal eingenommenen Position festhalten wollen. In jeder Behandlungsgruppe manifestieren sich Tendenzen Einzelner und der Gesamtheit zur Institutionalisierung und Stereotypisierung einmal eingenommener, bzw. aufgetretener Haltungen und Verhaltensweisen. Wir konnten beispielsweise in allen therapeutischen Gruppen die mehr oder weniger ausgeprägte Neigung der Mitglieder erkennen, einen einmal eingenommenen Sitzplatz auch in den nächsten Zusammenkünften einzunehmen. Diese Beharrungsenergien, die polar die dynamischen Kräfte in der Gruppe ergänzen, vermitteln dem therapeutischen Kollektiv, bzw. den einzelnen Beteiligten, die für das Entstehen eines Geborgenheits- und Sicherheitsgefühls notwendige Konstanz. Mit den statischen Tendenzen ist auch die Muße zu einer therapeutisch wirksamen Einsicht in die sich im Gruppenprozeß mehr oder weniger sichtbar manifestierenden inneren Anliegen und Einstellungen der Einzelnen verbunden. Befänden sich indessen die statischen Kräfte in einer Behandlungsgruppe im Übergewicht, würde sich bei den Beteiligten wenig an innerer Wandlung ereignen. Nur wo Dynamik und Statik in einem Behandlungskollektiv sich in einem Gleichgewicht befinden, sind therapeutisch sinnvolle Proportionen zwischen dem Wunsch nach Veränderung, Erneuerung und Aufbau und dem Bemühen zum Festhalten, zur Sicherung und zur Tradition gegeben.

2.1.2.7. Selbstbehauptung – Selbsthingabe

In den Behandlungsgruppen ist den Mitwirkenden unter anderem auch die Aufgabe gestellt, sich in einem gesellschaftlichen Rahmen durchzusetzen, sich zu behaupten. Der Einzelne wird in der Auseinandersetzung mit den anderen im allgemeinen an Durchsetzungskraft gewinnen; wenn nötig, wird der Therapeut den Beteiligten helfen, sich durchsetzen zu lernen. Die Stärkung der Selbstbehauptungsfähigkeit gelingt jedoch nicht bei allen Teilnehmern; ist nämlich, wie bei gewissen Schizophrenen, eine extreme Ich-Schwäche vorhanden, so ist jede Selbstbehauptung in Frage gestellt. Es ist deshalb, wie wir bereits dargelegt haben, geboten, solche Kranke nicht in eine therapeutische Gruppe zu nehmen. Sie sollten ausschließlich individuell psychotherapeutisch betreut werden.

In diesen Behandlungskreisen können die Zugehörigen aber nicht nur lernen, sich besser zu behaupten, sie können im Behandlungskollektiv meist besser als in der therapeutischen Zweiersituation erkennen, daß es, wollen sie durch die anderen angenommen werden, oft zweckmäßiger ist, sich zeitweilig im Hintergrunde zu bescheiden, als sich stets in den Vordergrund zu drängen. Sie werden dann auch die Stützungs- und Hilfsbedürftigkeit Schwächerer klarer registrieren, und es wird in ihnen das Interesse an anderen Menschen erwachen bzw. angeregt werden.

Diese Entwicklung zeigt sich ja auch in sozialen Gruppen, beruht doch unsere ganze menschliche Gesellschaft darauf, daß die Stärkeren für die Schwächeren einstehen. In der therapeutischen Gruppe wenden sich Patienten, die sonst nur mit ihren eigenen Leiden und Lebensschwierigkeiten beschäftigt waren, etwa anderen Kranken zu, um ihnen beizustehen. Die therapeutische Gruppe weist dementsprechend die Mitwirkenden auf die für das Bestehen in der Gesellschaft adäquaten Proportionen von Selbstbehauptung und Selbsthingabe hin.

2.1.2.8. Die Hierarchie in der therapeutischen Gruppe

In den Behandlungsgruppen bildet sich beinahe reflektorisch eine Hierarchie heraus. Zwar sind wir der Ansicht, daß die Einteilung R. SCHINDLERS in Alpha- bis Omegaglieder für das Kennzeichnen des Geschehens in einer therapeutischen Gruppe zu starr ist. Die sozialen Positionen der Einzelnen wandeln sich in diesen Gruppen ständig, und wo sie es nicht tun, sollte der Therapeut dafür sorgen, daß die Betroffenen jeweils wieder aus ihren Stellungen heraustreten können. Doch kann in jeder therapeutischen Gruppe eine Struktur erkannt werden. Sie wandelt sich zwar stetig, ist aber jederzeit deutlich wahrzunehmen. Werden Patienten in eine Gruppe eingereiht, so setzt bei den einen fast zwangsläufig das Bedürfnis ein, sich Geltung und Gehör zu verschaffen, bei den anderen aber die Tendenz, sich hintanzuhalten. Die einen versuchen, sich in eine hierarchisch günstige Position zu bringen, während die anderen sich – oft allzu bereitwillig – mit den untergeordneten Positionen in der Gruppe begnügen. Wie bereits betont, sollten indessen in einer therapeutischen Gruppe die hierarchischen Verhältnisse nicht zu starr sein. Sowohl der Patient, der dazu neigt, die Spitzenpositionen einzunehmen, als auch der andere, der sich stets vor den anderen duckt, sollten dazu kommen, auch andere Positionen auszufüllen und zu ertragen. Die Dominierenden werden es im therapeutischen Gruppenverband lernen müssen, sich ein- und unterzuordnen. Die anderen werden mit der Zeit auch für das gesamte Kollektiv zumindest gewisse Funktionen, d.h. gewisse Verantwortungen zu übernehmen bzw. auf sich zu nehmen haben. Da sich in der Behandlungsgruppe ein ständiger Wechsel der Stellungen der Mitglieder abspielt, ist es sinnvoll, Methoden anzuwenden, mit denen wir diese Prozesse messen können. Wir können mit verschiedenen Techniken ans Ziel gelangen. Eine dieser Methoden stellt das sogenannte Soziogramm (HOEHN und SCHICK, FRIEDEMANN, MORENO) dar. Als Material werden meist spontane Äußerungen der Patienten selbst genommen. Die beim Aufnehmen eines Soziogramms übliche Datengewinnung geschieht durch mündliche oder schriftliche Befragung der Patienten. Wir lassen beispielsweise jedes Gruppenmitglied auf einen Zettel schreiben, wen innerhalb dieses Kreises es am liebsten hat und wen es ablehnt. Es werden diese Fragen am besten an konkrete Situationen angeschlossen: «Neben wem möchtest du sitzen, mit wem möchtest du auf keinen Fall zusammensitzen? Wen würdest du zur Geburtstagsfeier einladen, wen auf keinen Fall einladen?» Je nachdem wie viele Anziehungen bzw. Abstoßungen die verschiedenen Beteiligten auf sich vereinen, ist ihre Stellung in der Gruppenhierarchie zu bewerten. Eine andere quantitative Untersuchung ist mittels der Prozeßanalyse nach BALES und SLATER möglich. Sie erfaßt die zwischenmenschlichen Beziehungen in der Gruppe in 12 Verhaltenskategorien (siehe Teil I). Es kann so die Zahl der verschiedenen Arten von Interaktionen für jedes beteiligte Individuum und für die Gesamtheit in einer bestimmten Zeit errechnet werden. Diese Teste können periodisch wiederholt werden und geben so Aufschluß über den Wandel der hierarchischen Struktur im Rahmen der therapeutischen Gruppe. Sie haben also einen eindeutigen diagnostischen Wert. Beliebtheit und Stellung in der Rangordnung der einzelnen Individuen in der Behandlungsgruppe sind damit zu erkennen, und es können eventuell auch Maßnahmen getroffen werden, um einen therapeutischen adäquateren hierarchischen Aufbau zu erreichen, Dynamik in ein allzu starr strukturiertes Behandlungskollektiv zu bringen oder aber etwa auch eine für die Behandlung sinnvollere Zusammensetzung zu erzielen.

In der Behandlungsgruppe hat der Therapeut stets darauf zu achten, daß trotz Hierarchie kein übergeordneter «Führer» entsteht. Der «Führer» darf höchstens «primus inter pares» sein. Wächst ein Patient über diese Stellung hinaus, so ist der Bestand der Gruppe als solche gefährdet. Wird die Gruppe mit dem Monopolanspruch eines Mitgliedes nicht fertig, kann sie ihn nicht zurückbinden, so besteht die Gefahr der Entartung der differenziert strukturierten Gruppe zur «Masse im kleinen», bei der die Hierarchie nur noch eine zweistufige ist, bestehend aus dem «Führer» einerseits und den «Geführten» andererseits. Diese «Führerhypertrophie», bei der ein monopolistischer Patient (GUGGENBÜHL-CRAIG) übermächtig wird, schadet den übrigen Gruppenbeteiligten. Er behindert deren Entfaltung und stößt sie höchstens in die Richtung, die ihn gut dünkt. Der Therapeut sollte deshalb solche Patienten entweder von vornehrein nicht in die Gruppe aufnehmen oder sie sekundär von der Kollektivarbeit fernhalten. Doch darf der therapeutische Gruppenleiter nicht selbst in den Fehler verfallen, zu einem übermächtigen «Vater» der Gruppe zu werden. Bei allzu direktiver Haltung des Therapeuten werden die Patienten sich nicht entwickeln und keine neuen Wege beschreiten können. Auch dem Kollektiv droht dabei, nur blind auszuführen, was der «große Vater» anordnet. Wiederum besteht die Möglichkeit, daß die Gruppe zur «Masse im kleinen», die nur auf den mächtigen Therapeuten ausgerichtet ist, entartet.

Die adäquate Haltung des Therapeuten ist dann gegeben, wenn er nicht eine starr-eindeutige hierarchische Position in der Gruppe einnimmt (R. SCHINDLER). Wir werden in einem speziellen Kapitel noch sehen, daß der Therapeut eben immer die Position in der Gruppe einnehmen sollte, die den Patienten am besten hilft, sich zu entfalten und Einsichten zu erlangen. Einmal wird er zur Entlastung eines Patienten in die Omega-Position einspringen, ein andermal zur Zügelung eines geltungsstrebenden Zugehörigen resolut die Alpha-Position einnehmen müssen.

2.1.2.9. Übertragung und Widerstand in der Behandlungsgruppe

Wie wir noch in jeder therapeutischen Gruppe beobachten konnten, sind in einem solchen Kollektiv die verschiedensten Übertragungsbeziehungen gleichzeitig möglich. Es können, wie wir es in einem früheren Kapitel von den Gefühlsbeziehungen geschrieben haben, von einem Mitglied zu mehreren anderen und der Gesamtheit multiple Übertragungsbeziehungen ausgehen. Parallel dazu und gleichzeitig sind andere Patienten in andere Übertragungsbeziehungen verwickelt (MULLAN und ROSENBAUM, SLAVSON, STOKVIS u. a.).

Wir haben bereits dargelegt, daß die Behandlungsgruppe von vorneherein dazu angetan ist, bei den Beteiligten eine Regressionshaltung zu induzieren. Dabei nimmt das Kollektiv für die Zugehörigen oft den Platz der in der Kindheit erlebten, um die Eltern oder Ersatzpersonen zentrierten Familie ein. Es entwickelt sich eine sogenannte «Familien-Übertragung» (W. SCHINDLER) auf die Gruppe. Daneben kommt es aber auch zu Übertragungsgefühlen auf einzelne Beteiligte (z. B. Geschwisterübertragung) und auf den Therapeuten (z. B. Vater-, Mutterübertragung). Auffallend ist auch, daß nicht nur in der individuellen Lebensgeschichte begründete Erinnerungsbilder auftauchen. Es werden im Gruppenverband vielmehr oft auch archetypisch fixierte Vorstellungen aktiv. Die Einzelnen übertragen auf die gegenwärtige Gruppe ein im kollektiven Unbewußten (C. G. JUNG) lebendiges Urbild der Gruppengemeinschaft. Diese Urgruppenreminiszenz ist es denn auch, die es beispielsweise bedingt, daß die Beteiligten eine innige Zugehörigkeit nicht nur zu den Mitwirkenden im Kollektiv, sondern auch zum Raum, in dem die therapeutische Gruppe jeweils tagt, entwickeln. Wird beispielsweise ein einzelner Patient aus dem Pavillon, in dem die Kollektivbehandlung stattfindet, herausgenommen, so fühlt er sich auch dann noch aus dem Kollektiv ausgeschlossen, wenn er weiter an der therapeutischen Gruppenarbeit teilnehmen kann. Zur Gruppe gehört eben für die Beteiligten auch der sie bergende Raum. Er ist, wie die einzelnen Mitglieder, ein integrierender Bestandteil des Kollektivs. Wechseln wir mit einer Behandlungsgruppe einmal das Therapiezimmer, so erlebt sich das Kollektiv an sich als verändert. Es wird demnach in der therapeutischen Kollektivsituation jene «participation mystique» (LÉVY-BRUHL) wieder wach, der wir bei Angehörigen von Primitivkulturen begegnen. Die in gewissen Behandlungsgruppen, besonders in jenen mit Alkoholkranken, sich abzeichnende Tendenz, auf das Kollektiv die Große Mutter (NEUMANN) zu übertragen, dürfte ebenfalls einer – allerdings durch die Lebensumstände begünstigten – Übertragung eines archetypischen Motivs auf die Gruppe entspringen. Diese Patienten ordnen sich im therapeutischen Kreis gänzlich der Gruppe unter. Der Schulterschluß ist dann oft so eng, und der Therapeut wird durch die Patienten in einem solchen Maße als der Ihre erlebt, daß die Individualität der Einzelnen bedroht ist und alles dem Primat der Kollektivität unterstellt wird.

Welche Übertragungsgefühle in der Gruppe auch immer auftreten, sind sie die notwendige Voraussetzung, daß die Patienten zu innerst ergriffen werden, alte Konflikte wieder erleben und darüber hinwegkommen oder sich damit endgültig abfinden können.

Es tritt auch in der therapeutischen Gruppe die von FREUD für die Psychoanalyse beschriebene Übertragungsneurose ein, in der alte oder gar archaische Konflikte und Einstellungen wieder aufleben und der therapeutischen Bearbeitung zugänglich werden. Während zu Beginn der Arbeit in einer Behandlungsgruppe die Übertragungsgefühle der Einzelnen sich hauptsächlich auf den Therapeuten richten, werden sie, schon allein wegen der Interferenz der entsprechenden Gefühle der einzelnen Mitwirkenden, im Verlaufe der Gruppenarbeit mehr und mehr auf die anderen Patienten verlegt. HULSE nennt diesen Vorgang «Gruppenneurose». Deren Bearbeitung und Erhellung trägt ebenfalls dazu bei, unerfüllte bzw. anachronistische Anliegen der Beteiligten der therapeutischen Bearbeitung zugänglich zu machen.

Der Therapeut seinerseits erkennt in der Behandlungsgruppe, daß er zu Einzelnen im Kollektiv und zu der Gesamtheit etwa Gefühle entwickelt, die nicht der objektiven Situation adäquat sind. Er behandelt unbewußt eine Gruppe vielleicht so, als ob die Beteiligten seine Kinder wären. Dabei besteht die Gefahr, daß er die Einzelnen und die Gesamtheit allzu gewährend behandelt. Diese und andere Arten der Gegen-Übertragung, die in einer Behandlungsgruppe beim Therapeuten entstehen können, sollten ihm im Verlaufe der Kollektivarbeit, im Spiegel der Gruppe, bewußt werden. Es ist ihm damit eine Gelegenheit geboten, eine therapeutisch angepaßtere Haltung und Einstellung für die Zukunft zu gewinnen.

Im Unterschied zur Zweiersituation der Psychoanalyse können in der Behandlungsgruppe vielfältige und vielschichtige Widerstandshaltungen gegen therapeutisches Angehen gleichzeitig bestehen. Der Widerstand kann sich gegen das Bemühen des Therapeuten, die Deutung eines Gruppenmitglieds oder gar gegen das therapeutische Anliegen der Gesamtheit richten. Doch können wir STIERLIN nicht restlos beipflichten, wenn er generalisierend festhält, daß im Behandlungskollektiv «die Gruppe als Patient zum Maßstab unseres Denkens und Handelns geworden ist». Sowohl dem einzelnen Patienten als auch dem Gruppenleiter tritt ja schließlich meist nicht die Gruppe als geschlossene gegenüber. Es sind häufig die einzelnen Patienten und der Therapeut, bzw. deren therapeutische Intentionen, denen der Widerstand gilt.

In diesem Zusammenhang müssen wir überhaupt betonen, daß für uns kaum je die Gruppe zum Patienten werden kann. Zu behandeln sind immer nur die Einzelnen. Dabei dient die Gruppe lediglich als Milieu, in dem die Therapie der einzelnen Mitglieder wirksamer und vielseitiger gestaltet und in die sozialen Bezüge ausgedehnt werden kann.

2.1.2.10. Ziel der therapeutischen Gruppe

Während sich die sozialen Gruppen um ein Ziel, eine Aufgabe zentrieren, ist der Zweck eines therapeutischen Kollektivs nicht das Erreichen eines äußeren Erfolgs. Bestimmung der Behandlungsgruppe ist das psychische Wohl und Fortkommen der einzelnen Beteiligten selbst. Es ist also nicht die Erhaltung des Kollektivs der Zweck, sondern die Therapie der Einzelnen mittels des Instrumentes der Gruppe. Wir stimmen deshalb mit HULSE überein, wenn er sagt, daß jeder Patient seine eigene Heilung als das Gruppenziel betrachtet. Das Ziel der therapeutischen Gruppe ist deshalb nicht wie bei den meisten sozialen nach außen gerichtet, sondern nach innen, auf die Mitglieder selbst. Mittels des Kollektivs soll nicht etwa ein Plan in der Außenwelt realisiert werden. Es ist vielmehr das Ziel der Behandlungsgruppe, jedem der Beteiligten zu ermöglichen, durch die in ihrem Rahmen gewonnene Erfahrung und Bereicherung die Verwirklichung seiner selbst in den sozialen Gegebenheiten zu erleichtern. So haben wir denn auch noch in keiner therapeutischen Gruppe erlebt, daß einer der Patienten das Kollektiv an sich, wie etwa die Bürger eines Landes ihr Vaterland, verherrlicht hätte. Wohl aber sprachen viele davon, daß sie gerne in den Behandlungskreis kämen, weil sie selbst durch den Kontakt mit den übrigen angesprochen und weitergebracht würden. Andere führten etwa an, daß sie vorher isoliert, vereinsamt gewesen seien und nun eine ihnen wohltuende Gemeinschaft erfahren dürfen. Wieder andere erklärten, daß sie es in der Gruppe erlernt haben, aus sich heraus, zu den anderen hinzutreten. Sie haben damit vielleicht zum ersten Mal in ihrem Leben mitmenschliches Da- und Miteinandersein erfahren. Es sind also immer die eigenen Anliegen und deren mehr oder weniger erlebte Erfüllung im Kreise der Gruppe, die die Zugehörigen beseelen. SLAVSON erhebt aus diesem Umstand direkt eine Forderung: «Die Patienten sollen durchaus mit ihren Problemen und nicht mit einem Gruppenprojekt ausgefüllt bleiben.»

Wenn die Beteiligten dann erkennen, daß nicht nur sie, sondern andere auch durch innere Nöte bedrängt sind, werden sie sich nicht mehr aus allen sozialen Bezügen hinausgestellt fühlen. Sie werden merken, daß zum Menschsein nicht nur dessen Stärke und Mut, sondern auch dessen Versagen und Verzagtheit gehören.

Eine an einer therapeutischen Gruppe beteiligte Patientin wollte wohl Ähnliches ausdrücken, als sie sagte:

«Die Isolierung in den ersten fünf Jahren meiner Krankheit war furchtbar. Wäre ich da schon in einen solchen Kreis gekommen, wäre manches anders rausgekommen. ... Wenn man diesen Symptomen allein gegenübersteht, ist man hilflos. In der Gruppe erfährt man, daß solche Zustände auch bei anderen auftreten, daß es ein Krankheitszustand ist. ... Ich faßte es nicht als das auf und lernte niemanden kennen, der Ähnliches mitmachte. In der Gruppe machte jedesmal jemand eine Bemerkung in der oder jener Richtung; man erfährt dies und jenes und kann es auf sich anwenden.»

Es beruhigt die Patientin offenbar, trotz ihrer subjektiv sie bedrohenden psychotischen Symptome noch ein – allerdings kranker – Mensch wie die anderen zu sein.

Ziel der therapeutischen Gruppe ist demnach auch, die Zugehörigen im Rahmen dieses Mikrokosmos auf die größere Gesellschaft zuzuführen und sie zu versichern, daß sie auch oder gerade in ihrem Kranksein der menschlichen Gemeinschaft und deren Verantwortungsbereich zugehören.

2.1.3. Gruppenpsychotherapie: Begriff und Einteilung

Mit dem Begriff *Gruppenpsychotherapie* bezeichnen wir Behandlungsmethoden, die im Beisein eines, zweier oder mehrerer Psychotherapeuten, die autozentrierte Beschäftigung der an einer Gruppe Beteiligten mit den tiefenpsychologischen Motivationen sowie den dynamischen Auswirkungen der Gruppe auf die Einzelnen und die Gesamtheit anregen.

Während die angeführte weitgefaßte Definition für alle Arten der Gruppenpsychotherapie gilt, werden die Unterschiede verschiedener Auffassungen deutlich, wenn wir mehr ins Detail gehen. So wird beispielsweise in bezug auf die Zusammensetzung der therapeutischen Gruppe durch die diversen Autoren Unterschiedliches vertreten und dementsprechend unter Gruppenpsychotherapie Verschiedenes verstanden:

(1) Gewöhnlich wird darunter die Behandlung mehrerer Patienten durch einen bis zwei Therapeuten subsummiert. Das heißt, es bemüht

sich ein Arzt oder etwa ein Arzt mit einem Kollegen nicht mehr nur wie in der klassischen Medizin lediglich um einen Patienten, sondern gleichzeitig um mehrere. Die historischen, psychologischen und medizinischen Gründe, die dazu führten, werden gesondert erörtert werden. Vorläufig genügt, daß die gleichzeitige Erfassung mehrerer Kranker einmal eine Rationalisierung bedeuten kann, dann aber auch einen anderen Zugang zum kranken Individuum ermöglicht als in der Zweiersituation der traditionellen Psychotherapie. Es eröffnen sich dem Therapeuten in der Gruppensituation andere bzw. weitere Aspekte des Patienten als in der dualen therapeutischen Beziehung.

(2) Gelegentlich wird unter dem Begriff «Gruppenpsychotherapie» eine Methode verstanden, bei der ein Patient durch eine Gruppe von Therapeuten erfaßt wird. Dieses Kollektiv von Therapeuten stellt dann mit dem Patienten zusammen eine Gruppe dar, die es gestattet, den Kranken in einem therapeutisch orientierten sozialen Rahmen zu beobachten und zu behandeln.

(3) Mit dem Begriff «Gruppenpsychotherapie» kann auch jene Methode belegt werden, bei der sich eine Gruppe von therapeutisch mitwirkenden Kranken mit einem bis mehreren Therapeuten um einen Patienten bemüht. Die Mitpatienten sind dann da, um dem Patienten die Äußerung seiner Gefühlskonflikte zu erleichtern.

Mit den erwähnten unterschiedlichen Auffassungen des Begriffes «Gruppenpsychotherapie» ergibt sich bereits eine gewisse Gliederung in verschiedene Arten dieser kollektiven Psychotherapie. Doch kennen wir noch andere Einteilungsprinzipien der gruppenpsychotherapeutischen Methoden als dasjenige nach der Zahl der beteiligten Patienten bzw. Therapeuten. So können beispielsweise diagnostische oder Gesichtspunkte der sozialen Anpassungsfähigkeit benützt werden, je nachdem zum Beispiel Neurotiker (BATTEGAY, BERGER, DERBOLOWSKY, DE SCHILL, FOULKES, GENEVARD, GRINBERG et al., ILLING u.a.), psychosomatisch Kranke (COOPER, ENKE, FREYBERGER und KARK, STOKVIS u.a.), Süchtige verschiedener Art (BATTEGAY, GLIEDMAN et al., FORT u.a.), Jugendliche in Reifungskrisen (BATTEGAY, WIESENHÜTTER u.a.), sexuell Perverse und Impotente (BETLHEIM, ROMAN u.a.), Schizophrene (BATTEGAY und ROHRBACH, BOUR, BRACK, POWDERMAKER und FRANK, R. SCHINDLER, SLAVSON u.a.), Depressive (BATTEGAY, KIELHOLZ u.a.) oder gemischt-diagnostische Gruppen (BATTEGAY, GUGGENBÜHL, JOHNSON u.a.) erfaßt werden. Gewisse Autoren interessieren sich mehr für hospitalisierte Patienten (ALNAES, BATTEGAY, BOENHEIM, JOHNSON u.a.), andere mehr für ambulante oder aus der Klinik entlassene (KLAPMAN, DERBOLOWSKY u.a.). Des ferneren kann unterschieden werden, ob Patienten, Personalangehörige, Ärzte (BATTEGAY, BEUKENKAMP et al., FRIEDEMANN, KEMPER u. a.) oder, in anderen sozialen Bereichen, Mitarbeiter eines beruflichen Teams (LONERGAN, SPEROFF u. a.), Soldaten (HULSE), Studenten (TEIRICH), Schüler oder aber dissoziale, kriminelle Persönlichkeiten (ILLING, STÜRÜP, V. DALFSEN u. a.) gruppenpsychotherapeutisch angegangen werden. Zwar nicht direkt zur Einteilung der Gruppenpsychotherapie gehörend, sollte vielleicht doch noch darauf hingewiesen werden, daß außer den erwähnten Arbeiten über die Praxis dieser Behandlungsmethode, andere, mehr theoretisch, auf die Gruppendynamik ausgerichtete Publikationen erschienen sind, wie zum Beispiel jene von BION, HOEHN und SCHICK, KRAEUPL TAYLOR, MORENO, WHITAKER und LIEBERMAN u. a. Wieder andere Autoren berichten über die Verwendung eines therapeutisch wirksamen Gruppenmilieus für spezielle psychotherapeutische Methoden wie beispielsweise J. H. SCHULTZ, der das Autogene Training mit Vorteil in Gruppen üben läßt.

Die wesentlichste Einteilung der diversen Gruppenpsychotherapiearten ist diejenige, welche die verschiedenen gruppenpsychotherapeutischen Verfahren gliedert. Manche Autoren lassen nur psychoanalytisch orientierte Kollektivtherapien als Gruppen*psycho*therapie gelten, diejenigen Verfahren hingegen, in denen der Leiter, bzw. der Therapeut, die Patienten aktiver angreift, sie stimulierend oder richtunggebend beeinflußt, in denen er mit ihnen als Partner diskutiert, möchten sie lediglich als Gruppentherapie bezeichnet wissen. Wir halten diese Unterscheidung für fragwürdig, da doch wohl in jedem Fall nicht die Gruppe allein therapeutisch auf den bzw. die Kranken unmittelbar einwirkt, sondern der Therapeut bzw. die einzelnen Beteiligten oder die Kollektivität mittels ihrer Psyche auf diejenige einzelner oder aller Patienten. Andererseits könnte ohne weiteres bei allen Kollektivpsychotherapiearten das Wort -psycho- weggelassen werden, da eben alle Gruppenbehandlungen eine Psychotherapieart darstellen und somit diese erläuternde Einschiebung -psycho- unnötig wird.

In Anlehnung an SLAVSON teilen wir die verschiedenen gruppenpsychotherapeutischen Verfahren wie folgt ein:

2.1.3.1. Aktivitätsgruppenpsychotherapie

wird bei Kindern angewandt, vorausgesetzt, daß sie nicht zu stark psychisch gestört sind. Es wird für diese Kinder eine speziell tolerierende, permissive, gewährende Umgebung geschaffen, in der sie sich mittels der verschiedensten Aktivitäten, wie beispielsweise Spielen, handwerklicher Beschäftigung, Malen usw., frei äußern dürfen. Sie können in dieser Therapie alles tun, was sie auch immer mögen. Der Therapeut ist nicht anwesend, um die Kinder zu beschränken, sondern um sie in ihren Handlungen zu beobachten, charakteristische Verhaltensweisen des Einzelnen im Kollektiv festzuhalten, aber auch um zu zeigen, daß er alles annimmt, was die Kinder auch tun, leisten oder anstellen mögen. Das Kind erfährt damit eine Bestätigung seines persönlichen Wertes. Dazu kann es die in ihm gegen eine als feindselig oder verständnislos erlebte Umwelt aufgestauten aggressiven Gefühle abreagieren. Die Möglichkeit, der als Familie oder Kleingesellschaft erlebten therapeutischen Gruppe heimzuzahlen, was es in seinem Erleben von der näheren oder weiteren Umwelt an Unrecht erlitten hat, führt dazu, daß es danach eher bereit ist, mit den Erwachsenen, den Therapeuten, Lehrern, Erziehern und schließlich den Eltern zusammenzuarbeiten. Es wird mit der Zeit, das heißt nach mehr oder weniger langer Beteiligung an der therapeutischen Gruppe, auf seine frühere zerstörerische Haltung verzichten und sich auf eine konstruktivere Verhaltensweise und Tätigkeit verlegen können.

2.1.3.2. Analytische Gruppenpsychotherapie

wird bei Kindern, Jugendlichen, Erwachsenen angewandt. Sie ist vor allem bei Neurotikern indiziert. Analytische Gesichtspunkte werden aber, wie wir noch bei den speziellen Methoden sehen werden, auch bei der Kollektivbehandlung anderer Kranker in stärkerem oder schwächerem Ausmaß berücksichtigt. Bei den Kindern wird sie kombiniert mit der Aktivitätsgruppenpsychotherapie, wobei zusätzlich mit den Kindern die zutagegetretenen Konflikte besprochen und mit ihnen verarbeitet werden. Bei den Jugendlichen und Erwachsenen wird diese Therapieart aber lediglich unter Verwendung des sprachlichen Ausdrucks geführt. Es wird also, wie in der (individuellen) Psychoanalyse, frei assoziiert. Allerdings können die verschiedenen Beteiligten nie alles vorbringen was sie möchten. Es sind ja noch andere Beteiligte da, die wie sie ihre Anliegen, Sorgen und Nöte äußern möchten. Die analytische Regel, nach der alles gesagt werden soll, was immer auch den Betroffenen in den Sinn kommen möge, kann deshalb nicht mit der Konsequenz, wie wir sie von der individuellen analytischen Psychotherapie her kennen, gefordert bzw. durchgehalten werden. Im Rahmen einer therapeutischen Gruppe wäre es sogar ein Zeichen eines neurotischen oder anderweitig bedingten Geltungsstrebens, wenn ein Beteiligter alles sagen wollte, was ihm in den Sinn kommt. Die übrigen Anwesenden würden frustriert. Doch kommt es auch in der Gruppenpsychotherapie zu dem, was FREUD «Übertragung» nannte. Es kommen also jene Gefühle in der Gruppe zum Vorschein, die ursprünglich den Eltern oder den Geschwistern galten, und sie werden dann auf den Therapeuten, die Gruppenmitglieder oder die Gesamtheit übertragen. Auch ergeben sich in den Interaktionen im Kreise der Gruppe jene von FREUD erwähnten Widerstände gegen weiteres analytisches Vorgehen, gerade dann, wenn Entscheidendes aufgedeckt werden soll. Es zeigt sich nämlich auch in der Gruppe, daß der Neurotiker, aber auch der andersartig psychisch Kranke nicht nur mit allen Mitteln gesund werden möchte, sondern umgekehrt auch an jenen krankhaften Verhaltensweisen hängt. Sie ermöglichten ihm ein Leben als Kranker, reduzierten damit die Umweltsanforderungen, vermittelten ihm eine Aufmerksamkeit, die er ohne sein Kranksein nie erhalten hätte, und sicherten ihm einen sekundären Krankheitsgewinn. Obschon von den Mitwirkenden nicht alles mitgeteilt wird, bahnt sich, wie wir später sehen werden, hauptsächlich aus der Einsicht in die sich offenbarenden Übertragungs- und Widerstandseinstellungen, eine Lösung der mehr oder weniger unbewußten Probleme an.

Wie in der individuellen Psychotherapie werden vom Therapeuten verbale und averbale Äußerungen der Beteiligten interpretiert. Selbstverständlich finden auch die Träume der Mitwirkenden Beachtung, wobei es kaum je darum gehen kann, über alles, was geträumt wird, in den Gruppensitzungen zu rapportieren. Der Therapeut und mit der Zeit auch die Beteiligten werden vielmehr verstehen lernen, welche Träume mit dem Gruppengeschehen eng zusammenhängen und welche eher rein individuell determiniert sind. Die Träume werden nicht nur durch den Therapeuten gedeutet, sondern auch durch die Mitbeteiligten. Die Gruppenmitglieder können aus eigener Erfahrung oder Überlegung gelegentlich Deutungen geben, die sehr zutreffen. Dabei nehmen die Patienten Deutungen oft eher von einem Mitpatienten als vom Therapeuten an, weil sie sich mit dem Mitkranken solidarisch fühlen und sich mit ihm identifizieren können. Auch werden in der Regel nicht so viele Sitzungen abgehalten wie in der Individualtherapie, schon allein aus dem Grund, weil es schwierig wäre, oftmals pro Woche eine allen passende Stunde zu finden. Die meisten Autoren lassen die Gruppen ein- bis zweimal pro Woche für $1-1^1/_2$ Stunden zusammenkommen. Mit der Gruppenanalyse, wie wir die analytische Gruppenpsychotherapie auch nennen können, läßt sich natürlich nie ein derart intensives und gründliches Eingehen auf die unbewußte Konflikthaftigkeit der Mitwirkenden erreichen wie in der individuellen Psychotherapie. Doch zeigen sich in den Interaktionen im Rahmen der analytischen Gruppe die – zuvor oft unbewußten – Probleme etwa rascher als in der Zweiersituation der klassischen Psychotherapie.

Durch die «Verstärkerwirkung» der Gruppe auf die Affekte kommen etwa Gefühlskonflikte, die lange Zeit oder dauernd, eventuell sogar in einer individuellen Psychotherapie hintangehalten wurden oder aber gar nicht bewußt waren, bzw. wurden, zum Vorschein, und es ist den Betreffenden dann möglich, sich mit ihnen zu befassen und sich mit der darin enthaltenen Problematik auseinanderzusetzen. Doch ist es in der Gruppe eben nie mit jener Gründlichkeit, die wir von der individuellen Psychotherapie her kennen, möglich, auf die verschiedenen Fragen einzugehen, sie eingehend zu analysieren. Deshalb kann es in einer analytischen Gruppe gelegentlich vorkommen, daß sich der Einzelne durch die Gruppe beinahe geprellt fühlt, wenn er es erlebt, daß er sich zwar geäußert, indessen keine Antwort oder doch nur eine ungenügende erhalten hat. Es ist vielleicht kein Zufall, daß ein Arzt, der an einer analytischen Lehrgruppe teilnahm, seine Kollegen davor warnte, zuviel von der Gruppenerfahrung zu erwarten. Allerdings werden in der Gruppe nicht selten mehr Aspekte eines Konfliktes erörtert als in der psychotherapeutischen Zweiersituation, da neben den Assoziationen eines Betroffenen und des Therapeuten immer noch die Einfälle der anderen Beteiligten hinzukommen.

Lassen wir kurz noch andere Autoren über die analytische Gruppenpsychotherapie zur Sprache kommen. GRINBERG et al. sagen unter anderem: «Eines der die Gruppenpsychotherapie von der Einzelanalyse unterscheidenden Merkmale (ist) darin zu sehen..., daß der Patient nicht zum Sprechen verpflichtet ist. Ein Patient kann während mehrerer Gruppensitzungen und sogar lange Zeit hindurch nur schweigend dasitzen und doch Nutzen aus der Behandlung ziehen. Trotz seines Schweigens, das durch seine Gehemmtheit oder auch anders begründet sein kann, hat er teil an dem die Gruppe bewegenden Erleben, weil er auf jeden Fall in die ‚Gestalt‘ der Gruppe einbezogen ist und auch fühlt, daß seine Problematik in den Äußerungen der übrigen Gruppenteilnehmer anklingt. Weder der Schüchterne noch der Stille ist verpflichtet zu reden; ihr Schweigen kann zum Gegenstand der Analyse in der Gruppe werden. Der Therapeut stellt seinerseits keine Fragen, gibt keine Ratschläge und trifft keine Anordnungen, sondern beschränkt sich darauf, den unbewußten Sinngehalt in allem, was während der Sitzung geschieht, aufzuzeigen.»

FOULKES, den wir im folgenden frei und nur sinngemäß zitieren, erkennt in der Gruppenanalyse im großen und ganzen nachstehende therapeutische Faktoren:

(1) Der Patient wird aus seiner Isolation in eine soziale Situation geführt, in der er sich wohl fühlen kann. Er kann sich entsprechend seiner eigenen Neigung frei ausdrücken, sich verstanden fühlen, wie auch

Verständnis für die anderen aufbringen. Er ist ein Beteiligter, der sich den anderen gleichberechtigt fühlt.

(2) Die Erkenntnis des Patienten, daß andere Leute ähnliche krankhafte Ideen, Ängste und Impulse haben, ist ein therapeutisch wirksames Agens und dazu angetan, Angst und Schuld zu mildern. Es entlastet sie, wenn sie wahrnehmen, daß andere Menschen ebenfalls oder noch mehr leiden. Daß andere zu wenig Kraft oder Wille zeigen, ihre Schwierigkeiten anzupacken, gibt ihnen einen Anstoß, es besser zu tun. Es ist leichter, die Probleme der anderen Menschen zu sehen als die eigenen. Die Diskussion, Interpretation oder Analyse von Aussagen und Haltungen der Beteiligten ist bei einer größeren Zahl von Menschen zur gleichen Zeit wirksam. Die therapeutische Wirkung geht zu einem großen Teil über die Projektion. Abgesehen davon, daß der Narzißmus abgewendet wird, sind Kräfte der Identifikation, aber auch des Kontrastes an der Arbeit. Dieser Satz von Faktoren stellt nach FOULKES das Wesen der in der Gruppe sich vollziehenden «mirror-reaction» (Spiegelreaktion) dar.

(3) Viele Themen werden in der Gruppe berührt, und es ist leichter, über ein Problem zu sprechen, welches durch andere erstmalig vorgebracht wurde, als wenn es selbst angeschnitten werden müßte. Sogar unbewußtes Material kommt leichter zum Vorschein. Die Gruppe hat demnach einen lösenden und stimulierenden Effekt auf das Unbewußte.

(4) Erklärungen und Informationen sind indessen nicht typisch für die analytische Gruppe. Demgegenüber ist es das Element des Austausches. Dieser Umstand macht nicht nur die Diskussion lebendiger, sondern ändert auch die emotionale Situation der Beteiligten, wobei die verschiedenen Mitglieder gewisse Haltungen und Gefühlseinstellungen voneinander annehmen.

Wir haben in kurzen Zügen, auch anhand anderer Autoren, zu zeichnen versucht, was wir unter analytischer Gruppenpsychotherapie verstehen. Doch werden wir bei der Besprechung der therapeutisch wirksamen Faktoren wie auch bei der Erläuterung der von uns praktizierten Methoden noch verschiedentlich auf die analytische Gruppenpsychotherapie zu sprechen kommen.

2.1.3.3. Direktiv-suggestive Gruppenpsychotherapie

Unter dieser Behandlungsart verstehen wir alle Gruppenpsychotherapieformen, bei denen der Therapeut mehr oder weniger aktiv in das Gruppengeschehen eingreift, die Kranken beeinflußt, lenkt, führt. Es ist in diesem Zusammenhang an die Methode PRATTS zu erinnern, der 1905 in den Vereinigten Staaten von Amerika die Gruppenpsychotherapie einführte. Und zwar erfaßte Pratt Tuberkulosekranke gruppen-psychotherapeutisch. Nicht nur die psychosomatischen Aspekte dieser Krankheit waren ihm bereits klar, sondern auch der Einfluß, den intakte oder gestörte soziale Beziehungen auf den Ablauf eines Leidens haben können. Pratt wandte die sogenannte Klassenmethode an. Seine Gruppen waren recht groß, zählten bis zu 100 Mitgliedern. Pratt erklärte den Patienten die Natur ihrer Krankheit und deren Behandlung. Diese therapeutischen Klassen hatten zum Zweck, die Einstellung der Betroffenen, die die Genesung von der körperlichen Krankheit oft behinderte, zu korrigieren. Er organisierte zu diesem Zweck inspirierende Gespräche. Sie sollten die Tuberkulosekranken aus dem kommunikationslosen Selbstbedauern und der Introspektion herausreißen und sie zu den Mitmenschen hinführen. Die Patienten, die Fortschritte machten, konnten auf die vorderen Bankreihen vorrücken, eventuell sogar bis auf die Plattform, auf der die Ärzte saßen. – In diese Form der direktiv-suggestiven Gruppenpsychotherapie gehören auch alle Formen von therapeutisch orientierten, gelenkten Diskussionen. So ist es beispielsweise bei den in unserer Klinik hospitalisierten, milieugeschädigten und verwahrlosten Jugendlichen nicht möglich, sie nach streng analytischen Grundsätzen zu behandeln und sich als Therapeut weitgehend nur deutend und aufklärend zu verhalten. Bei diesen Jugendlichen muß gelegentlich recht massiv in die Diskussion eingegriffen werden. Es muß ihnen jeweils aufgezeigt werden, was die Maße sind, mit denen in der äußeren Realität gemessen wird. Auch zum Beispiel die Alkoholkranken und die Medikamentensüchtigen können nicht einfach passiv-analytisch angegangen werden. Diesen Kranken muß immer wieder beigebracht werden, daß die Flucht in die Lustvergessenheit der alkoholischen oder medikamentösen Betäubung oder Berauschung nicht die adäquate Lösung für sie ist. Es ist bei diesen Kranken immer auch ein Stück Erziehung und Führung notwendig. Ohne diesen pädagogischen und direktiven Ansatz wird es bei ihnen schwer sein, sie alkoholabstinent bzw. medikamentenfrei zu halten. Allerdings ist die Prognose, besonders bei den Medikamentensüchtigen, auch so noch ernst genug.

Direktive Methoden, bei aller Berücksichtigung analytischer Gesichtspunkte, wenden wir auch in der Kollektivpsychotherapie mit sogenannten therapeutischen Großgruppen (Battegay), zum Beispiel mit ganzen Spitalabteilungen von 20 bis 25 Patienten, an. Hier ist es nicht immer möglich, dem Gruppenprozeß seinen freien Lauf zu lassen und nur zu deuten. Das Gruppengeschehen käme sonst etwa auf Nebengeleise. Es muß den Gruppenmitgliedern dann und wann aufgezeigt werden, welches der vorgebrachten Themen der Therapeut für wesentlich und welches er für weniger bedeutungsvoll für die Auseinandersetzung hält. Allerdings kann es auch bei der analytischen Gruppenpsychotherapie notwendig werden, auf diese Weise einzugreifen, wenn die Beteiligten zu sehr nur sich in intellektualistischen Diskussionen ergehen und nicht auf ihre eigenen Probleme und Konflikte eingehen. So sehr auch den Therapeuten geistig gehaltvolle Diskussionen über «interessante» Themen fesseln mögen, sind sie für die Gruppenbehandlung unerwünscht. Solche hochgeistigen Gespräche dienen häufig als Mattscheibe, hinter der die mehr oder weniger bewußten Konflikte versteckt werden sollen. Der Therapeut muß in diesen Diskussionen immer darauf achten, daß das therapeutische Anliegen im Zentrum der Diskussion bzw. des Gruppengeschehens bleibt.

2.1.3.4. Psychodrama

Dieser Form von Gruppenpsychotherapie liegt der Gedanke zugrunde, daß neurotische Konflikte nicht nur in Worten wiedererzählt und durchlebt, sondern auch in der Aktion voll ausgelebt, agiert (acting-out) werden sollen. Moreno baute zu diesem Zweck spezielle, zentral gebaute Plattformen, auf denen er und seine Assistenten bzw. Hilfstherapeuten (als «auxiliary egos») die Patienten ermutigten, bestimmte gefühlsbetonte Perioden bzw. Konfliktsituationen ihres Lebens dramatisch zu wiederholen.

Moreno sagt unter anderem über das Psychodrama folgendes: «Das Psychodrama beginnt mit einem Gespräch zwischen Patient und Therapeut. Sobald der Patient anfängt, eine konkrete Situation zu schildern, in der er sich gegenüber seinen Mitmenschen befindet, führt ihn der Therapeut auf die Bühne. Hier wird die freie Assoziation zur freien Handlung. Ungeübt und unvorbereitet spielt der Patient nun sich selbst in der betreffenden Situation. Die Mitmenschen – Vater, Mutter, Gattin, Freund oder Feind – sind physisch nicht anwesend, werden aber durch Hilfs-Iche, das sind Personen aus der Zuschauergruppe, dargestellt; dadurch gewinnen sie eine Art Halbrealität, die zwar wirksam, aber weniger furchterregend ist. Auf dem Höhepunkt der konfliktgeladenen Handlung ordnet der den Verlauf des Psychodramas intensiv verfolgende Therapeut einen Rollenwechsel an: Der Verfolgte spielt den Verfolger, der Verzagte den Ermutigenden, der Sohn den Vater. Das Verhalten des anderen, des Opponenten, des Widersachers, wird zum eigenen Erlebnis. Das Resultat ist oft ein echter, nicht nur ein intellektuell erzwungener Einblick in den Mitmenschen...» Soweit Moreno.

Das Psychodrama stellt im wesentlichen eine kathartische Methode dar, das heißt eine Methode, in der es zur Gefühlsäußerung kommt. Es werden Emotionen, die vielleicht bisher unbewußt waren oder hintangehalten wurden, aktiviert und zum «Überlaufen» gebracht. Das Wiedererleben alter, aber nicht erloschener Konflikte ist nicht nur eine Wiederholung, sondern bewirkt eine Befreiung. Was früher nicht erlebt werden konnte, kann nun, im symbolischen Rahmen, seinen – endgültigen – Austrag finden. Der Patient kann sich mit der Situation, die er psychodramatisch dargestellt hat – eventuell endgültig –, abfinden; er baut dann die vorher gehegten, mehr oder weniger unbewußten, der äußeren Realität nicht entsprechenden Ansprüche ab und ist nun bereit, die Lage so zu nehmen, wie sie ist, oder aber entsprechende Konsequenzen zu ziehen. Das Psychodrama gibt den Beteiligten Gelegenheit, in einer «Versuchswelt» jene Gefühle in der Aktion zu zeigen, die sie in der äußeren Realität nicht anbringen können. Sie können endlich einmal das an den Mann bringen, was sie seit Jahren erwünscht hatten. Sie werden sich dadurch erleichtert und entspannt fühlen.

So wie das Drama endet, erlischt für den Patienten die Scheinwelt auf der Bühne. Während er seine Probleme darstellte, hatte er das Auditorium angeregt, sich mit ihm zu identifizieren. Er tritt jetzt in direkten Kontakt mit den Zuschauerpatienten, den Mitgliedern der Gruppe, und sie treten miteinander in Interaktionen. MORENO sagt hiezu folgendes: «Der gruppentherapeutische Teil der Sitzung beginnt. Einer nach dem anderen gibt jetzt seinen Gefühlen Ausdruck und bekräftigt dadurch das durch Preisgabe eigener Erlebnisse ähnlicher Art. Die Patienten erlangen eine neue Art von Katharsis, eine ,Gruppenkatharsis'...»

Die Identifikation der übrigen Beteiligten und die «Verstärkerwirkung» der Gruppe auf die Affekte der Einzelnen führen dazu, daß bei allen Affekte, welche sie bisher nicht als solche kannten oder aber unterdrückten, dominant werden. Das Psychodrama regt somit auch die nur indirekt Mitwirkenden an, sich ihrer Konflikte zu entledigen. Diese Methode des Psychodramas ist unseres Erachtens aber kaum ein Mittel, um Einsicht zu gewinnen. Wohl werden die Betroffenen von belastenden Gefühlskonflikten befreit und «gereinigt». Damit ist aber noch nicht notwendigerweise eine die Genesung bringende Einsicht verbunden. Nur wo das Erkennen die Gefühlsbefreiung festigt, ist Gewähr für einen dauerhaften Erfolg gegeben. Bei alleiniger Anwendung des Psychodramas vermag aber im allgemeinen dieses Ziel nicht erreicht zu werden. Nur wenn die zutage getretenen Konflikte analytisch bearbeitet werden (LEBOVICI), wird diese heilsame Aufklärung miterreicht werden können. Allerdings vermag das «tätige» Gruppenerleben eher als die nur verbale Auseinandersetzung zu einem Umlernen im sozialen Verhalten zu führen. Im Psychodrama nimmt der Patient beinahe reflektorisch, in den Handlungen und Verhaltensweisen der anderen, wahr, ob seine Aktionen Anklang finden oder nicht. Das «Lernen durch Tun» (RUGIN) kann demnach zum Erwerb adäquater sozialer Verhaltensweisen etwa wirksamer sein als eine analytische Kollektivtherapie.

2.1.3.5. Beschleunigende / Fokale Methoden der Gruppenpsychotherapie

In den letzten Jahren hat sich in der Gruppenpsychotherapie die Tendenz entwickelt, nach Methoden zu suchen, die fokal die Konflikte der Beteiligten angehen und zu einem beschleunigten Erleben führen sollen. Damit kommt dem Therapeuten eine erhöhte Aktivität zu. Er ist derjenige, der bestimmte emotionale, wesentliche Themen vorsetzt, der fokussiert, der durch Mitteilung seines eigenen Erlebens als Schrittmacher wirkt. Als Vorteile dieser Methoden sind in erster Linie die Beschleunigung der emotionalen Teilnahme der Gruppenbeteiligten sowie des gesamten Gruppenprozesses zu erwähnen. Als Nachteile sind vor allem die Gefahr einer Leiterzentrierung und damit einer Fixierung regressiver Tendenzen anzuführen. Mit einer Perseveration der Regression ist aber die Kürze der Therapie in Frage gestellt. Diesen Methoden wird ein spezielles Kapitel gewidmet.

2.1.4. Therapeutisch wirkende Faktoren der Gruppenpsychotherapie, Stadien der Gruppenpsychotherapie

Manche der therapeutisch wirksamen Faktoren ergaben sich indirekt bereits aus der Schilderung der Charakteristika der in der therapeutischen Gruppe sich abzeichnenden Dynamik. Die sich heilungsfördernd auswirkenden Prozesse gehen aus jenen gruppendynamischen Gesetzmäßigkeiten hervor. Wir haben elf dieser dynamischen Prinzipien angeführt und hätten noch zahlreiche andere, vielleicht etwas hintergründigere, da und dort aber nicht minder therapeutisch wirksame anführen können. Wir mußten uns indessen auf die offenkundigsten beschränken. Ebenso wird es jetzt unsere Aufgabe sein, uns auf einige wenige der therapeutisch wirksamen Faktoren zu verlegen, die die Gruppenpsychotherapie auszeichnen.

Wenn wir die therapeutischen Momente einer Gruppe kennzeichnen, wollen wir vorausschicken, daß bei der Gruppenbehandlung, wie grosso modo bei jeglicher Psychotherapie, schematisch fünf Entwicklungsstadien unterschieden werden können. Sie sind nicht notwendigerweise strikte voneinander getrennt; es werden sich immer wieder Zeiten ergeben, in denen Anzeichen einer früheren Stufe zu erkennen sind, der Patient also Verhaltensweisen manifestiert, die früheren Stadien entsprechen. Je weiter die Therapie fortschreitet, desto weniger werden sich indessen Symptome und Anzeichen früherer Phasen zeigen. Die Entwicklungsabschnitte, von denen hier die Rede ist, sind jene der explorierenden Kontaktnahme, der Regression, der Katharsis, der Einsicht und der Wandlung. C. G. Jung unterschied ebenfalls fünf Stufen. Doch entsprechen unsere Einteilungskriterien nicht ganz den seinen. Die von ihm genannten Stadien sind jene der Katharsis, der Aufklärung, der Erziehung, der Verwandlung und der Selbsterziehung. Doch scheint uns die erste Stufe, als notwendige Voraussetzung zur weiteren Entwicklung der Gruppenpsychotherapie, jene der gegenseitigen abtastenden Beziehungsaufnahme. Das zweite Stadium ist unserem Dafürhalten nach die sich bei der Gruppenpsychotherapie beinahe ohne Ausnahme manifestierende Regression. Sie ist die Voraussetzung für das Eintreten der nächsten Stufe, der Katharsis. Auch halten wir für die Kennzeichnung der vierten Stufe das von Slavson gewählte Wort Einsicht für besser als dasjenige der Aufklärung, um den aktiven Prozeß des Verstehens zu charakterisieren. Die nächsten Stadien C. G. Jungs sind nichts anderes als Mittel und Weg der im Verlaufe einer Psychotherapie sich vollziehenden Wandlung.

Diese Stadien der Entwicklung, die sich in der Gruppenpsychotherapie bei den Einzelnen und der Gesamtheit offenbaren, sind es, welche gleichzeitig auch therapeutisch wirksame Faktoren darstellen. Naturgemäß sind während aller Phasen gruppendynamische Prozesse mit ihnen verstrickt und wirksam. Sie stellen ihrerseits schon allein therapeutisch wirkende Faktoren dar. Doch haben wir davon bereits berichtet, und es soll im folgenden dem Verlauf der Gruppenbehandlung und den darin sich aufzeigenden therapeutisch aktiven Faktoren unsere Aufmerksamkeit geschenkt werden.

2.1.4.1. Explorierende Kontaktnahme

Besonders bei Schizophrenen, aber auch bei anderen Kranken ist oft ihre Beziehungslosigkeit eines ihrer Hauptprobleme. Zwar ist dieser Umstand lediglich ein Symptom einer zugrunde liegenden tieferen Störung, meist einer Ich-Schwäche. Gelingt es indessen, in einer behutsamen Psychotherapie diese kompensatorische Abwehr des Angeredetwerdens zu mildern, so kann der Kranke etwa erstmalig einen Mitmenschen erfahren, der nicht sein Ich noch mehr in Frage stellt, sondern es vielmehr in seinem Wert bestärkt. In der dualen therapeutischen Situation ist es aber nicht selten recht schwierig, dieses grundlegende Mißtrauen dem anderen Menschen gegenüber zu überwinden. Die therapeutische Gruppe, bzw. die Gruppenpsychotherapie, vermittelt demgegenüber einen Rahmen, in dem die Beteiligten, teils angeregt durch das Beispiel anderer, teils infolge des Erlebens einer sie erwärmenden und auflockernden Gemeinsamkeit, emotional ergriffen werden. Sie tasten dabei in der Regel anfänglich vorsichtig die Einstellung der anderen ab. Werden sie enttäuscht, so ist es für sie ein Beweis mehr, daß den Mitmenschen kein Vertrauen entgegengebracht werden kann. Nehmen sie aber Wohlwollen und echte Anteilnahme wahr, so kommen sie vielleicht erstmalig aus sich heraus.

Als wir mit einer Schizophrenengruppe zu arbeiten begannen, setzten sich die Beteiligten anfänglich den Wänden des kleinen Zimmers entlang hin. Naturgemäß mußten sich im gegebenen kleinen Raum ihre Blicke treffen. Sie beobachteten offensichtlich, was die anderen taten und unterliessen. Zwar hätte sich diese Situation ohne die Aufforderung der beiden Therapeuten, sich doch um einen in der Mitte des Zimmers stehenden Tisch zu gruppieren, wohl noch lange nicht geändert. Indem sie durch die gegenseitige explorierende Beobachtung der anderen aber schon voneinander wußten, war es ihnen leichter möglich, in der zweiten Sitzung den Ratschlag der beiden Ärzte zu befolgen und gegenseitig vorsichtig Kontakt aufzunehmen. Zwar saßen die Gruppenmitglieder zu Beginn der fünften Stunde wieder den Wänden entlang, ohne daß besondere belastende Bemerkungen oder Verhaltensweisen eines oder mehrerer Zugehöriger oder gar der Gesamtheit vorausgegangen wären. Sie waren in der Folge jedoch viel leichter wieder zur wechselseitigen Kontaktnahme zu bewegen. Gelegentlich kann sich dieses für sie oft überhaupt noch ganz neuartige Erleben des «In-Beziehung-Tretens» auch in einem Traume ausdrücken. Die bereits erwähnte, 51jährige, an Sklerodermie und paranoider Psychose erkrankte Patientin hatte größte Mühe, sich den Mitmenschen zu öffnen und sie zu erfahren. Sie zog sich stets auf sich selbst zurück. Nachdem sie aber während einiger Jahre an den Gruppensitzungen teilgenommen hatte, die wir mit denjenigen Patienten einer 16 bis 20 Hospitalisierte zählenden Privatstation, die mitwirken wollen, durchführen, taute sie nach und nach immer mehr auf. Sie beteiligte sich an den Gruppengesprächen und nahm in der Folge auch wieder Kontakt mit ihren Bekannten und Verwandten in der Außenwelt auf. In einer Gruppenstunde erzählte sie nun den folgenden Traum:

Ich stand auf einem Friedhof; er war mir nicht bekannt. Ich stand vor einem Familiengrab. Der Grabstein war hinten am Grab, nicht hoch, aus grau-beigem Sandstein. Der

Grabstein war 50 cm hoch, langgestreckt, so lange wie das Grab. Dieser Stein schloß das Grab nach hinten ab. In der Mitte des Steines war eine Lücke, und in dieser Lücke wuchs ein wunderbarer, roter Begonienstock. Auf dem Grabstein stand – ich dachte, ich müsse es mir einprägen: «Das Leben ist lang.» Darunter stand eine kleine Inschrift, die ich nicht recht entziffern konnte, ich wußte aber, daß es das Familiengrab unserer Familie sei. Es waren aber nicht die Namen angeführt, sondern nur: «Familiengrab der Familie Ch.». Das Grab war sonst bedeckt mit Moosnestern. Ich stand vor diesem Grab, und es umringten mich plötzlich viele Kinder, die höchstens bis zehn Jahre alt waren. Sie umringten mich und hielten mich fest an den Händen, und die Kleinen an den Beinen. Alle sagten, ich solle sie mitnehmen. Die Kinder machten einen Eindruck, wie wenn sie es alle nötig hätten, daß man sich ihrer annähme. Ich dachte, es ist unmöglich, daß ich mich aller annehmen kann, und sagte auch: «Ihr habt ja alle noch einen Vater, der sich euer annehmen kann.» Einem kleinen Mädchen sagte ich: «Du hast keine Mutter, dich will ich mitnehmen.»

Die Patientin, die vor der Beteiligung an der Gruppenpsychotherapie in einer erstarrten Gräberwelt lebte, begann im Behandlungskollektiv wieder – mitmenschliches – Leben zu erkennen. Sie fühlte sich in der Gruppe wie im Traum von Menschen umringt, die mit ihr Kontakt aufnehmen wollten. Daß diese Menschen im Traum als Kinder erschienen, dürfte zum Teil darin begründet liegen, daß die anderen Gruppenmitglieder tatsächlich mit ihren Erwartungen an sie herantraten. Zum anderen Teil aber sind es noch unentwickelte Möglichkeiten in ihr selbst, die es da zu finden gälte; die Gruppe von Kindern stünde in diesem Zusammenhang für das Bündel ihrer – zum größten Teil noch unentwickelten – Möglichkeiten. Doch sie sagt den Kindern: «Ihr habt ja alle noch einen Vater, der sich euer annehmen kann.» Meint sie damit den ärztlichen Gruppenleiter? Immerhin, sie scheint zu erkennen, daß sie im Rahmen der therapeutischen Gruppe wenigstens sich ihrer selbst annehmen kann und muß. Schließlich ist es ja sie selbst, die sich, nachdem in der Tat die beschützende Mutter schon längst gestorben ist, ihrer selbst erbarmen und sich aus ihrem Friedhof-Dasein herausentwickeln sollte. – Ohne die explorierende Kontaktnahme in der Behandlungsgruppe wäre aber dieser Traum mit seinem Gruppenerleben und ihr Versuch einer Beziehungsaufnahme mit den Mitmenschen und damit mit dem Leben an sich nicht möglich geworden.

Doch auch bei anderen Kranken erleichtert der Rahmen der Gruppe oft den Kontakt. So erkennen wir beispielsweise bei den dissozialen Jugendlichen unserer Klinik, daß es leichter ist, sie psychotherapeutisch zu betreuen, seit wir sie in einer Behandlungsgruppe zusammengefaßt haben. Bei der Einzelbesprechung bleiben sie nicht selten recht lange mißtrauisch gegenüber jedem therapeutischen Bemühen von Erwachsenen. Sie wollen in der Regel nicht wieder Bindungen an erwachsene Personen eingehen, wenn sie eben ihre Abhängigkeit gegenüber ihren Eltern oder Ersatzfiguren abzustreifen suchten. Wie ANNA FREUD feststellt, ist es daher ohnehin nicht leicht, eine Psychotherapie mit Jugendlichen durchzuführen. Doch sehen wir demgegenüber bei der Gruppenpsychotherapie immer wieder, daß die Jugendlichen etwa eher bereit sind, in Kontakt mit den Therapeuten zu treten als in der psychotherapeutischen Zweiersituation. Wenn sie erkennen, daß andere Beteiligte mehr oder weniger offensichtlich versuchen, mit dem ärztlichen Gruppenleiter oder mit der beteiligten Fürsorgerin ein Gespräch anzuknüpfen, ermutigt es sie, Gleiches zu tun. Sie vergeben sich nichts mehr, wenn sie ihre Mißtrauenshaltung gegenüber den – erwachsenen – Therapeuten aufgeben und offen über ihre Anliegen und Nöte sprechen. Der Kreis der therapeutischen Gruppe schafft demnach bei diesen Kranken ein Forum, auf dem die Kluft zwischen ihnen und den Therapeuten, aber auch das gelegentlich bestehende Unbehagen der Jugendlichen untereinander überwindbar wird.

Die Gemeinsamkeit der Gruppe fördert den Kontakt aber nicht nur bei Kranken, sondern auch bei Gesunden. Es ist wohl kein Zufall, daß es in der Gegenwart immer mehr zu Teambildungen im Berufsleben und in der Freizeit kommt. Da wo Hetze, Unruhe und ständig zunehmende Anforderungen am Arbeitsplatz und in freien Stunden mitmenschlichen Kontakt in Frage stellen, garantiert die Gruppe ein Mindestmaß an Kommunikation.

Für die Psychotherapie ist der Rahmen der Gruppe so wertvoll, weil er die Patienten oft für das Ansprechen auf eine seelische Behandlung erst erschließt. Zuvor sind die Patienten vielleicht abweisend. Die durch die Gruppe vermittelte Intensität des Erlebens vermag sie oft eher davon zu überzeugen, daß der andere Mensch nicht nur eine Quelle der Bedrohung, sondern vielmehr auch der erweiternden Erfahrung und psychischen Bereicherung darstellen kann. Erfolgt im Kreise der Gruppe die Kontaktnahme mit dem Therapeuten und den anderen Zugehörigen, so wird sich bei den Einzelnen und der Gesamtheit bald das nächste Stadium der Gruppenpsychotherapie abzeichnen, nämlich jenes, in dem regressive Tendenzen bei den Einzelnen wie der Gesamtheit dominant werden.

2.1.4.2. Regression

Haben die Einzelnen sich gegenseitig abgetastet und Kontakt miteinander aufgenommen, so erwarten sie in der Regel, daß der Therapeut ihnen ein Diskussionsthema vorschlägt, sie belehrt oder ihnen ihre Schwierigkeiten von vornherein löst, ohne daß sie etwas dazu zu tun hätten. Sie erwarten vom Gruppenleiter eine Haltung, wie sie sie in ihrer Kindheit bei ihrem Vater, ihrer Mutter gewohnt waren oder aber nicht erfahren durften. Beinahe in allen Behandlungsgruppen, die wir führten, kam es nach anfänglicher Kontaktnahme zu solchen regressiven Tendenzen in der Beziehung zum Gruppenleiter und in jener zwischen den Mitgliedern.

Auch in einer analytischen Selbsterfahrungsgruppe von zehn Studenten verschiedener Fakultäten zeigte sich diese Regressionsneigung. Die Beteiligten schwiegen während der ersten beiden Sitzungen die längste Zeit. Gegen das Ende der zweiten Zusammenkunft griff dann eine Psychologiestudentin den Gruppenleiter an. Sie betonte, daß der Arzt das Schweigen genau so betreibe wie ihr verstorbener Vater. Auch bei ihm habe sie immer schweigen müssen, wenn er daran war, sich mit irgendeinem geistigen Problem zu beschäftigen. Sie habe jeweils auch wirklich andächtig geschwiegen. Doch habe sie dann auch schweigen müssen, als in ihrer Heimat ein politisches System, das die Unmenschlichkeit predigte, an die Macht kam. Auch in ihrer Ehe müsse sie stets schweigen. Offenbar sei es auch im Sinne des Therapeuten, dieses Schweigen zu verlangen. Die Studentin, die so gesprochen hatte, brachte ihre Thesen in rascher Folge vor. Sie kam sichtlich in Affekt. Dabei war in der Sitzung kaum etwas vor sich gegangen, was ihre Erregung hätte begründen können. Die Ursache zu ihrer inneren Einstellung dem Therapeuten und der Gruppe gegenüber war aber offensichtlich ihr frühkindliches Erleben des Vaters und der Familie. Sie übertrug auf ihn und das Kollektiv jene Gefühle, die sie ihrem Vater und ihrer Familie gegenüber hegte. Aus diesen Übertragungsgefühlen heraus ist auch zu verstehen, daß sie in der Gruppensituation endlich einmal die Erfüllung ihres dringenden Wunsches nach engerem Kontakt mit dem Vater ersehnte. Obschon sie zunächst den Übertragungscharakter ihrer Gefühle nicht erkennen konnte, sah sie später doch ein, daß sie von dem Gruppenleiter anachronistisch die Erfüllung von Wünschen erhoffte, die ihr nur der Vater hätte verwirklichen können. – Als nach dem Wintersemester, während dem die Gruppensitzungen allwöchentlich während $1-1^1/_2$ Stunden stattgefunden hatten, keine Zusammenkünfte mehr geplant waren, kam diese Studentin dann übrigens noch individuell zum Therapeuten, um sich beraten zu lassen. Den – väterlichen – Rat, den sie in der Gruppe nicht empfangen durfte, wollte sie also auf diese Weise doch noch erhalten.

Das Behandlungskollektiv gibt also Anlaß zur Regression. Es wird somit im Erleben der meisten Gruppenmitglieder die frühkindliche Familiengruppe oder ein entsprechendes Ersatzkollektiv aktiviert.

Eine Schizophrene sprach den älteren der beiden Leiter einer Behandlungsgruppe direkt als Vater an. Die bereits vielfach erwähnten dissozialen Jugendlichen – es waren alles Mädchen – sprachen vom ärztlichen Gruppenleiter als «Teenager-Papi» und von der älteren Fürsorgerin, die an den Gruppensitzungen leitend mitwirkte als «Teenager-Mami». In einem Ferienlager mit diesen verwahrlosten und milieugeschädigten Mädchen, das die erwähnte Fürsorgerin leitete, kam es ebenfalls zu auffällig regressivem Verhalten. Sie baten beispielsweise, nachts die Türen gegen das Zimmer der Fürsorgerin hin offen lassen zu dürfen. Auch wünschten sie bis in alle Nacht, sich mit ihr unterhalten und aussprechen zu dürfen. Dabei waren sie affektiv so zugänglich, wie sie es bisher kaum je waren.

In der Regression haben die Beteiligten eine Chance, sich nochmals mit früheren Verkürztheiten und Versäumnissen auseinanderzusetzen, wie auch sie endgültig zu überwinden. Die Regression schafft meist auch erst die emotionale Bereitschaft, in ein engeres Verhältnis mit jenen zu treten, mit denen man vor kurzem erst Kontakt aufgenommen hat. Sie ist aber oft auch Anzeichen dafür, daß in der Gruppe bereits eine affektive Wärme eingezogen ist, die die Beteiligten erfaßt. Frühere Einstellungen und Verhaltensweisen werden in einer solchermaßen regressiven Atmosphäre oft viel eher und rascher mobilisiert als in der Zweiersituation der klassischen Psychotherapie.

Versagt der Therapeut den Patienten jene von ihnen erwartete väterliche Führung, so werden die Gruppenbeteiligten infolge der Verstärkerwirkung des Kollektivs auf die Affekte mit der Diskordanz zwischen ihren inneren Anliegen und den äußeren Tatsachen rascher und intensiver konfrontiert als bei einer entsprechenden therapeutischen Haltung in der klassischen Psychotherapie. Es werden sich in ihnen demnach, entsprechend ihren – in der Vergangenheit wurzelnden – Anliegen, Gefühle gegen den Therapeuten, die einzelnen Zugehörigen oder die Gesamtheit aufstauen. Haben sie dann eine gewisse Intensität erreicht, werden sie durchbrechen. Der nächste Schritt, derjenige der Katharsis, ist damit eingeleitet.

Aber nicht nur kann es in der Regression der Einzelnen und des Kollektivs zu Vater- oder etwa zu Mutterübertragungen auf die Therapeuten kommen. Es machen sich vielmehr oft auch analoge Übertragungseinstellungen gegenüber den Gruppenkameraden bemerkbar. Die einzelnen Gruppenmitglieder kommen so beispielsweise gegenseitig in eine in ihrer Kindheit wurzelnde Konkurrenzhaltung. Wir meinen damit nicht jene beinahe reflektorisch ablaufenden, archetypisch motivierten Kämpfe um die hierarchische Position, sondern jene Eifersuchtshaltungen, Benachteiligungs- und Zurücksetzungsgefühle, die bei ungünstiger Familienatmosphäre entstanden. Für sie besteht in dieser regressiven Phase nun die Möglichkeit, an die Oberfläche zu gelangen. Damit ist der Weg zu deren Entladung und später zu deren bewußtem Erkennen und Verarbeiten geebnet.

2.1.4.3. Katharsis

Die Begegnungen im Rahmen einer therapeutischen Gruppe und ihre Appellwirkung führen dazu, daß Patienten, die sonst ihre Gefühle zurückhalten, aus sich herausgehen. Affekte werden so aktiviert und mobilisiert, die sonst wohl nicht in Erscheinung getreten wären. In der Gruppenpsychotherapie steigen bei den Patienten dementsprechend vielleicht erstmalig vorher latent gebliebene feindselige Gefühle hoch. Sie erlangen schließlich eine solche Intensität, daß sie nicht mehr zurückgehalten werden können, «überlaufen» und abreagiert werden. Emotionale Spannungen, die zuvor, bewußt oder unbewußt, das Individuum in Schach hielten, werden mit der Äußerung gemildert, und die Betroffenen sind allein schon durch die Entlastung, die die Gefühlsentladung mit sich bringt, eher imstande, sich neuen Begegnungen zu öffnen und neuem Beginnen zuzuwenden.

Wie wir bei unseren gruppenpsychotherapeutischen Erfahrungen in der Klinik erkennen, kann es bei allen Arten von Kranken, die kollektiv behandelt werden, zum Ausbruch von Affekten kommen, die vorher nicht offen zutage getreten waren, jedoch etwa zu psychischen oder körperlichen Krankheitssymptomen geführt hatten. Insbesondere bei der Gruppenbehandlung von Alkoholikern und Toxikomanen, aber auch bei der Kollektivtherapie von Neurotikern, verwahrlosten Jugendlichen, Depressiven und Schizophrenen treten nicht selten solche Affektausbrüche auf.

Bei den Alkoholikern mit ihren infolge frühkindlicher Frustrierung oder Verwöhnung oft gesteigerten oralen Bedürfnissen, ihrer häufig festzustellenden Mutterfixierung und ihrem etwa zu erkennenden übermäßigen Wunsch nach väterlicher Sicherung (KIELHOLZ, J.H. SCHULTZ) ist es verständlich, daß sie die Welt, welche ihnen kaum je alle ihre Erwartungen und Ansprüche erfüllen kann, als versagend erleben. Es zeigte sich in unserer therapeutischen Alkoholikergruppe, daß diese Patienten dem Prozeß der Regression besonders unterworfen sind und in den mitmenschlichen Beziehungen der Gegenwart unbewußt die Erfüllung der erwähnten, nicht oder nicht entsprechend realisierten infantilen Anliegen erwarten. So ist es offensichtlich, daß die Alkoholkranken in die Gruppe ihre Schwierigkeiten und Probleme, die sich in der Auseinandersetzung mit der Umgebung ihrer Kindheit und späterer Lebensabschnitte ergeben hatten, hineintragen. Sie erwarten von der Gruppe, wie das Kleinkind von der Mutter, daß sie sie annimmt, wie immer sie sich verhalten mögen. Doch werden sie in ihrem Wunsch meist frustriert, und sie fangen in der Regel recht bald an, in der Gruppe massive Aggressionen gegen die von ihnen oft als feindselig oder hart erlebte frühere und jetzige Umwelt zu richten. Ihr zwar objektiv unberechtigtes, aber doch immer durch sie subjektiv erlebtes Gefühl, zu kurz zu kommen, ungerecht behandelt zu werden, führt dazu, daß diese Patienten oft Ressentiments gegen alle möglichen früheren und jetzigen Beziehungspersonen und -gruppen vorbringen. Die Patienten bringen im therapeutischen Kollektiv, in dem sie sich nun befinden, jene Aggression an, die sie bei frühkindlicher Frustration der Familie und bei Verwöhnung durch die Eltern ursprünglich der sie später beanspruchenden und überfordernden Erwachsenenwelt zugedacht hatten. Die Patienten wollen also mehr oder weniger unbewußt alle Unbill, die sie erfahren haben, in der Behandlungsgruppe abreagieren und hoffen dabei auf ein wohlwollendes Verständnis. Dabei zeigt es sich, daß die in der Gruppe zusammengefaßten Alkoholkranken im Grunde um dieses tiefe Bedürfnis der Beteiligten wissen. Sie, die oft kaum mehr ein Interesse, außer dem Trinken, hatten, hören den

Affektäußerungen der Kollegen meist interessiert und teilnehmend zu. Doch will diese Aussage nicht heißen, daß sie alles billigen. Vielmehr finden die Alkoholkranken in der Gruppenpsychotherapie wieder ein Echo, das sie aus quälendem Unbefriedigtsein oder aus ängstigender Einsamkeit befreit.

Doch ist nicht in jeder therapeutischen Gruppe dieser hohe Grad der Bereitschaft zur Partizipation an den Gefühlsäußerungen der Zugehörigen vorhanden. Wenn einerseits, wie KRÄUPL TAYLOR formuliert, der Wert der therapeutischen Gruppe eine Funktion der in ihr hervorgebrachten emotionalen Spannung ist, so sind andererseits nicht alle Gruppen, bzw. Gruppenbeteiligten, gleichermaßen imstande, Gefühlsbelastungen mitzutragen.

Die «Verstärkerwirkung» (BATTEGAY) der Gruppe auf die Gefühle, welche im Kollektivverband zu Entladungen von Ressentiments der Einzelnen und der Gesamtheit gegenüber ihrer Umgebung oder aber, in der Übertragung, gegenüber Gruppenbeteiligten – Therapeut inbegriffen – führen können, sind etwa von einer derartigen Intensität, daß nicht alle Kranken sie ohne weiteres ertragen. In unserer therapeutischen Schizophrenengruppe ist zu erkennen, daß bei Gefühlsausbrüchen von einzelnen oder mehreren Mitgliedern sich die anderen etwa zu sehr dem emotionalen Geschehen ausgesetzt fühlen und sich dabei in ihrer Ich-Schwäche gänzlich an den oder die affektiv Dominierenden zu verlieren drohen. Sind ich-schwache Schizophrene, die sich in der Gruppe gelegentlich ohnehin vom Individualitätsverlust bedroht fühlen, bei solchen heftigen Emotionen zugegen, kann es geschehen, daß sie sich gänzlich an das andere Gruppenmitglied, bzw. an die Gruppe, anpassen und dabei ihre Identität zu verlieren fürchten, oder aber sich vermehrt in ihre psychotische Welt zurückziehen (SLAVSON).

Als Beispiel diene uns eine 19jährige, seit drei Jahren wie ihr Vater an einer paranoiden Schizophrenie leidende, sehr intelligente Patientin. Da ihr Vater seit ihrem dritten Lebensjahr krank war, wurde sie, neben ihren sieben älteren Geschwistern, beinahe ausschließlich von ihrer dominierenden Mutter aufgezogen. Ihre Krankheitssymptome bestanden hauptsächlich in Stimmen, die sie immer wieder aufforderten, ihre Mutter oder sich selbst umzubringen. – In einer Gruppenstunde, in der der ältere der beiden Therapeuten nicht zugegen war, zog nun diese Patientin anläßlich einer kathartischen Entladung einer anderen Kranken (30jährige, seit 17 Jahren kranke Schizophrene) stellvertretend alle Verdächtigungen und Aggressionen, die jene dem Arzt gegenüber hegte, auf sich. Als die Mitkranke verbal immer wieder auf sie einhieb und behauptete, sie sei ein Spitzel des Dr. B., wehrte sie sich nicht. Sie brach in Weinen aus und erklärte nach mehreren Minuten, obschon die übrigen für sie einstanden, daß sie fortgehen müsse.

Offenbar spürte diese Patientin, daß sie im Kollektivverband zu sehr der anderen Kranken, vielleicht auch in zu starkem Maße den übrigen Zugehörigen ausgesetzt war, so daß für sie der einzige Ausweg - wenigstens für diese Stunde - darin bestand, die Gruppe zu verlassen.

Wenn einerseits also die Katharsis für ein Gruppenmitglied oder die Gesamtheit zu einer Entlastung führen kann, so besteht andererseits die Gefahr, daß Einzelne dadurch erdrückt werden. Auch haben wir beobachtet, daß bei sehr starken Gefühlsausbrüchen von einzelnen die ganze Gruppe vom Affekt «angesteckt» werden kann. Es droht ihr dann zu entarten und, wie wir bereits in einem früheren Kapitel geschildert haben, zu einem lediglich triebhaft und emotionell verbundenen Kollektiv zu werden. In diesem Vorgang ist enthalten, daß aus der wohlstrukturierten, differenzierten Gruppe eine «Masse im kleinen» wird, bei der nur noch eine zweistufige, aus dem affektiv dominierenden, führenden Patienten einerseits und den «gleichgeschalteten» übrigen Zugehörigen andererseits bestehende Hierarchie erkannt werden kann.

Obwohl die Gefahr der Entartung zur Masse durch die im Kollektiv erleichterte Katharsis an und für sich erhöht ist, kommt es indessen nur selten zu einer «Massenbildung». Eine die Entartung der Gruppe zur Masse begünstigende Situation ergibt sich beinahe nur dann, wenn sich ein Patient im Kollektiv befindet, der die Katharsis bei einem Einzelnen, mehr oder weniger bewußt, ausnützt, um bei den anderen ähnliche Emotionen zu mobilisieren und sie in seinem Sinne zu lenken.

Durch die Ausbreitung der Affekte in einer Gruppe können auch gefährliche Entwicklungen eintreten. So haben beispielsweise Äußerungen über Suizidimpulse im Rahmen einer Gruppe oft eine induzierende Wirkung. Es ist jedoch nicht ratsam, die Diskussion darüber zu beenden, wenn dieses Thema einmal angeschnitten wurde. Ist das Suizidproblem bereits in die Diskussion geworfen worden, so ist es in der Regel ratsam, die damit verbundenen Emotionen kathartisch äußern zu lassen. Nur so haben die Patienten Gelegenheit, sich mit ihren Suizidimpulsen auseinanderzusetzen und schließlich darüber hinwegzukommen.

Es kann in einer therapeutischen Gruppe auch dazu kommen, daß kathartisch abreagierte Gefühle bei anderen Beteiligten Affekte zur Entladung bringen, die nichts mit den auslösenden Gefühlen zu tun haben. In der Gruppe können Emotionen durch Emotionen geweckt werden, die keine Ähnlichkeit miteinander haben. Damit kommt ein weiterer Unsicherheitsfaktor in die Behandlungsgruppe.

> Beklagt sich beispielsweise eine Patientin über einen Fehler, den sie in der Therapie festgestellt haben will, kann es zu einer Irradiation auf andere Gruppenzugehörige kommen. Sie bringen dann auch etwa andere und oft noch stärkere Aggressionen vor.

Die Ausbreitung des Prozesses der Katharsis unter den Gruppenmitgliedern erlangt gelegentlich eine derartige Intensität und umfaßt dann so viele der verschiedenartigsten, bisher hintangehaltenen Gefühle, daß der Gruppe wiederum droht, sich gänzlich an die Affekte zu verlieren und zur «Masse im kleinen» zu entarten.

Das Überhandnehmen kathartischer Prozesse in der Gruppe stellt eine Gefahr für alle Beteiligten dar. Es ist dazu angetan, Schuldgefühle zu wecken. Am Therapeuten ist es, auf das Ausmaß der in einem Behandlungskollektiv zum Austrag kommenden Emotionen zu achten, und, wenn nötig, sie entsprechend zu steuern oder einzudämmen. Doch kann, wie KLAPMAN zeigt, die Abreaktion eines Gruppenmitgliedes vikariierend, entweder ganz oder teilweise, eine Katharsis für ein anderes oder die Gesamtheit darstellen. Der kathartische Prozeß führt in diesen Fällen, auch wenn er das gesamte Kollektiv betrifft, nicht zu einer Inflation der Affekte, sondern vielmehr zu deren Äußerung in einem limitierten und damit durchaus erträglichen Ausmaß.

Die in der Gruppe erleichterte affektive Äußerung bedeutet also meist eine Entlastung der Patienten von einem Ballast, der sie zuvor, obwohl oft unbewußt, stets von neuem in das Leiden zurückdrängte. Schon allein die Tatsache, daß die Patienten im Kreise einer Therapiegruppe Gelegenheit haben, hintangehaltene negative Gefühle loszuwerden, hat einen therapeutischen Effekt. Indem die Betroffenen ihre Gefühlsspannungen aus sich heraus stellen, gewinnen sie davon eine gewisse Distanz. Allerdings ist damit der zugrunde liegende Konflikt keineswegs erledigt. Doch ist für den Patienten eine Lage geschaffen, in der er eher wieder imstande ist, sich mit den Bedingtheiten und Zusammenhängen seines Krankseins zu befassen.

Die Katharsis des Einzelnen in der Gruppe führt dazu, daß die anderen an seinen Emotionen partizipieren. Wenn die Patienten vor der Beteiligung an der Behandlungsgruppe isoliert waren und gegen ihre Umwelt entsprechende negative Gefühle hegten, so bedingt die Beteiligung der übrigen Zugehörigen an der kathartischen Entladung, daß die Kranken vielleicht erstmalig wieder ein mitmenschliches Da- und Miteinandersein erfahren, das sie stützt und zu neuem Beginnen ermuntert.

In den therapeutischen Gruppen erkennen wir, daß es oft die in der Katharsis offenbar werdenden Gefühle sind, welche das Zusammengehörigkeitsgefühl der Gruppe bewirken. Ein therapeutisches Kollektiv wäre überhaupt kaum existenzfähig, ohne daß in ihm immer wieder Emotionen kathartisch vorgebracht würden. Sind es nicht diese Gefühle, welche dem Behandlungskreise immer wieder Probleme aufgeben und ihm stets von neuem Aktualität verleihen? Die Katharsis wird in dieser Sicht zu einem die Gruppe erhaltenden Prinzip. Allerdings muß ihr, wie SLAVSON betont, bereits ein Sicherheitsgefühl der Beteiligten und eine bejahende Einstellung zur Gruppe vorausgehen.

Ist in einer Gruppe infolge mangelnder Äußerungsfähigkeit der Beteiligten, ungeeigneter Zusammensetzung der Gruppe oder sonstwie behindernder Situation (z. B. ungünstiges Therapiezimmer) die Bereitschaft zur Katharsis klein, so droht ihr, auch bei positiver Grundeinstellung der Beteiligten, zur Bedeutungslosigkeit abzusinken oder zu zerfallen. Oder aber die Mitwirkenden neigen dazu, ohne innere Beteiligung sie interessierende Themen zu diskutieren. Ein nicht genügend geschulter Therapeut wird sich dann freuen, daß immer «etwas läuft». In Wirklichkeit aber werden die Patienten, weil sie ihre Gefühle nicht hergeben und an denjenigen anderer nicht partizipieren können, nicht ergriffen.

Für die Gesamtheit bedeutet die Gefühlsäußerung eines Einzelnen eine Gelegenheit, sich am Schicksal des Betroffenen zu beteiligen, an ihm Anteil zu nehmen, aus sich heraus zu dem anderen hinzutreten und damit nicht nur eine Gemeinschaft zu vermitteln, sondern auch eine Gemeinsamkeit zu erfahren.

Für den Einzelnen bedeutet die Katharsis die Möglichkeit, sich einmal wieder so geben zu dürfen, wie er denkt und fühlt. Das Verhalten, welches der Patient nun zeigen darf, kommt dem seiner Kindheit nahe. Die Möglichkeit zur Regression auf kindliches Gebaren und Erleben ist die Hauptbedingung für das Zustandekommen der Katharsis. Nur wo die Beteiligten wenigstens etwas von ihren Gefühlen für ihre kindliche Familie auf die Gruppe übertragen (W. SCHINDLER), sind Gefühlsäußerungen überhaupt möglich. Wenn die Mitwirkenden zu sehr in ihrer erwachsenen Daseinsform und ihrer – in individuell unterschiedlichem Ausmaß – erhöhten Neigung zur Gefühlsverhaltung verharren, ist eine Gruppenkohäsion erschwert. Besonders bei der gruppenpsychotherapeutischen Erfassung von Schizophrenen, aber auch bei der Kollektivtherapie anderer Kranker zeigt sich, daß die in der therapeutischen Gruppe sich ereignende Regression und die damit verbundene Möglichkeit zur Katharsis es ist, welche die Beteiligten aus einem kontaktlosen Mengen-Dasein in ein kommunikatives Gruppen-Dasein hinüberführt. Die im Rahmen der Gruppe geäußerten Gefühle der Einzelnen werden zur Aufgabe aller. Die sich in der Gruppe ereignende Katharsis wird so zu einem Bindungsmittel, das die Beteiligten zusammenhält. Erweisen sich die Gruppe und deren Zugehörige bereit, an den kathartisch geäußerten Gefühlsnöten der Einzelnen teilzunehmen, beginnen auch ursprünglich skeptische Mitglieder oft überzeugt zu werden, daß ihnen als Menschen Interesse und Verständnis entgegengebracht wird.

Bei der Gruppenpsychotherapie mit den Patienten einer Privatstation äußerte eine 45-jährige Neurotikerin zu Beginn der Sitzungen immer wieder ihre feindseligen Gefühle gegen die Ärzte, die ihr – in der (individuellen) Psychoanalyse und auf der Krankenstation – so viel Schwierigkeiten zu tragen zumuteten. Die anderen Beteiligten hörten sie jeweils an, äußerten ihre Teilnahme, versuchten aber meist, ihre Auffassungen zu korrigieren. Besonders eine etwa zehn Jahre ältere Patientin, die früher in der Klinik hospitalisiert war und sich seither ambulant an der Gruppenarbeit beteiligte, riet ihr wiederholt, einerseits ihre Pflichten und Aufgaben ohne Erwartungsangst an sich herankommen zu lassen, andererseits aber auch, nicht alle Schwierigkeiten auf die Ärzte und das Spital zu projizieren. Eine Patientin nach der anderen griffen in der Regel in die Diskussion ein, und es kam meist zu regen Auseinandersetzungen. – Die mit Affekt kathartisch vorgebrachten Ressentiments der einen Patientin und auch die Tatsache, daß sie von einer teilnehmenden Gruppe angehört wurde, hatten meist eine beruhigende Wirkung auf sie. Ihre Katharsis hatte zu einer Gemeinsamkeit des Erlebens beigetragen. Sie fühlte sich nicht mehr so isoliert wie zuvor, hatte jeweils für kürzere oder längere Zeit nicht mehr das Gefühl, alles Schwere allein tragen zu müssen und war deshalb auch eher bereit, mit dem Stationsarzt und in der mit ihr durchgeführten individuellen Psychotherapie mit dem Analytiker zusammenzuarbeiten.

Die gegenseitige Aktivierung der Affekte im Rahmen einer Gruppe und die dadurch erleichterte Katharsis tragen wesentlich dazu bei, daß sich die Patienten den Einzelnen, der Gesamtheit und dem Therapeuten erschließen. Doch ist den Patienten mit dem «kathartischen Bekenntnis» (C. G. JUNG) in der Regel nicht genügend geholfen. Die Teilnahme der übrigen Zugehörigen und des Arztes schafft die Erwartung, daß dieser Kreis ihnen helfen wird, ihre Schwierigkeiten endgültig zu überwinden. Mit der Katharsis ist ein erster Schritt getan, es wird eine gewisse Befreiung und Distanzierung von den Gefühlsbelastungen erreicht und dabei eine erleichternde mitmenschliche Partizipation erfahren. Wir können deshalb MORENO beipflichten, wenn er als Wirkungen des Psychodramas, in dem die Katharsis eine hervorragende Rolle spielt, unter anderem die Befreiung und die Erfahrung mitmenschlicher Liebe nennt. Doch sind damit die Hintergründe der zum Vorschein gekommenen Emotionen noch nicht bekannt. Wollen sich die Betroffenen endgültig von der Herrschaft dieser bisher zurückgehaltenen oder verdrängten Gefühle befreien, müssen sie – bewußte – Einsicht in die zugrunde liegenden, noch unbewußten Konflikte und Motive zu gewinnen suchen.

2.1.4.4. Einsicht

Die Einzelnen haben im Kreise einer therapeutischen Gruppe Gelegenheit, sich in den Reaktionen der übrigen Zugehörigen und der Gesamtheit zu erkennen. Die Antwort der verschiedenen Mitwirkenden und der Gruppengesamtheit auf kathartisch entladene Gefühle eines einzelnen wirft ein Licht auf die den Affekten hintergründig innewohnenden Affekte. Dabei muß allerdings mitberücksichtigt werden, daß das Verhalten des Einzelnen an und für sich bereits partiell Ausdruck der Einstellungen und Handlungen der anderen Mitwirkenden ist.

Eine 24jährige, während langer Jahre als Einzelkind aufgewachsene neurotisch Depressive fühlte sich an ihrer Arbeitsstelle im Labor stets durch die Mitarbeiterinnen und Mitarbeiter schikaniert und beeinträchtigt. Die gleiche Tendenz zeigte sich bei ihr anfänglich in der Depressiven-Gruppe. Sie verhielt sich in diesem Kreise zu Beginn sehr schweigsam und, von älteren Beteiligten zur Rede gestellt, ergab sich, daß sie sich im Grunde auch in der Gruppe unverstanden fühlte. Nachdem ihr die am Kollektiv beteiligten Patienten und der Therapeut den Übertragungscharakter ihrer Becinträchtigungsgefühle in der Gruppe klargemacht hatten, taute sie auf. Sie hatte ihre Fehleinstellung im Rahmen des Behandlungskollektivs als solche erkannt und sprach nun offen über ihre Probleme. Auch entwickelte sie den Plan, ihren langjährigen Wunsch, in die Krankenpflege zu gehen, doch noch zu verwirklichen. Sie dachte daran, eine 1 ½jährige Lehre für die Pflege chronisch Kranker zu absolvieren. Während sie früher vor einem Wechsel des Berufs und des Berufsmilieus, wegen ihrer Tendenzen, sich in jeder neuen Umgebung noch stärker beeinträchtigt zu fühlen, Angst gehabt hätte, war sie nun bereit, an eine Zukunft in einem neuen Kreis zu denken. Sie hatte offensichtlich erkannt, daß sie selbst, die sozusagen geschwisterlos Aufgewachsene, wohl hauptsächlich die Ursache für ihre Beeinträchtigungsgefühle ist.

Die bereits erwähnte 30jährige Schizophrene beschäftigte sich in der Gruppe immer wieder affektvoll mit der Frage, ob der eine der beiden Therapeuten der Heiland oder der Teufel sei. Als sie bemerkte, daß die anderen die Objektivität ihrer Aussagen ernsthaft in Zweifel zogen – oder sie gar auslachten –, hielt sie gelegentlich in ihren Aussagen für kürzere oder längere Zeit inne. Zwar gewann die Patientin damit keinen Einblick in die unbewußten Zusammenhänge und Motivationen ihres Wahns. Doch war es ihr möglich, wenigstens temporär, eine gewisse Einsicht in das Abwegige, Krankhafte ihrer Behauptungen zu gewinnen.

Eine jugendliche Verwahrloste, die bei ihren Großeltern väterlicherseits aufwuchs, sich von ihnen abgelehnt fühlte und seit ihrem 13. Lebensjahr ihnen gegenüber in eine Opposition hineingeraten war, manifestierte in der Behandlungsgruppe, in die sie 18jährig eintrat, die gleiche ablehnende Einstellung auf die beiden Leiter, einen Arzt und eine speziell für diese Jugendlichen eingesetzte Fürsorgerin. Sie trug Blue Jeans, hatte eine sehr auffallende Frisur und markierte ihre Opposition recht affektvoll. Offensichtlich übertrug sie ihre Gefühle für ihre Grosseltern auf die beiden Therapeuten. Nach monatelanger Teilnahme an der Gruppe wurde ihr schließlich klar, daß die beiden Betreuer nicht mit den Großeltern gleichzusetzen sind und ihre frühere Haltung ihnen gegenüber einer Übertragungseinstellung entsprach. Nach einem Jahr Klinikaufenthalt und ebenso langer Teilnahme an der Kollektivtherapie war die Patientin so weit, eine Stelle als Packerin annehmen zu können. Inzwischen ist sie glücklich verheiratet und Mutter eines Kindes.

Bei den erwähnten drei Patientinnen erfolgte die Einsichtnahme in das Abwegige ihrer affektiven Einstellung, bzw. ihrer Übertragungshaltung, kaum durch eine intellektuelle Erwägung. Vielmehr vermochten ihnen die Gruppensituation, das Verhalten und die Aussagen der verschiedenen Beteiligten wie auch der Therapeuten das Krankhafte oder Unzeitgemäße an ihrem Gebaren aufzuzeigen, so daß sie – temporär oder dauernd – die äußere Realität so annehmen konnten, wie sie ist.

Eine Krankheitseinsicht oder das Erkennen falscher Verknüpfungen der Kindheits- mit der Gegenwartssituation können demnach im Kreise einer Behandlungsgruppe auch ohne differenzierte Überlegungen . zustande kommen. Die von FOULKES geschilderte «mirrorreaction» (Spiegelreaktion) oder, wie wir sagen möchten, die Spiegelwirkung der Gruppe, gestattet es den Beteiligten, mittels der Reaktionen und Verhaltensweisen der anderen, indem sie sie mehr oder weniger bewußt mit ihren eigenen vergleichen, der eigenen Einstellungen und Haltungen gewahr zu werden.

Das Innewerden ihrer abwegigen Einstellungen und Verhaltensweisen wird ihnen dabei möglich entweder, weil sie in der Auseinandersetzung mit der Gruppe erkennen, daß ihre ablehnenden Aussagen und Haltungen nicht der wohlwollenden Grundtendenz der Gruppe entsprechen oder weil sie umgekehrt wahrnehmen, daß ihre negative Einstellung das Kollektiv stört und Einzelne oder die Gesamtheit ihr oppositionelles Gebaren nicht anzunehmen bereit sind. Im einen Falle erkennen sie, daß sie mit ihren Beschuldigungen danebenschießen, im anderen wird es ihnen offenbar, daß sie auf die gegenwärtige Gruppensituation frühere Kollektiverlebnisse projizieren. Wie es auch sein mag, droht ihnen, von der Gruppe übergangen zu werden. Da nun aber alle Patienten, auch scheinbar teilnahmslose oder gar aggressive Schizophrene, mehr oder weniger offensichtlich das Bedürfnis haben, sich im Kollektiv, in das sie miteinbezogen sind, einen Platz zu sichern, und einsehen, sich zu diesem Zweck bis zu einem gewissen Grade konform verhalten zu müssen, lenken sie gewöhnlich ein. Es ist also letztlich die in Frage gestellte Selbstverwirklichung im Rahmen der therapeutischen Gruppe, welche zu dieser Krankheitserkenntnis verhilft. Allerdings wehrt sich etwa der Patient gegen das Aufkommen einer Einsicht, die ihn zu einer Verhaltensänderung zwingen könnte. Sowohl bei Schizophrenen wie auch bei Neurotikern beobachten wir nicht selten, daß sie an Verhaltensweisen, welche die Gruppe und letztlich auch sie selbst stören, festhalten, auch wenn sie die Notwendigkeit einer Revision ihrer Einstellung erkannt haben.

Eine 23jährige, aus einer Scheidungsehe stammende und größtenteils bei Verwandten aufgewachsene Neurotikerin hatte in der Gruppenpsychotherapie die Tendenz, die Sitzungen beinahe ausschließlich für den recht theatralisch vorgebrachten Bericht über ihre Schwierigkeiten im Verhältnis zu ihren geschiedenen Eltern auszunützen. Obschon es ihr bald klar wurde, daß sie damit andere Gruppenmitglieder überforderte, fuhr sie weiter fort, sich in dieser Weise zu äußern. Als einer der beiden Therapeuten sie etwas zurückzubinden versuchte, erklärte sie, sich aus diesem Kreise zurückziehen zu wollen. Nach einem ausführlichen individuellen Gespräch war sie dann bereit, weiter an der Gruppenaktivität teilzunehmen. Doch begann sie wiederum, die Kollektivsituation fast ausschließlich für sich in Anspruch zu nehmen. Obschon die Patientin es einsah, daß sie ihr Verhalten ändern sollte, hätte sie sich eher aus dem Kollektiv zurückgezogen, als ihr Gebaren zu wechseln. Ihre Manifestationsart entsprach nicht nur eingeschliffenen Mechanismen, sondern auch einem Agieren, das sie liebgewonnen hatte und nicht mehr zu missen können glaubte.

Entsprechend den Beobachtungen von FOULKES sehen wir in den Gruppen nicht selten, daß die Patienten sich, mehr oder weniger unbewußt, gegen jeglichen Wechsel ihres Weltbezuges wehren. Er ist ihnen trotz oder vielleicht wegen der damit verbundenen Schwierigkeiten – und des sekundären Krankheitsgewinnes – zu einer Vorliebe geworden.

Diese Tendenz kann, wie GRINBERG et al. anführen, auch bei der Gesamtheit einer Gruppe beobachtet werden, welche dazu neigt, in einem neurotischen «circulus vitiosus» zu verharren. Gelingt es der Gruppe oder dem Therapeuten nicht, die nach dem Trägheitsgesetz fortlaufenden oder liebgewonnenen, fixierten, krankhaften Grundeinstellungen zu ändern, ist jegliche therapeutische Einflußnahme in Frage gestellt.

Nicht nur diese einfache, ohne besondere intellektuelle Erwägungen zufallende Einsicht ist in der Gruppe möglich. Es ist bei der Gruppenpsychotherapie mehr noch anzustreben, daß die Patienten in den Interaktionen mit den übrigen Mitwirkenden und der Gesamtheit einen erweiterten, bewußten Einblick in die Motivationen ihres Tuns und Lassens gewinnen. Indem die Gruppenmitglieder in der Vergangenheit wurzelnde Gefühle auf die Partner im Kollektiv oder auf den ganzen Kreis übertragen, haben sie Gelegenheit, sich in der therapeutischen Gruppensituation erneut mit ihren ablehnenden und verwöhnenden Eltern und Geschwistern, mit ihren Lehrern und Klassenkameraden, mit ihren Ehegatten, mit ihren Vorgesetzten und Arbeitskollegen, oder mit anderen Personen ihrer früheren oder jetzigen Umgebung in einem verständnisvollen Rahmen auseinanderzusetzen. Dabei werden sie nicht nur längst hintangehaltene Affekte kathartisch abreagieren, sondern in den wechselseitigen Einwirkungen der Beteiligten ihre Übertragungsgefühle als solche identifizieren und deren Wurzeln angehen können. Die Patienten werden den Übertragungscharakter ihrer Gefühle schon allein durch die Haltungen und Aussagen der Gruppenmitglieder oder deren interpretierende Bemerkungen erkennen lernen; die Zugehörigen werden sich naturgemäß nicht so verhalten, wie die von einem Übertragungsgefühl Erfaßten es erwarten, sondern eben wie sie selbst es zu tun gewohnt sind. Dann aber werden die Interpretationen des Therapeuten ein weiteres zur Erhellung unbewußter Einstellungen und Strebungen tun müssen. Wohl wird der therapeutische Gruppenleiter zuerst den Gruppenmitgliedern Zeit geben, von selbst oder mit Hilfe der anderen Beteiligten zu einer Erkenntnis zu kommen. Doch hängt die schließliche Einsicht auch wesentlich vom rechtzeitigen Deuten des Therapeuten ab. Wir stimmen BERNE voll und ganz zu, wenn er betont, daß der Patient wissen soll, was mit ihm und in ihm vorgeht. Auch wir sehen keine Gefahr einer Intellektualisierung der Therapie, wenn den Patienten bewußt gemacht wird, was sie bewegt. Wie BERNE sehr zu Recht feststellt, müssen wir unterscheiden zwischen dem Intellektualisieren und dem Gebrauch des Intellektes für die Lösung seiner mehr oder weniger unbewußten Probleme.

Die therapeutische Gruppe erweist sich durch ihre Aktivität und Aktualität, durch ihren Realitätsappell und ihre «Spiegelwirkung» als ein Milieu der Ernüchterung, das den Beteiligten den Charakter ihrer übertragungsbedingten Fehlbeurteilungen aufzeigt. Die an der Gruppenpsychotherapie mitwirkenden Patienten lassen sich nicht in Schablonen hineinpressen, die den Gruppenmitgliedern bei ihrer Suche nach Übertragungsobjekten passen. Sie werden sich vielmehr so verhalten, wie es ihren eigenen Anliegen und Problemen entspricht. Die Kollektivsituation ist deshalb zuweilen weit eher in der Lage, die Patienten auf ihre Projektions- und Übertragungstendenzen aufmerksam zu machen als das duale Arzt-Patient-Verhältnis. Die Gruppe mit ihren vielfältigen und vielschichtigen Interaktionen hat eine höhere Realitätsintensität und einen stärkeren «Spiegeleffekt» als die Zweiersituation der klassischen Psychotherapie. Es ist deshalb verständlich, wenn den Beteiligten im Behandlungskollektiv das Unzeitgemäße und Groteske ihres Gebarens zuweilen rascher aufgeht als in der individuellen Psychotherapie.

Mit der Einsicht in das Abartige eines Phänomens ist aber nicht notwendigerweise ein Einblick in dessen Hintergründe verbunden. Das Erkennen der Zusammenhänge bei neurotisch oder anderweitig bedingten Fehlverknüpfungen ist in einer Gruppe oft schwieriger als in der klassischen psychotherapeutischen Situation. Im Kollektiv steht kaum genügend Zeit zur Verfügung, um sich eingehend mit den in ihm aufkommenden Problemen zu befassen. Die Gruppe geht oft über aufgeworfene Fragen hinweg und wendet sich anderen Problemen zu. Indessen gelingt es in den Behandlungsgruppen etwa besser als in der therapeutischen Zweiersituation, Einsicht in Übertragungstendenzen zu nehmen, welche ihren Ursprung in Kollektivsituationen, zum Beispiel in der frühkindlichen Familie oder in sonstigen Kleingruppen der Vergangenheit haben. Gelegentlich wird bei den Mitwirkenden auch das Bild von Vater und Mutter oder von den Geschwistern rascher aktiviert als im dualen therapeutischen Verhältnis, weil die Gruppe in ihnen häufig das Erinnerungsbild der Kindheitsfamilie mit ihren Zugehörigen wachruft.

Die bereits angeführte 23jährige Neurotika erklärte in der Therapiegruppe unvermittelt, daß sie den älteren der beiden Therapeuten als ihren Vater erlebe. Sie habe ständig erwartet, auch von ihm so gezüchtigt und bestraft zu werden, wie es ihr Vater getan haben könnte. Sie gestand, daß sie den Arzt zuvor stets habe provozieren wollen, damit er in einem Zornausbruch sie maßregle. Als er ihr diese Erwartung nicht erfüllte, ihr Selbstbestrafungsbedürfnis versagte, bemerkte sie, daß ihre Gefühle für den Therapeuten einer Übertragungseinstellung entsprangen, und sie erkannte, daß es ihre Schuldgefühle gegenüber ihrem Vater sind, die sie in der Vergangenheit immer wieder Bestrafung suchen ließen.

Eine andere, 23jährige Patientin, welche bei einer äußerst dominierenden Mutter und einem weichen Vater aufwuchs, erklärte in der Gruppe, als der Therapeut ihr einen Wunsch versagte, er lasse sich in den Dienst der mütterlichen Forderungen einspannen.

Zweifellos hätten sie beide alles zusammen abgekartet. Der Therapeut sei voreingenommen und verkörpere die gleiche Haltung, wie sie sie seit Jahren von ihrer Mutter erfahren habe. Zwar hatte in dieser Gruppe eine weitere Kranke eine ähnliche Einstellung dem Therapeuten gegenüber. Doch vermochten das Unverständnis einzelner Patienten wie auch die erklärenden und zurechtweisenden Erläuterungen anderer Kranker die Patientin schließlich davon zu überzeugen, daß sie den Arzt entsprechend ihren früheren Erfahrungen fehlbeurteilt hatte; sie sah ein, daß sie eine therapeutisch indizierte Versagung nicht von der Ablehnung, welche sie durch die Mutter erfahren hatte, unterschied. Ihre Tendenz, jegliche versagende Instanz mit der Mutter zu identifizieren, wurde ihr erstmalig im Gruppenverband offenbar. Es war somit ein therapeutischer Zugang geschaffen, welcher ihr bisher, weil sie jegliche Autoritätsfigur als Mutterimago ablehnte, versagt war.

Die vertiefte Einsicht in die psychodynamischen Zusammenhänge eines Fehlverhaltens und Leidens ergibt sich selbstverständlich nicht in einer einzigen Sitzung. Es muß den Patienten im Verlaufe der mit ihnen während längerer Zeit durchgeführten Gruppenpsychotherapie immer wieder ihre Neigung aufgezeigt werden, die Vergangenheit mit der Gegenwart gleichzusetzen. Die Gruppenbehandlung gibt den Patienten mehr als die Einzelpsychotherapie Anlaß, in der Auseinandersetzung mit den übrigen Beteiligten Einstellung und Haltung in Frage zu stellen. In der Kollektivsituation wird sich krankhaftes Verhalten viel eher als solches erweisen, als in der Abgeschiedenheit der klassischen psychoanalytischen Situation. Wohl gestattet, wie erwähnt, die individuelle Psychotherapie ein gründlicheres Eingehen auf die hintergründigen Probleme, doch wird sich im gesellschaftlichen Rahmen der Gruppe eine Äußerung oder eine Verhaltensweise viel rascher als abwegig erweisen. Der Einzeltherapeut wird immer noch Verständnis haben, wenn die Mitkranken einer Gruppe die Anliegen und Befürchtungen eines Patienten bereits nicht mehr nachvollziehen können. Oft erlebt der Kranke die Gruppe als hart und ungerecht in ihrem Urteil, weil sie nicht mit jener Subtilität vorgeht, welche dem geschulten Therapeuten eigen ist. Um so drastischer kann sie aber gelegentlich dem Patienten das Zerrbild seines Weltentwurfes aufweisen. Je mehr ein Beteiligter von der Gruppennorm abweicht, desto eher hat er die Möglichkeit, zu einer Einsicht in das Abweichende seines Strebens und Handelns zu gelangen. Er wird allmählich erkennen, daß seine Einstellungen und Verhaltensweisen den im Kollektiv vertretenen Ansichten und Haltungen nicht entsprechen oder ihnen gar zuwiderlaufen, ohne daß hiefür im gegenwärtigen Gruppengeschehen eine objektive Begründung gefunden werden könnte. Allmählich wird in ihm die Einsicht reifen, daß er abseits der Gruppe steht und, will er weiter aktiv an ihr teilhaben, seine Stellungnahme ändern muß.

Oft vollziehen die Gruppenmitglieder äußere und innere Änderungen in ihrem Status, ohne daß sie ihnen primär bewußt werden. Erst wenn sich in der therapeutischen Gruppensituation, vor allem in den

Reaktionen der anderen Beteiligten, wiederholt ergibt, daß mit bzw. in ihnen Veränderungen vor sich gegangen sind, ist es ihnen möglich, ihren veränderten Zustand als solchen zu erkennen. Es ist jene Art der Einsicht, die SLAVSON, im Gegensatz zu der in der Auseinandersetzung mit der Gruppe direkt erworbenen, die derivative nennt. Das nachträgliche Erkennen einer vollzogenen Umstellung ist deshalb sehr wesentlich, weil nur jene Veränderungen im sozialen Verhalten des Menschen dauerhaft sind, welche er als solche erkennt und konsolidiert.

Es liegt auf der Hand, daß es bei einer nur kurzfristigen, über einige Wochen erfolgenden Teilnahme an einer therapeutischen Gruppe kaum zu jenem heilsamen Zweifel an gewohnten und eingeschliffenen, inneren und äußeren Stellungnahmen kommt, welcher für eine tiefgehende Einsicht unbedingt erforderlich ist. Es bedarf in der Regel über mehrere Monate bis zu einem Jahr oder länger sich erstreckender wöchentlicher Sitzungen von 1 bis 1 $^1/_2$ Stunden Dauer, bis den Beteiligten gewohntes Verhalten fragwürdig wird.

In den Selbsterfahrungsgruppen mit Ärzten unserer Klinik ergab sich, daß ihre Tendenz, sich nur intellektuell mit den an sie herankommenden Fragen auseinanderzusetzen, anfänglich in den Gruppensitzungen so dominant war, daß sie nur in kurzen Intervallen tiefgründigere emotionale Probleme ihrer selbst auch nur berührten. Nur nach mehreren Wochen oder gar Monaten konnte jeweils die Neigung zu intellektualistischer Diskussion und damit zum Ablenken von der eigenen Konflikthaftigkeit entscheidend durchbrochen werden. Dann war jeweils ersichtlich, daß die Ärzte zu den gleichen Übertragungseinstellungen und -haltungen neigten, wie wir sie von den Patientengruppen her kennen. Erst nach dem Aufkommen dieser vertieften Gefühlsbeziehungen wurde es ihnen im Rahmen der Gruppe möglich, zu neuen Einsichten zu gelangen. Wiederum will diese Feststellung nicht heißen, daß sie den Intellekt nun nicht gebrauchten. Doch hatten sie es aufgegeben, sich nur auf objektive Themen zu konzentrieren. Sie waren nun bereit, ihr eigenes Fühlen und Erleben zur Diskussion zu stellen und es auch intellektuell zu verarbeiten.

Fassen wir kurz die möglichen Weisen der Einsicht, die in einer Behandlungsgruppe gewonnen werden können, zusammen, so sind es:
1. die einfache, reaktiv, ohne wesentliche intellektuelle Erwägung zufallende Einsicht,
2. die durch bewußte, abwägende Interpretation erarbeitete Einsicht.
Sowohl die erste als auch die zweite Art der Einsicht haben die im nächsten Abschnitt zu besprechende Wandlung erst zur Folge. Doch kennen wir daneben
3. die derivative, durch nachträgliches Erkennen bereits vollzogener Wandlung sich ergebende Einsicht, wobei sie ebenso wie die vorangehende *erstens* einfach, reaktiv, oder *zweitens* bewußt, abwägend, interpretierend erfolgen kann.
Gerade weil die Gruppe mit ihren mannigfaltigen gegenseitigen Einwirkungen und Reaktionen ihrer Zugehörigen sich in hervorragen-

dem Maße dazu eignet, ihnen ein Bild ihrer selbst zu vermitteln, stellt sie auch ein günstiges Ausbildungsmilieu für angehende Psychotherapeuten dar; für werdende Gruppentherapeuten ist die kollektive Lehrerfahrung gar unentbehrlich (COHN, FRIEDEMANN, KEMPER u. a.). Die im Kreise einer Gruppe gewonnene Einsicht ergänzt die im analytischen Selbstversuch gewonnene Erkenntnis in den sozialen Raum hinein. Sie ermöglicht es den Beteiligten, ihre neugewonnenen Einblicke in die psychodynamischen Hintergründe ihres sozialen Verhaltens in der gesellschaftlichen Auseinandersetzung sinnvoll zu nutzen.

2.1.4.5. Wandlung

Die vielseitigen und vielschichtigen, auf der affektiven und der intellektuellen Ebene sich ereignenden Prozesse im Kreise einer Behandlungsgruppe beinhalten eine ständige Wandlung des Einzelnen wie des Kollektivs. Es sind jedoch nicht nur dynamische Tendenzen, welche sich in der Behandlungsgruppe manifestieren. Die Einzelnen und die Gesamtheit neigen oft dazu, in der Gruppe einmal aufgetretene Handlungen zu institutionalisieren und zu stereotypisieren. So nehmen die Mitwirkenden gewöhnlich immer wieder den selben Sitzplatz ein. Wurde zum Beispiel einmal dem Gruppenleiter ein Glas Wasser hingestellt, kann es vorkommen, daß er immer wieder Wasser dargeboten erhält, auch wenn er nie davon Gebrauch macht. Wurde zu Beginn einer Sitzung mehr oder weniger spontan ein Lied zu singen begonnen, so besteht die Neigung, die nächsten Gruppenzusammenkünfte wieder mit Gesang anzufangen. Diese statischen Tendenzen entsprechen einerseits dem Sicherheitsbedürfnis der Patienten und vermitteln ihnen das Erleben einer Konstanz. Doch müssen andererseits diese nach dem Trägheitsgesetz vor sich gehenden, institutionalisierten Prozeduren immer wieder in Frage gestellt werden. Am Therapeuten ist es, stets das Seine zu einer Wandlung der Einzelnen und des Kollektivs beizutragen. Psychotherapeutisch ist nicht so sehr zu erstreben, die Mitwirkenden in eine fragwürdige Sicherheit zu wiegen, denn damit würden sie nur an ihren krankhaften Einstellungen und Verhaltensweisen haften bleiben. Es soll demgegenüber viel eher für die Patienten ein Milieu geschaffen werden, das sie veranlaßt, sich auch an neue Gegebenheiten und Situationen anzupassen. Die dauernde Metamorphose des Kollektivs wie der es konstituierenden Mitglieder führt dazu, daß immer wieder neue Bereiche ihrer Persönlichkeiten entfaltet werden. Der Gefahr des starren Festhaltens an Hergebrachtem, Altgewohntem wie auch einer einseitigen Entwicklung ist damit vorgebeugt. Eine allzu starke Dynamisierung des Gruppenprozesses würde die Beteiligten indessen ängstigen und dazu beitragen, daß sie um so mehr am Alten festhalten, gleichgültig, ob es im Zusammenhang ihres Lebens sinnvoll oder aber behinderlich wäre.

Im Kollektivgeschehen werden nicht nur Einzelne oder die Gesamtheit der Kranken ihre Einstellung und Haltung stets wieder zu überprüfen haben, sondern auch der Therapeut. Der therapeutische Gruppenleiter sieht sich im Gruppengeschehen veranlaßt, den sich stets von neuem ergebenden Möglichkeiten gegenüber offenzuhalten.

Die Wandlung, die sich bei den an einer Behandlungsgruppe Mitwirkenden abzeichnet, werden wir unter drei Kriterien betrachten:

2.1.4.5.1. Reifung der Persönlichkeit,
2.1.4.5.2. gesteigertes Selbstbehauptungs-
und Durchsetzungsvermögen,
2.1.4.5.3. vermehrter Realitätsbezug.

Bevor wir aber ausführlicher auf diese Punkte eingehen, möchten wir kurz einen Blick auf die Wandlung, die das Kollektiv als Ganzes durchmacht, werfen. Selbstverständlich interessieren uns im Behandlungskollektiv hauptsächlich die einzelnen Patienten. Zu ihrer Behandlung werden ja schließlich auch die therapeutischen Gruppen zusammengestellt. Doch ist es vielleicht nicht uninteressant zu erwähnen, daß sich die bei den Einzelnen manifestierenden Wandlungen auch im Gesamtbild niederschlagen. Während zu Beginn die affektiven Äußerungen eher die frühere oder gegenwärtige Umwelt betreffen, wird später der Gruppenprozeß verinnerlicht. Nicht mehr ist nun die Außenwelt Objekt der Wünsche und Anliegen, Ressentiments und Aggressionen der Mitwirkenden. Die Beteiligten wenden ihren Blick nun stärker ihrem eigenen Verhalten und ihrem innerpsychischen Bereich zu. Viel weniger werden auch Versuche unternommen, «objektive» Themen zu diskutieren. Die Patienten haben es gelernt, sich mit ihrer inneren Problematik zu befassen, die Projektionen zurückzunehmen, und dementsprechend hinterläßt auch das gesamte Kollektiv einen ruhigeren, gesetzteren Eindruck. Das will aber nicht heißen, daß nichts mehr geschieht in der Gruppe. Doch sind die sich darin abwickelnden Prozesse von der Oberfläche weg in die Tiefe gerückt. Dabei muß festgestellt werden, daß eigentlich erst dann, wenn die Gruppe nicht mehr alle Affekte nach außen abreagiert, etwas an innerer Wandlung bei den Zugehörigen geschieht. Die Affekte verbleiben so im Kollektiv und tragen mit ihrer Stoßkraft das Ihre dazu bei, die Beteiligten zu wandeln und einem veränderten Dasein zuzuführen.

Nun aber zur Wandlung der Einzelnen und zu den von uns erwähnten Kriterien:

Das Mitwirken an einem Behandlungskollektiv mit der damit verbundenen Anteilnahme an den Sorgen und Nöten der anderen Beteiligten, mit der Notwendigkeit zu lernen, wo es sich anzupassen und wo es demgegenüber seine Eigenständigkeit zu bewahren gilt, führt beinahe zwangsläufig zu einer Reifung der Persönlichkeit. Zwar lebt, wie erwähnt, im Gruppenverband das gefühlsbetonte Erinnerungsbild der kindlichen Familie wieder auf, was eine Regression der Betroffenen beinhaltet. In diesem Wiedererleben der Kindheitssituation, im Zurückschreiten auf infantiles Verhalten im Kreise der Behandlungsgruppe ist aber bereits eingeschlossen, daß die Patienten nun die Möglichkeit haben, endgültig mit den Verwöhnungen und Frustrierungen ihrer Kindheit fertigzuwerden, also zu reifen. Die Gruppensituation mit dem um die anderen Beteiligten erweiterten Erlebens- und Erfahrungsbereich vermittelt neue Einsichten, und gibt damit Gelegenheit, sich in der Welt neu, in einer gereiften Art, zu orientieren.

Während die Mitglieder unserer therapeutischen Toxikomanengruppe zu Beginn ihres Mitwirkens jeweils noch recht verschlossen sind und danach trachten, ihre eigentlichen Anliegen vor den Gruppenbeteiligten und dem Therapeuten zu verhüllen, zeichnet sich bei ihnen im Verlaufe der Kollektivarbeit eine veränderte Haltung ab. Diese Patienten, die vorher im Grunde noch immer von den Suchtgiften eine magische Heilwirkung erwartet hatten, beginnen sich hier allmählich dem mitmenschlichen Kontakt zu öffnen und damit zu ahnen, daß andere Möglichkeiten als die Drogen bestehen, um aus sich heraus, zu den anderen hintreten zu können. Sie werden nicht nur gesprächiger, sondern beginnen auch, über die sie bewegenden Probleme wie Einsamkeitsgefühl, Fragwürdigkeit ihrer Ehe, übermäßige Bindung an Mutter oder Vater, Abhängigkeit von einem Freund usw. zu sprechen. Es kommt dann jeweils auch dazu, daß Mitwirkende, welche wieder in die Medikamentenabhängigkeit hineingeraten sind, ihr Rezidiv zugeben, um Rat nachsuchen und bereit sind, sich freiwillig erneut einer Klinikbehandlung zu unterziehen, während sie sich vielleicht früher nicht aus eigenem Antrieb zu einem solchen Schritt bereitfinden konnten. Es tritt in diesem Kreise also eine Reifung in der Haltung der Zugehörigen ein. Sie erstreben nicht mehr die Lustvergessenheit der Medikamentenwirkung, sondern sie sind bereit, den beschwerlichen Weg der Entziehung vom Suchtmittel und der psychischen Entsuchtung auf sich zu nehmen.

In der Gruppe milieugeschädigter und verwahrloster junger Mädchen leben die Teilnehmer initial nur ihrem eigenen Lustprinzip. Sie setzen unvermittelt, ohne Rücksicht auf andere zu nehmen, alle Triebansprüche, welche sie bewegen, in die Tat oder in Worte um. Beispielsweise betonen sie mit unflätigen Worten ihre Opposition, oder sie sprechen ungehemmt über ihre Liebesabenteuer, äußern sich oft im Jargon der Straße oder gehen von der Gruppensitzung davon. Es ist dann jeweils recht eindrücklich zu beobachten, wie diese Patientinnen allmählich eine gewisse Verantwortung für ihr Verhalten zu empfinden beginnen, nach und nach Rücksicht zu nehmen lernen und sich um die Schaffung eines tragfähigen Verhältnisses zu den Therapeuten bemühen. Die Reifung dieser jugendlichen Patientinnen zeigt sich darin, daß es ihnen möglich wird, auf unmittelbare Triebbefriedigungen – wenigstens dann und wann – zu verzichten und dem Realitätsprinzip Rechnung zu tragen.

Zwei neurotisch depressive Patientinnen konnten im Rahmen unserer Depressivengruppe allmählich erkennen, daß sie ihr Leben gänzlich in den Dienst ihres Über-Ichs und des damit verbundenen Ordnungs- und Pflichtprinzips gestellt hatten. Nachdem sie deswegen in der Gruppe immer wieder mit den Ansichten und Ratschlägen anderer Zugehöriger konfrontiert worden waren, gelang es ihnen allmählich, nicht nur in der Behandlungsgruppe, sondern auch zu Hause, etwas weniger starr in bezug auf Ordnung und Pflichtgefühl zu sein. Sie lockerten dabei affektiv sichtlich auf und hatten es leichter, ihre familiären Gegebenheiten als solche zu ertragen. Dabei machten sie auch äußerlich eine gewisse Wandlung durch. Ihre Gesichtszüge wirkten entspannter. Eine der beiden nahm erstmalig seit langen Jahren auch an Gewicht zu. Die affektive Auflockerung der beiden Patientinnen blieb nicht ohne Wirkung auf deren Familien. Das gegenseitige Verständnis wuchs, weil die Patientinnen ihre Familienangehörigen nicht mehr nur nach Kriterien des Über-Ichs bewerteten, sondern ihnen mehr Gefühl als zuvor entgegenbrachten.

Die Reifung der Beteiligten drückt sich, wie aus den Beispielen ersichtlich, auch in der erhöhten Bereitschaft aus, wo erforderlich, Verantwortung – eventuell auch gegenüber dem eigenen Über-Ich – zu tragen und eine eigene Verantwortlichkeit anzuerkennen. Das Jasagen zur Übernahme einer – auch die Förderung anderer mit umfassenden – sozialen Rolle, das durch die Gruppenpsychotherapie erreicht wird, läßt sie zu einer Methode werden, welche die Beteiligten gereifter zur Gesellschaft hinführt.

2.1.4.5.2. Gestärktes Selbstbehauptungs- und Durchsetzungsvermögen

In den Auseinandersetzungen im Rahmen der therapeutischen Gruppe sehen sich die Mitglieder wohl oder übel genötigt, ihre Anliegen so zu vertreten, daß sie durchkommen. Bei den Schizophrenen mit allzu ausgeprägter Ich-Schwäche besteht allerdings, wie SLAVSON zu Recht anführt und wie bereits erwähnt, die Gefahr, daß sie sich dauernd den anderen oder der Gruppengesamtheit anpassen und damit ihre Identität als in Frage gestellt erleben. Liegt keine so extreme Ich-Schwäche vor, erkennen die Patienten im allgemeinen allmählich, daß sie im Kollektiv Intentionen und Wünsche durchsetzen können, die ihnen sonst nicht erfüllt worden wären. Sie sehen, daß im Kollektivverband ihr Hebelarm um denjenigen der anderen verlängert ist und sie somit Veränderungen herbeiführen können, welche ihnen zu erzielen sonst nicht möglich wären. Während sie zu Beginn noch sehr stark auf die anderen angewiesen sind, um sich behaupten und durchsetzen zu können, gewinnt ihr Ich im freien Spiel der Kräfte innerhalb der Gruppe im allgemeinen an Potenz, so daß sie dann auch ohne Beihilfe selbst Forderungen oder Anliegen durchsetzen können.

Eine 31jährige Patientin, welche im Elternhaus gewohnt war, sich immer dem Willen der Eltern zu unterziehen und sich auch in der Ehe immer nach ihrem oft recht verständnislosen Gatten richtete, verhielt sich auch in der Gruppe anfänglich recht fügsam, und sie trachtete immer danach, ja nichts zu sagen, was die anderen hätte vor den Kopf stoßen können. Nach mehrmonatiger Beteiligung am therapeutischen Kollektiv lernte sie es, sich bei den anderen Gehör zu verschaffen. Sie blickte nun nicht mehr ängstlich um sich, wenn sie über ihre eigenen Schwierigkeiten zu berichten wünschte, sondern tat es, eventuell sogar wenn sie eine andere Zugehörige, welche zu lange sprach, unterbrechen mußte. Es bereitete ihr sichtlich Freude, daß sie es gelernt hatte, nicht nur sich zu äußern, sondern ihren Platz in diesem Kreis zu behaupten.

Allein schon das Sprechen vor einer Gruppe ist dazu angetan, das Selbstgefühl und das Durchsetzungsvermögen eines Individuums zu erhöhen.

Einer 19jährigen Schizophrenen, welche sich in der Gruppe, in der sie etwa ein Jahr mitwirkte, beinahe immer still verhalten und sich zu wenig gegen Aggressionen anderer verteidigt hatte, gelang es schließlich, ihre Ressentiments gegen den einen der beiden Therapeuten vorzubringen. Dabei wirkte es aber nicht nur befreiend, daß sie jemandem und gar dem Gruppenleiter ihre Meinung sagen konnte. Es zeigte sich mehr noch, daß sie durch ihre Äußerung an Selbstvertrauen und Durchsetzungskraft gewann. In einem Brief, in dem sie den Therapeuten vordergründig um Verzeihung bittet, macht sich hintergründig ihr gesteigertes Selbstgefühl bemerkbar: «Ich hoffe sehr, daß Sie meine vorübergehende Laune nicht zu übel genommen haben. Es wäre schade für Sie. Nehmen Sie diese Worte zur Kenntnis als Verzeihung und trotzdem bestehender Bewunderung für Sie. Es grüßt Sie...»

Werden die Mitwirkenden im wohlwollenden Kreise einer Behandlungsgruppe einmal angehört, werden sie auch später den Mut finden, das Wort zu ergreifen, eine bestimmte Haltung einzunehmen und sie vor den anderen zu vertreten. Erleben sie immer wieder, daß sie in der Gruppe, welche im Grunde genommen eine Gesellschaft im kleinen darstellt, ernst genommen werden, fördert es ihr Selbstvertrauen und stärkt es ihr Ich. Die Gruppe ist in diesem Lichte ein Milieu, das den Miteinbezogenen gestattet, an Durchsetzungskraft, Selbstbehauptungsvermögen und Ich-Stärke zu gewinnen. Allerdings besteht die Gefahr, daß im Kollektivverband der Selbstbehauptungswille ins Überdimensionierte gesteigert wird. Bleibt ein Patient, besonders wenn er sehr geltungsstrebend ist, oftmals unwidersprochen, besteht die Möglichkeit, daß er an seiner Dominanz Gefallen findet und sich die anderen botmäßig zu machen versucht. Es kann in diesen Fällen dazu kommen, daß die zuvor wohl strukturierte und differenzierte Gruppe, in der die Beteiligten verschiedene soziale Rollen innehatten, zu einem undifferenzierten Gebilde entartet, einer «Masse im kleinen», welche nur noch aus einer zweistufigen Hierarchie, dem Führer einerseits und den Geführten andererseits, besteht. Es ist deshalb wesentlich, daß die Patienten es nicht nur erlernen, sich zu behaupten, sondern, wo nötig, sich im Hintergrunde zu bescheiden. Doch gelingt es in der Behandlungsgruppe oft nicht, geltungsstrebende Patienten zurückzubinden. Die an der Gruppenpsychotherapie Beteiligten sind anfänglich oft zu sehr mit ihren eigenen Problemen beschäftigt oder zu ich-schwach, als daß es ihnen gelänge, machtstrebende Individuen zurückzubinden. Im Gegenteil, die Zugehörigen sehen es initial recht gern, daß ein geltungsstrebendes Mitglied sie der Pflicht eines eigenen Einsatzes enthebt. Kommt dann das Kollektiv in den Bann eines solchen «monopolistischen» Zugehörigen, ist damit aber eine Gefährdung des Machtstrebenden wie der anderen verbunden. Der eine wird in seiner Geltungssucht bestärkt, und die übrigen werden in ihrer Entfaltung behindert. Es ist deshalb unbedingt darauf zu achten, solche Individuen von der Gruppenpsychotherapie bzw. von der Behandlungsgruppe fernzuhalten. Sie erfahren sonst eine Steigerung ihres Selbstgefühls ins Unermeßliche und drängen die übrigen Gruppenbeteiligten in eine Position, in der sie nur noch blind ausführen, was ihnen die «Monopolisten» gebieten. Es ist damit eine Entwicklung eingetreten, die wir andernorts als Entartung der therapeutischen Gruppe zur «Masse im kleinen» bezeichnet haben.

2.1.4.5.3. Vermehrter Realitätsbezug

Als Folge der Gruppenpsychotherapie ergibt sich bei den Patienten nicht selten, daß sie sich vom Verfangensein in ihre eigene Problematik wenigstens etwas lösen und sich den um sie herum in der Außenwelt anbietenden oder aufdrängenden Fragen und Aufgaben zuwenden können. Dieser Umstand wirkt sich besonders bei der im Rahmen eines psychiatrischen Spitals durchgeführten Gruppenbehandlung günstig aus. Patienten, die zuvor vollkommen abgekapselt lebten, sich beinahe ausschließlich mit sich selbst beschäftigten, beginnen sich im Behandlungskollektiv für die Mitmenschen zu interessieren, sich mit ihnen auseinanderzusetzen und sich somit wieder vermehrt der sozialen Realität zuzuwenden. Diese Entwicklung führt dazu, daß Kranke, die nicht mehr den Mut hatten, aus der bergenden Klinikatmosphäre auszutreten, nun doch wieder für das intensivere und aktive Leben außerhalb des Spitals Interesse gewinnen. Sichern wir ihnen zu, nach Spitalaustritt an der therapeutischen Kollektivarbeit weiter teilnehmen zu können, so gibt es ihnen den Mut und die Sicherheit, einmal den Schritt in die weniger geschützte Außenwelt zu wagen.

Eine 30jährige Patientin, die anläßlich eines erneuten schizophrenen Schubes auf der bereits erwähnten Privatstation an der mit der Gesamtheit der Kranken – soweit sie nicht bettlägerig sind – durchgeführten Gruppenbehandlung teilnahm, fürchtete sich vor ihrem Mitwirken an der Kollektivarbeit dermaßen vor den Anforderungen der Außenwelt, daß sie immer mehr in ihrem eigenen Problemkreis versank. Sie war zunehmend affektiv unbeteiligt und hinterließ bereits den Eindruck einer Defektschizophrenen mit entsprechender affektiver Abstumpfung und mangelnder emotionaler Modulationsfähigkeit. Nach monatelanger Teilnahme an der Gruppenarbeit begann sie, die vorher kaum mit jemandem Kontakt hatte, sich in steigendem Maße für die Belange der anderen zu interessieren und mit ihnen Kontakt aufzunehmen. Zwar konnte sie sich recht verschroben verhalten oder äußern, doch gewann sie im Verlaufe der Zeit allmählich mit immer mehr Beteiligten Kontakt. Es fiel dabei auf, daß sie sich wie die anderen in den jeweiligen Diskussionen auch um alltägliche Fragen wie Haushaltführung, Kinobesuch, Freizeitlektüre, Handarbeiten, Ferienreisen, Sportveranstaltungen usw. bemühte. Im Gegensatz zu früher war sie, die sich seit dem Verlust der letzten Arbeitsstelle nicht mehr stark genug zum Austreten aus der Klinik fühlte, bereit, an den Schritt aus dem Spital in die äußere Wirklichkeit zu denken und ihn zu verwirklichen, vorausgesetzt, daß sie weiter an der Gruppenarbeit teilnehmen dürfe. Sie erscheint seither regelmäßig ambulant zu den Kollektivsitzungen und beteiligt sich immer recht aktiv am Gruppengespräch. Ihre Voten drehen sich nicht mehr wie ehemals nur um sie selbst, sondern auch um die Anliegen und Nöte der anderen wie um Probleme, denen sie in ihrer engeren oder weiteren Umwelt begegnete. – Die therapeutische Gruppe hatte es demnach in sich, dieser Kranken Sicherheit und Halt, aber auch einen erhöhten Realitätsbezug zu vermitteln.

Die Behandlungsgruppe und das in ihr sich abwickelnde intensive Geschehen bringt die Patienten der Außenwelt näher. Sie ist ein Milieu, in dem die Einzelnen nicht nur stets von neuem auf die Mitmenschen hingewiesen werden, sondern auch den Mut fassen können, «den Lebenssituationen, so wie sie in Wirklichkeit sind, ins Auge zu sehen» (HINCKLEY und HERMANN) und sich dem sozialen Bereich, der Gesellschaft, zuzuwenden. Allerdings darf nicht außer acht gelassen werden, daß die Behandlungsgruppe mit ihrer hohen Realitätsintensität etwa auch dazu führen kann, daß die Beteiligten sich allzu sehr der äußeren Realität zuwenden und ihre innere vernachlässigen. Es ist dann am Therapeuten, die Patienten darauf hinzuweisen, was das für sie adäquate Maß von Realitätsbezogenheit, bzw. inspirierender Hinwendung zur Innenwelt, ist.

2.1.5. Zusammenstellung der therapeutischen Gruppen, Auswahl der Patienten

Es ist falsch anzunehmen, daß die therapeutischen Gruppen gänzlich homogen zusammengestellt sein müssen. Im Gegenteil, eine allzu starke Übereinstimmung zwischen den Beteiligten ist eher ein Faktor, der die Dynamik in einer Gruppe behindert. So haben wir in unserer Klinik beobachtet, daß in Behandlungskollektiven, in denen Mitglieder der verschiedensten Diagnosen vertreten sind, recht bald eine Kohäsion entsteht. Die gegenseitige Kontaktnahme und das wechselseitige Interesse führen dazu, daß die Aufmerksamkeit der Beteiligten oft sehr rasch Konflikten und Problemen der Einzelnen wie auch der Gesamtheit zugewandt wird. GRINBERG et al. sagen hiezu u. a. folgendes · «Uns haben sich in vielen Fällen die Vorzüge heterogener Gruppen bestätigt, wobei auch wir selbstverständlich vermeiden, daß persönliche und klinische Verschiedenheiten extreme Grade erreichen… Ihre Zweckmäßigkeit beruht nicht nur auf der Möglichkeit eines Ausgleichs zwischen einander widerstrebenden Tendenzen, z.B. Gehemmtheit und Triebhaftigkeit, Aggressivität und Passivität, manischen und depressiven Zuständen usw., sondern ebensosehr darauf, daß in heterogenen Gruppen viel leichter unbewußt verdrängte Regungen, die im Widerspruch zur bewußten Persönlichkeit stehen, zum Vorschein kommen.» FOULKES gibt ein generelles Auswahlprinzip von Individuen für die Gruppenanalyse an: Differieren die Beteiligten unter verschiedenen Aspekten in ihren Qualitäten sehr stark, so sollte in anderen Beziehungen ein möglichst hoher Grad der Übereinstimmung bestehen. Weisen zum Beispiel sozialer Status und Alter eine große Streuungsbreite auf, dann sollte das intellektuelle Niveau der Auszulesenden möglichst auf gleicher Stufe sein. Oder enthält eine Gruppe gemischt ledige und verheiratete Frauen, so sollten ihr sozialer Status und ihr Bildungsstand nur wenig voneinander abweichen, besonders wenn die Altersspanne groß ist. – Auch wir sind der Ansicht, daß die Gruppe nicht allzu sehr homogen sein muß, um therapeutisch wirksam zu sein. Im Gegenteil, es kann, wie erwähnt, gelegentlich eine zu starke Homogenität hinderlich sein für das Entstehen jener affektiven Spannung, unter der allein sich der Einzelne veranlaßt sieht, sich um seine inneren Konflikte, um eine Korrektur seiner Verhaltensweisen und um den ihm in der Gruppe Begegnenden zu bemühen. Doch werden wir etwa aus anderen Gründen veranlaßt, bis zu einem gewissen Grade homogene Gruppen zu konstituieren:

Erstens dann nämlich, wenn wir Patienten mit gleicher Diagnose zusammennehmen wollen, um ihnen zu helfen, durch ähnliche Erfahrungen und Nöte anderer zu lernen. Natürlich wäre es auch in einer gemischt-diagnostischen Gruppe möglich, zu Einsichten zu gelangen, weil in einer heterogenen Gruppe mit ihren Spannungen und ihrer Dynamik Fehlhaltungen und Übertragungseinstellungen eher rascher als solche imponieren. Doch bestehen in einer in bezug auf die Diagnosen homogenen Gruppe bei den Einzelnen ähnliche Fragestellungen, so daß Erkenntnisse eines Patienten gleichzeitig auch wertvolle Einblicke in die Art des Krankseins eines anderen Gruppenmitgliedes ergeben können. Allerdings achten wir bei einer diagnostisch relativ homogenen Gruppe darauf, daß die übrigen Auswahlkriterien nicht auch alle homogen sind. So können beispielsweise die Mitwirkenden verschiedensten sozialen Ständen, divergentesten Berufen angehören und auch verschiedenster geographischer Herkunft sein. Auch die diagnostische Homogenität darf nicht übertrieben werden. Wir werden beispielsweise zwar Neurotiker in einer therapeutischen Gruppe zusammen erfassen, dabei aber nicht noch etwa darauf achten, daß das Kollektiv nur aus Zwangsneurotikern zusammengesetzt ist. Einer solchen Gruppe wäre es tatsächlich schwer, eine entsprechende therapeutische Aktivität zu entfalten. Es drohte das Kollektiv zu erstarren. *Zweitens* können homogene Gruppen auch dann wertvoll sein, wenn wir etwas über das Verhalten von Patienten einer bestimmten diagnostischen Einheit in einem Kollektivverband aussagen wollen. *Drittens:* Weist ein Patient sehr auffällige Symptome auf, imponiert er als sehr krank, oder könnte er sich für eine Gruppe ungünstig auswirken, weil er beispielsweise monopolistische Tendenzen hat, dann ist es opportun, ihn versuchsweise mit gleichermaßen Kranken zusammenzutun. Dieses Prinzip ist ja auch in den Spezialklassen unseres Schulsystems realisiert.

Im folgenden möchten wir nun versuchen, die Kriterien, welche bei der Zusammenstellung von therapeutischen Gruppen besonders beachtet werden sollten, in 10 Punkte zusammenzufassen:

2.1.5.1. Die therapeutischen Gruppen sollten in der Regel einen *Bestand* von 7 bis 9 Patienten nicht überschreiten. In größeren Gruppen wird es naturgemäß schwieriger, die sich darin abwickelnden Prozesse zu überblicken, und es besteht die Gefahr, daß sich die Beteiligten frustriert fühlen. Allerdings kennen wir auch kollektiv-psychotherapeutische Methoden mit Großgruppen von 20, 30 und mehr Patienten. Es ist in diesem Zusammenhang nochmals an die PRATTschen Klassen zu erinnern, die 100 Kranke enthielten. Ebenso arbeiten wir mit ganzen Spitalabteilungen, auf denen 20 bis 25 Kranke untergebracht sind, gruppenpsychotherapeutisch. Doch ist in diesen Gruppen das Ziel bescheidener zu stecken. Es geht dort einmal darum, eine gewisse Gruppenkohäsion zu erreichen, die den Beteiligten einen Halt zu verleihen vermag. Die gegenseitige Kontaktnahme und die damit oft verbundene Identifikation der Zugehörigen untereinander spielen in der Großgruppe eine wesentliche Rolle; sie ermöglicht es dem Einzelnen, aus der Isolation und Introspektion herauszukommen und zum Mitmenschen hinzutreten. Das Interesse wird von der eigenen Krankheit abgelenkt und auf die sozialen Bezüge hingewiesen. Eine Förderung der Einsicht ist in diesen Großgruppen aber erschwert. Sie ist um so eher möglich, je mehr die Regel der Beschränkung auf maximal 7 bis 9 Mitglieder eingehalten wird. Eine zu kleine Mitgliederzahl – unter 5 – bewährt sich im allgemeinen auch nicht, da die Einzelnen sich zu sehr genötigt fühlen, immer etwas für die Gruppenaktivität zu tun. Es lastet dann auf ihnen zuviel Verantwortung. Allerdings könnte nun argumentiert werden, daß dieser Umstand ja auch für die Zweiersituation der klassischen Psychotherapie Geltung hat. Doch muß dem entgegengehalten werden, daß in der Einzelpsychotherapie der Therapeut viel eher die Möglichkeit hat, je nach Ich-Schwäche oder -Stärke des Patienten, die Verantwortungsübernahme durch den Patienten entsprechend zu dosieren. – Man kennt übrigens auch die Psychotherapie mit Paaren, meist Ehepaaren, wobei es sich aber, nach den Erfahrungen an unserer Poliklinik (R. JANNER und J. JANNER), oft als günstig erweist, parallel zur paarweisen therapeutischen Erfassung, mehrere Paare zusammen gruppenpsychotherapeutisch anzugehen. – Eine Zahl von 5, 7 oder 9 Beteiligten ist auch deshalb günstig, weil sie am ehesten noch jener der frühkindlichen Familiensituation gleichkommt und damit das gefühlsbetonte Erinnerungsbild an jene Gruppe, die oft am Ursprung des psychischen Krankseins der einzelnen steht, die Familie, eher mobilisiert als größere Zahlen. Übertragungsgefühle werden überhaupt bei kleinem therapeutischem Kreis eher zustande kommen. Indessen ist es in einer therapeutischen Großgruppe denkbar, daß der therapeutische Gruppenleiter als mächtig und etwa beinahe als Gottvater erlebt wird, der auf magische Weise alles zustande bringen können sollte, was die Einzelnen sich wünschen, der auch über alles orientiert sein sollte, was man ihn auch frägt. Dabei besteht die Gefahr, daß die Beteiligten in ihrer Regression verharren und nichts aus eigener Initiative unternehmen, um sich weiter zu entwickkeln. Bei großen Gruppen wird es auch für den Therapeuten schwieriger, sich adäquat zu verhalten und die Übersicht beizubehalten.

2.1.5.2. Was das *Alter* der Gruppenbeteiligten anbetrifft, so können wir festhalten, daß in der Regel Patienten von unterschiedlichen Jahren in den therapeutischen Gruppen Aufnahme finden können. Eine Ausnahme zu dieser Regel liegt dann vor, wenn bestimmte Fragen, die nur eine Altersgruppe angehen, zum Hauptthema gehören, bzw. den hauptsächlichen Grund zur Bildung der therapeutischen Gruppe darstellen. So wäre es beispielsweise kaum denkbar, daß in einer Gruppe jugendlicher Verwahrloster auch Betagte teilnähmen. Indessen zeigt es sich, daß andere Gruppen, zum Beispiel jene von Alkoholikern und Toxikomanen, es sehr wohl ertragen, wenn alte und junge Patienten gemischt mitwirken. Im Gegenteil, es können etwa recht günstige Übertragungseinstellungen (z. B. Elternübertragung) eher entstehen, wenn Kranke eines anderen Alters mit teilnehmen.

2.1.5.3. Der *Grad der sozialen Anpassungsfähigkeit* spielt für die Gruppenbildung schon eine gewisse Rolle. Erregte Schizophrene können nicht in einer Gruppe von sozial angepaßten Neurotikern untergebracht werden. Auch umgekehrt werden wir überangepaßte Neurotiker kaum an einem Kollektiv von weltfremden und aggressiven Psychotikern beteiligen wollen. Beim Mitwirken sozial Unangepaßter besteht zudem, besonders bei Mitbeteiligung Ich-Schwacher die Gefahr, daß inadäquate Verhaltensweisen sich ausbreiten.

2.1.5.4. Allzu *ich-schwache* Individuen, zum Beispiel Schizophrene mit erheblicher Ich-Schwäche, können nicht in ein Kollektiv von durchsetzungsfähigen, durchschnittlich oder überdurchschnittlich Ich-Starken eingereiht werden.

2.1.5.5. Es ist darauf zu achten, daß in einer Gruppe keine «*Monopolisten*» aufgenommen werden, da diese allzu sehr geltungsstrebenden Persönlichkeiten die Gruppe lediglich für ihre eigenen Zwecke ausnützten und die übrigen Beteiligten an der Entfaltung behinderten. Es wäre höchstens denkbar, sie in eine Gruppe von Gleichartigen einzuordnen.

2.1.5.6. Meist läßt sich eine *Mischung der Geschlechter* in den Behandlungsgruppen verantworten. Sind allerdings die Männer, bzw. Frauen, gegenüber dem anderen Geschlecht in einer deutlichen Minderzahl, so können sich daraus Schwierigkeiten ergeben. Sie haben nicht mehr Gelegenheit, sich mit anderen Vertretern ihres Geschlechts zu identifizieren und geraten dem anderen Geschlecht gegenüber etwa in eine Oppositionshaltung hinein.

2.1.5.7. Die *Beteiligung von vorher Befreundeten oder Bekannten* an einer Gruppe ist ungünstig, da sich auf diese Weise meist eine «Gruppe in der Gruppe» bildet, die alles daran setzt, dem Gesamtkollektiv ihre Meinung aufzudrängen, ohne auf therapeutische Aspekte Rücksicht zu nehmen. Oft wird eine solche «Gruppe in der Gruppe» darauf aus sein, einmal eingenommene Verhaltensweisen, auch oder besonders wenn sie neurotisch bedingt sind, festzuhalten. Das Gesamtkollektiv und der Therapeut haben es dann schwer, neurotische Fehlhaltungen wirksam in Frage zu stellen. Wir sahen bei einer analytischen Lehrgruppe von Ärzten, daß eine solche «Gruppe in der Gruppe» schließlich einen derartigen Widerstand gegen den Therapeuten und analytisches Angehen entwickelte, daß eine sinnvolle Weiterarbeit kaum mehr möglich war. Allerdings hatte der Therapeut den Fehler begangen, um jeden Preis die «Gruppe in der Gruppe» zerschlagen zu wollen, was ihr eine um so höhere Festigkeit verlieh.

2.1.5.8. Es ist ratsam, dem *Intelligenzgrad* der zu Beteiligenden Beachtung zu schenken. Patienten mit allzu unterschiedlichem intellektuellem Niveau stören sich im Vollzug des Erkennens krankhafter Einstellungen. Es ist deshalb wesentlich, daß die an einer Gruppe Teilnehmenden intelligenzmäßig ungefähr auf gleicher Stufe stehen.

2.1.5.9. Der *Ausbildungsgrad* spielt nicht die Rolle, welche der Intelligenz zukommt. Wir sehen es bei allen unseren therapeutischen Gruppen, daß auch Menschen mit verschiedensten Ausbildungsgraden die doch vorwiegend emotionalen Konflikte der anderen verstehen. Man wird sich nun fragen, weshalb denn eine Übereinstimmung der Intelligenz notwendig ist. Sie ist es, weil vor allem die Einsicht je nach Intelligenzgrad sich unterschiedlich vollzieht. Oder, anders ausgedrückt, die Einsichten erfolgen auf verschiedenen Intelligenzstufen andersartig, wobei diese Andersartigkeit nicht immer von unterschiedlich Intelligenten mitvollzogen werden kann. Trotz divergenter Ausbildung ist es aber möglich, daß, bei übereinstimmender Intelligenz, Überlegungen und Schlüsse mitvollzogen werden können, die sich bei besser bzw. weniger Gebildeten ergeben.

2.1.5.10. Wie erwähnt, ist eine allzu enge *diagnostische Begrenzung* einer therapeutischen Gruppe nicht indiziert. Es ist also nicht ratsam, beispielsweise nur Zwangsneurotiker in eine Gruppe einzugliedern. Es würde ihr dabei an Dynamik fehlen. Doch kann es ratsam sein, gewisse weitergefaßte diagnostische Einheiten, zum Beispiel Neurotiker verschiedener Art, in einer Gruppe zusammenzufassen, damit die gleichermaßen Betroffenen ihre gemeinsamen Fragen auch gemeinsam lösen können. Gelegentlich kann es auch indiziert sein, Patienten mit übereinstimmenden Krankheitssyndromen, ohne Rücksicht auf die nosologische Zuordnung, zum Beispiel Depressive verschiedener Art, zusammenzunehmen, da Patienten, die ähnlichem Erleben ausgesetzt sind, von ihren Erfahrungen und von ihren Bemühungen, ihr Kranksein zu überwinden, gegenseitig lernen können.

2.1.6. Der Therapeut

Welche Voraussetzungen sollte ein Therapeut erfüllen?
Alles in allem ergeben sich folgende Kriterien, welche bei einem Gruppentherapeuten erfüllt sein sollten:

2.1.6.1. Geeignete Persönlichkeit

Dieses Kriterium ist am schwierigsten zu umschreiben, wird sich doch wohl jeder für geeignet halten, der ernstlich mit dieser Methode arbeiten will. Und wer hätte das Recht, einen anderen Menschen, wenn nicht grobe Gründe gegen die Ausübung eines Berufes sprechen, an der Verwirklichung seiner beruflichen Intentionen zu hindern? Und doch wagen sich viele Autoren daran, eine Persönlichkeit zu schildern, die als Gruppentherapeut geeignet wäre. So stellt SLAVSON unter anderen folgende Punkte auf:

2.1.6.1.1. Der Gruppentherapeut sollte ein geeignetes Modell für Identifikationen sein

Da sich in jeder Gruppe, zumindest temporär, die Tendenz zeigt, sich mehr oder weniger dem Therapeuten gleichzusetzen und ihn nachzuahmen, ist naturgemäß die Persönlichkeit des Gruppentherapeuten für die Zugehörigen sehr wichtig. Für die Entwicklung des Patienten, für die Reifung seiner Persönlichkeit, für das Erlangen eines erhöhten Durchsetzungsvermögens wie auch für die verbesserte Realitätsanpassung ist das Vorbild des Therapeuten wichtig. Wie der Therapeut die Probleme, die in der Gruppe auftauchen, anpackt, wird richtungsweisend werden für die eigene Einstellung zu den Lebensfragen. Wenn die Beteiligten erkennen, daß der Therapeut das eine Mal gewähren läßt, das andere Mal aber sich versagend verhält, werden sie es erlernen, sich einmal durchzusetzen, das andere Mal aber sich bescheiden im Hintergrund zu halten. Auch werden sie am Beispiel des Therapeuten erkennen, wo es nach einem inneren Entwurf zu handeln gilt, oder aber, wo sie den äußeren Gegebenheiten Rechnung tragen sollten. Die persönlichen Qualitäten des Therapeuten sind wichtig. Nicht nur seine Worte, sondern auch sein Verhalten zählt. Die Patienten registrieren die Ängste, Frustrationen, Hemmungen, Verwirrungen wie auch das Zögern des Therapeuten. In der Psychoanalyse hat es der Therapeut vielleicht leichter, denn er sitzt dort meist hinter dem Patienten, unbeobachtet. Hier aber, in der therapeutischen Gruppe, sitzt er «im Kreuzfeuer» der Beobachtung einzelner oder gar aller Beteiligten.

2.1.6.1.2. Reife

SLAVSON fordert von einem Gruppentherapeuten Reife. Als Zeichen dieser Reife faßt er auf: Emotionelle Freiheit, Sicherheit, ausgewogenes Urteil, Realitätssinn, gepaart mit einer geeigneten Lebensphilosophie. Nun, es wird kaum je ein angehender Therapeut von vorneherein diese Reife besitzen; er muß sie vielmehr oft mühsam erwerben, und hiefür eignet sich am ehesten die – individuelle – Lehranalyse.

2.1.6.1.3. Intuition und Aufnahmebereitschaft

Der Therapeut muß die Begabung haben, sich intuitiv in die ihn Umgebenden einzufühlen und unbewußte Vorgänge herauszuahnen. Allerdings wird er dieses Ziel kaum je am Anfang seiner Erfahrungen schon erreichen. Es braucht oft jahrelange Gruppenbeteiligung, bis ein Therapeut lernt, auf alle die vielen bewußten und unbewußten Prozesse, die sich bei den Einzelnen und in der Gesamtheit abspielen, zu achten.

2.1.6.1.4. Einfühlung

Es wird mehr Einfühlungsfähigkeit als Sympathiebereitschaft von einem Therapeuten gefordert werden müssen. Der Therapeut muß es auf der einen Seite lernen, sich in die Lebensanliegen der Gruppenbeteiligten hineinzuleben, auf der anderen Seite wird er sich aber jene Reserve auferlegen müssen, ohne die eine Therapie nicht mehr möglich ist.

2.1.6.1.5. Distanz / Teilnahme

Der Therapeut wird sehr darauf aus sein müssen, die für das freie Entscheiden notwendige Distanz einzuhalten. Doch darf sie nie soweit gehen, daß die Patienten kein Mitgefühl mehr erleben. Die oft beziehungsgestörten Patienten sollten es ja gerade beim Therapeuten erfahren können, daß er für sie da und erreichbar ist.

2.1.6.1.6. Frustrationstoleranz

Der Therapeut sollte in der Lage sein, Frustrationen zu ertragen, und er darf vor allem keine Erwartung hegen, daß eigene Unerfülltheiten durch die Gruppe gelöst werden könnten. Mit einer solchen Einstellung würde er die Mitwirkenden an der Entfaltung hindern.

2.1.6.1.7. Keine narzißtische Einengung

Der Therapeut sollte nicht dermaßen konfliktbehaftet sein, daß er keine Libido mehr für andere Fragen übrig hat. Gerade weil die naturgemäß mehrgliedrige Gruppe Therapeuten etwa verleiten könnte, in diesem Rahmen die Befriedigung ihres Narzißmus zu suchen, ist es wesentlich, daß die Gruppenleiter solche Tendenzen in ihnen kennen, immer wieder in Frage stellen und abbauen.

2.1.6.2. Ausbildung

2.1.6.2.1. Hochschulstudium, Post-Graduate-Ausbildung, Erwerb klinisch-psychiatrischer Kenntnisse

Beinahe überflüssig zu betonen ist, daß der angehende Gruppenpsychotherapeut ein abgeschlossenes Universitätsstudium hinter sich haben muß. Da er es dabei mit einer therapeutischen Methode zu tun hat, ist das absolvierte Medizinstudium die beste Vorbildung. Auch bietet die absolvierte Post-Graduate-Ausbildung zum Spezialisten für Psychiatrie die beste Gewähr für eine adäquate Anwendung der Gruppenpsychotherapie. Zumindest sollte der Arzt über eine ein- bis zweijährige klinisch-psychiatrische Erfahrung verfügen, da er nur so die psychopathologischen Manifestationen in der Gruppe als solche erkennen und behandeln können wird. Wie das Beispiel von SLAVSON und vielen anderen bewährten Gruppenpsychotherapeuten zeigt, können jedoch Psychologen mit entsprechender klinischer Erfahrung eine mindestens ebenso gute Ausbildung und Intuition für das Leiten von therapeutischen Gruppen mitbringen. Allerdings sollte unseres Erachtens der Psychologe zur Indikationsstellung immer einen Psychiater beiziehen. Es mangeln dem nur psychologisch Geschulten eben doch die notwendigen medizinischen bzw. psychopathologischen Kenntnisse. Beschließt er ohne ärztlichen Rat über einen Patienten, bzw. über dessen Eingliederung in eine Behandlungsgruppe, kann er sich in der Behandlungsindikation täuschen. Da eine Diagnose nur durch einen psychopathologisch ausgebildeten Arzt einwandfrei gestellt werden kann, bestünde bei ausschließlicher Indikationsstellung durch einen Psychologen die Gefahr, daß beispielsweise gehirnorganische Erkrankungen oder Suizidtendenzen übersehen werden könnten. Immerhin ist man mancherorts dazu übergegangen, auch Psychologen eine entsprechende klinisch-psychiatrische Erfahrung zu vermitteln.

2.1.6.2.2. Individuell-psychoanalytische Ausbildung

Wir können mit der Ausbildung nicht erst beim Erlernen der gruppentherapeutischen Möglichkeiten und Gefahren beginnen. Gleichgültig welcher Art von Gruppenpsychotherapie sich der Ausbildungskandidat zuwenden wird, sei es der Aktivitätsgruppenpsychotherapie, der analytischen Gruppenpsychotherapie, der direktiv-suggestiven Gruppenpsychotherapie oder dem Psychodrama, immer wird er sich zuerst Kenntnisse in der individuellen Psychotherapie zu erwerben haben. Dabei ist es wesentlich, daß er nicht nur theoretisch über die verschiedenen individuell-psychotherapeutischen Verfahren, wie Psychoanalyse, analytische Kurzpsychotherapie, Hypnose, Autogenes Training und andere Bescheid weiß, sondern auch das eigene Erleben, das beim psychotherapeutischen Angehen eines Patienten aufkommen kann, kennenlernt. Nur wer seine eigenen unbewußten Triebkonflikte und die daraus sich ergebenden Gegenübertragungen (FREUD, GAD-

DINI, PAULA HEIMANN, LOCH u. a.) und Gegenwiderstände (GLOVER) durch die psychoanalytische Selbsterfahrung kennt, wird in der Lage sein, ohne – positive oder negative – Vorurteile und Scheinbegründungen an die Gruppenpsychotherapie heranzugehen. Die Lehranalyse vermittelt den Ausbildungskandidaten die notwendige Erfahrung und das erforderliche Gespür, um die hinter der Gruppendynamik steckenden oder damit verbundenen tiefenpsychologischen Prozesse zu erfassen und zu verstehen. Dabei haben wir in den acht analytischen Selbsterfahrungsgruppen mit Basler Klinikärzten und in den drei analytischen Gruppen mit auswärtigen Kollegen sowie in einer Gruppe mit Theologen und in vier aus Psychologie-Studenten zusammengesetzten Gruppen, die wir bisher geleitet haben, nicht etwa darauf geachtet, daß alle Kandidaten eine – individuelle – Psychoanalyse durchgemacht hätten. Während der Arbeit mit der analytischen Selbsterfahrungsgruppe erkannten die Kandidaten jedoch oft, daß in ihnen zuvor unbewußte Konflikte hochkommen, die sie bewegen und geeignet sind, ihre Sicht zu trüben. Sie haben sich deshalb nicht selten während der analytischen Gruppenerfahrung entschlossen, zusätzlich eine Lehranalyse zu beginnen. Dabei rieten wir ihnen im allgemeinen an, etwa ein Jahr nach Beginn der Gruppenanalyse verstreichen zu lassen, damit das therapeutische Verhältnis in der Gruppenpsychotherapie schon gefestigt ist. Auch umgekehrt empfehlen wir Kollegen, die sich in einer individuellen Analyse befinden, sich erst etwa ein Jahr nach Beginn der individuellen Selbsterfahrung zusätzlich der Gruppenanalyse zuzuwenden. Es besteht sonst die Gefahr, daß die Kandidaten die Konflikte, die in die individuelle Therapie gehören, in der Gruppensituation ausagieren und die Probleme der Gruppenpsychotherapie beim Einzelanalytiker besprechen.

2.1.6.2.3. Selbsterfahrung im Rahmen einer analytischen Lehrgruppe

Soll die therapeutische Gruppenarbeit in ihrem Wert und in ihren Grenzen erkannt werden, muß den zukünftigen Therapeuten Gelegenheit geboten werden, einerseits sich in einem Lernprozeß die Gruppengesetzmäßigkeiten anzueignen, andererseits die unbewußten Regungen, die in einer Gruppe aufkommen, kennenzulernen. Weder therapeutische Vorlesungen, noch Kolloquien oder Seminarien können die praktische Erfahrung ersetzen. Auch das «Sensitivity Training» (DÄUMLING, SMITH u. a., siehe Kapitel «Sensitivity Training») ist nicht imstande, die späteren Gruppenpsychotherapeuten genügend auf ihre Aufgabe vorzubereiten. Es ist darauf ausgerichtet, die Verhaltensweisen der Einzelnen auf das Gebaren der anderen abzustimmen. Es dient dem gegenseitigen Informationsaustausch und der wechselseitigen Formation der an einer Gruppe Beteiligten in bezug auf ihre Verhaltensweisen und dem Erlernen von adäquaten Haltungen in der Gruppe. Doch richtet es sein Augenmerk nicht auf die der Gruppendynamik zugrunde liegenden psychologischen Prozesse. In der analytischen Selbsterfahrungsgruppe geht es darum, den einzelnen Beteiligten, wie BEUKENKAMP et al., GANZARIN et al., FRIEDEMANN, HARLFINGER, HULSE, KEMPER, STOKVIS u. a. gezeigt haben, außer den sozialen Gesetzmäßigkeiten die spezifischen psychodynamischen Momente, die in einer Gruppe zu beobachten sind, aufzuzeigen. So werden die Beteiligten beispielsweise die multiplen und multidimensionalen Übertragungsmöglichkeiten, die ebenso vielseitigen und vielschichtigen Widerstandsphänomene wie auch archetypischen Motive, die in ihnen aktiviert werden, kennenlernen.

2.1.6.2.4. Mitwirken als Ko-Therapeut

Der Rahmen einer psychotherapeutischen Gruppe gestattet es, im Unterschied zur – individuellen – Psychoanalyse, einen Ko-Therapeuten an den Sitzungen teilhaben zu lassen. Eine Gruppe, zu der sich ein zweiter Therapeut gesellt, ist zwar nicht die gleiche wie ohne diesen zusätzlichen Anwesenden. Sie kann nicht losgelöst von der zusätzlichen Person betrachtet werden. Der Ko-Therapeut ist ein sie ebenfalls strukturierender Bestandteil. Damit bleibt er nicht bloß Beobachter. Er wird zum Teilnehmer. Sein Verhalten wird, wie die Haltungen der anderen, immer wieder in Frage gestellt werden, und er erhält eine Chance, adäquate Verhaltensweisen zu üben. Nach Beendigung der Sitzungen diskutieren wir jeweils mit dem Kandidaten über Erfahrungen, die er gesammelt hat, und das durch uns Beobachtete. Er sollte Gelegenheit haben, sein Verhalten und sein Vorgehen in der Auseinandersetzung mit dem Erfahrenen bewußt zu erkennen und zu korrigieren.

Wie GENEVARD und JORDI gezeigt haben, interferieren gelegentlich gegenseitige Übertragungsprobleme zwischen den Therapeuten. Es wäre sogar denkbar, daß die beiden Therapeuten zuweilen nur noch mit ihren Beziehungen untereinander beschäftigt sind und die Gruppe ihrem Schicksal überlassen. Das Problem der gegenseitigen Beziehungen stellt sich allerdings etwas anders im Verhältnis zwischen einem erfahrenen Therapeuten und einem lernenden. Zwar kann es zwischen ihnen, über kurz oder lang, zu einem Generationenkonflikt oder zu Konkurrenzproblemen kommen. Doch sorgt die feste Rollenverteilung zwischen dem gruppenanalytischen Lehrer und dem Beginnenden im allgemeinen dafür, daß die beiden Therapeuten ihre Positionen nicht aus den Augen verlieren.

2.1.6.2.5. Kontrolle

Die Kontrolle ist prinzipiell auf drei verschiedene Arten möglich:

2.1.6.2.5.1. Einzelkontrolle

Die Komplexität und Vielschichtigkeit des Gruppengeschehens kann nur schwer wiedergegeben werden. Der angehende Gruppenpsychotherapeut wird – auch mit Tonband oder Videotape – nur einzelne Episoden und Konstellationen schildern können. Es ist wesentlicher, einzelne umgrenzte Abschnitte gründlich durchzugehen, als das Protokoll der gesamten Sitzung durchzuarbeiten versuchen. Der Gruppenkontrollanalytiker wird dabei die für die Gruppenpsychotherapie typischen Situationen herausgreifen und die adäquaten oder verfehlten Haltungen des Therapeuten zu erörtern haben. Der Unerfahrene erhält in der Kontrollstunde auch Gelegenheit, seinen Blick sowohl auf die psychologische als auch auf die soziologische Ebene zu richten und auf die Multifokalität und -dimensionalität der Gruppe aufmerksam zu werden.

2.1.6.2.5.2. Kontrollgruppe

Lassen mehrere angehende Gruppenpsychotherapeuten gleichzeitig – in einer *Kontrollgruppe* – ihre Behandlung kontrollieren, so interferiert mit ihrem Anliegen der Gruppenprozeß des kontrollanalytischen Kolloquiums. Einige der vorgebrachten Probleme erlangen, wenn sie emotionale Reaktionen hervorrufen, etwa ein übermäßiges Gewicht. Es erfolgt gelegentlich eine übermäßige Fokussierung auf eine Thematik, so daß andere Fragen zu wenig bearbeitet werden. Auch müssen sich die einzelnen Beteiligten in den Therapeuten und seine Präsenzzeit teilen. Doch lernen die Anwesenden auch aus den Berichten der anderen. Die Kandidaten haben Gelegenheit, sich mit den anderen in ihren Haltungen zu identifizieren, sich gegenseitig Halt zu verleihen, aber auch bewußt sich davon abzusetzen. Wenn die Mängel der Gruppenkontrolle bekannt sind, ist sie immerhin eine Methode, die den Miteinbezogenen eine Chance vermehrter Bewußtheit und Kenntnis vermittelt.

2.1.6.2.5.3. Der erfahrene Gruppenpsychotherapeut als Ko-Therapeut

Der Erfahrene hat es als Ko-Therapeut etwas leichter, sich ein Bild über einen Gruppenpsychotherapieverlauf zu machen, als wenn er sich als Außenstehender einen Bericht anhört. Doch wird sich der unerfahrene Gruppentherapeut in Anwesenheit des älteren Ko-Therapeuten gelegentlich befangen fühlen. Eine nach der Gruppensitzung durchgeführte Diskussion über den Ablauf der Gruppenstunde und das Verhalten beider wird dabei klärend wirken.

2.1.6.2.6. Theoretische Ausbildung

Es ist in der Regel besser, wenn die Kandidaten vorerst auf dem Wege der Formation, auf dem Wege des eigenen Erlebens mit der Gruppenpsychotherapie bekannt werden. Waren die zukünftigen Gruppenpsychotherapeuten während etwa eines Jahres an einer analytischen Selbsterfahrungsgruppe beteiligt, so werden sie gewisse theoretische Seminarien und Kolloquien besuchen sowie die einschlägige Literatur verarbeiten können. Es ist unsere Erfahrung, daß die Kandidaten, beginnen sie primär mit der theoretischen Ausbildung, ihre Kenntnisse in den Dienst der Abwehrmechanismen ihres Ichs, der Abwehr ihrer Gefühls- und Triebkonflikte stellen. Es wird durch die vermehrte Kenntnis der Zugang zu ihrem emotionalen Erleben oft nicht erleichtert sondern verwehrt. Haben die angehenden Gruppenpsychotherapeuten aber im Selbsterleben eine entsprechende Erfahrung erworben, so hilft die Theorie mit, das Selbsterlebte zu festigen. Aber auch bei der Wissensvermittlung, bei der Information, ist es wesentlich, daß der Lehrstoff nicht magistral, sondern durch die Gruppe der mitverantwortlichen Lernenden, in der Diskussion erarbeitet und erworben wird.

Theoretischer Unterricht ersetzt die praktische Erfahrung nicht. Doch ermöglicht er es, daß die Beteiligten eher auf Gruppengesetzmäßigkeiten oder auf Verhaltensweisen der Einzelnen aufmerksam werden.

Die Theorie sollte nicht nur Psychologie und Psychiatrie, sondern ebenso sehr Soziologie, Sozialpsychologie und Gruppendynamik umfassen.

2.1.6.3. Die Funktionen des Therapeuten

Die Funktionen des Gruppenleiters können in fünf Kategorien unterteilt werden:

2.1.6.3.1. die lenkend-direktiven,
2.1.6.3.2. die stimulierend-aktivierenden,
2.1.6.3.3. die ausdehnend-erweiternden,
2.1.6.3.4. die interpretativen,
2.1.6.3.5. die überwachend-einschränkenden.

2.1.6.3.1. Die lenkend-direktiven Funktionen des Gruppenleiters

Sogar bei der analytischen Gruppenpsychotherapie hat der Therapeut gelegentlich die Aufgabe zu übernehmen, das vor sich gehende Gruppengespräch in andere Bahnen zu lenken. Dreht sich die Gruppe gedanklich im Kreis, diskutiert sie über Äußerlichkeiten oder über philosophisch oder politisch interessante Probleme, statt über die Problematik der Einzelnen und der Gesamtheit, ist es am Therapeuten, sie darauf hinzuweisen, daß sie selbst und nicht irgendwelche andere Fragen zur Diskussion gestellt sind. Dabei können die Bemerkungen des Gruppenleiters relativ kurz sein, zum Beispiel «wir drehen uns im Kreis», «was hat diese Frage mit unseren eigenen Problemen zu tun», «warum fliehen wir immer vor den eigenen Problemen in irgendwelche objektive Diskussionen»?

Der Therapeut muß der Gruppe helfen, sich auf ein Thema, das die Verhaltensweisen und die Konflikthaftigkeit eines oder mehrerer Patienten betrifft, zu konzentrieren. Er muß die Gruppe aus Unklarheiten hinausführen und ihr eine Richtung geben. Vor allem hat er die Beteiligten dahingehend zu lehren, daß sie in der Vergangenheit, meist in der Kindheit, begründete Wiederholungstendenzen als solche erkennen. Nicht selten wird es auch nötig, die Katharsis eines oder mehrerer Patienten in Bahnen zu bringen, die keinen der Mitwirkenden allzu sehr belasten. Auch wird der Therapeut darauf achten müssen, daß sich die Gruppe nicht zu sehr nur mit den Problemen eines Einzelnen abgibt, da sich sonst die übrigen nicht genügend angenommen und der eine zu sehr der Gruppe ausgesetzt fühlen.

2.1.6.3.2. Die stimulierend-aktivierende Funktion des Gruppenleiters

Ist eine Gruppe zu passiv oder verharrt sie therapeutischem Angehen gegenüber in einer Widerstandshaltung, herrscht hemmende Angst oder blinde Aggressivität vor, ist es Aufgabe des Therapeuten zu versuchen, dem Kollektiv zu helfen, die die Gruppenprozesse behindernden Manifestationen zu überwinden. Der Therapeut wird zum Beispiel einem der Beteiligten eine gezielte Frage stellen und vielleicht einen Gedanken, der in einer früheren Diskussion aufgekommen war, wieder hervorholen. Oder er wird die Zusammenhänge zwischen den Verhaltensweisen in der jetzigen Kollektivsituation und dem Erleben früherer Gruppen (zum Beispiel der frühkindlichen Familie) hervorzuheben versuchen. Ein andermal wird er durch sein Eingreifen die Interaktionen und die sie begleitenden psychodynamischen Prozesse zu beschleunigen und als Katalysator der Gruppe zu wirken versuchen.

2.1.6.3.3. *Die ausdehnend-erweiternden Funktionen des Gruppenleiters*

Oft kann beobachtet werden, daß die Auseinandersetzung sich zu sehr auf ein Teilgebiet beschränkt. Der Therapeut wird darauf achten müssen, daß auch Gesichtspunkte ins Feld geführt werden, die das Ganze eines Problems umfassen und nicht nur unwichtige Details betreffen. Nicht selten kommt es vor, daß immer gewisse Teilnehmer in einer schweigenden Rolle verharren. Am Gruppenleiter ist es, möglichst viele des Kollektivs in die Gruppendynamik miteinzubeziehen. Es fällt dem Therapeuten die Aufgabe zu, einerseits auf die Einzelnen, anderseits aber auch auf die Entwicklung der Gesamtheit zu achten. Besonders für unerfahrene Therapeuten ist es oft schwer, sowohl die Konflikte und Anliegen des Einzelnen, als auch diejenigen der Gesamtgruppe im Auge zu behalten. Für ich-schwache Patienten kann es beispielsweise entscheidend wichtig sein, daß der Therapeut ihnen beisteht, sie schützt und sie mit in die Diskussion einbezieht. Für die ganze Gruppe und die verschiedenen Beteiligten ist es zum Beispiel wichtig, daß der Gruppenleiter die aufgekommenen Ideen wenn nötig hervorholt und sie weiter zu entwickeln hilft. Er soll dabei nicht so sehr selbst eingreifen, sondern versuchen, die Patienten immer wieder anzuregen, einen gewissen Gedanken fortzusetzen und durch neue Überlegungen zu ergänzen. Es wird dem Therapeuten, der eine Gruppe leitet, vor allem aber daran gelegen sein, die Einsicht, die Erkenntnis bei den Beteiligten zu fördern und ihre Probleme durch klärende Bemerkungen zu erhellen.

2.1.6.3.4. *Interpretative Funktionen des Gruppenleiters*

Um eine Interpretation abgeben zu können, muß der Therapeut nicht nur den Werdegang der entsprechenden Psychotherapiegruppe kennen, sondern ebensosehr die Lebensgeschichte der Einzelnen. Nur so wird er es registrieren können, wenn die einzelnen Zugehörigen oder die Gesamtheit gegenwärtige Situationen und in der (Gruppen-) Gegenwart auftretende Menschen mit in der Vergangenheit erlebten gleichsetzen. Der Gruppenleiter wird den Mitwirkenden beistehen, Projektionen und Übertragungseinstellungen als solche zu erkennen. Dabei wird er nicht so sehr selbst immer eine Deutung geben, sondern dazu beitragen, daß Mitpatienten die Haltungen und Verhaltensweisen des Einzelnen erkennen und deuten. Besonders in dieser interpretativen Aufgabe werden also immer wieder Patienten Hilfstherapeutenfunktionen übernehmen. In der therapeutischen Gruppe wird so der eine zum Therapeuten des anderen.

2.1.6.3.5. Die überwachend-einschränkenden Funktionen des Gruppenleiters

In den therapeutischen Gruppen kommt es, wie erwähnt, etwa zu einer derartigen Dominanz der Affekte, daß ihr droht, sich gänzlich an das emotionale Geschehen zu verlieren. Aufgabe des Therapeuten ist es dann, darüber zu wachen, daß immer noch zumindest eine gewisse Kritik rege bleibt. Der Therapeut hat also im Behandlungskollektiv Kontrollfunktion. Er muß sie besonders dann anwenden, wenn der Gesamtheit Gefahr droht, zu einer «Masse im kleinen» zu entarten. Kommen gleichzeitig allzu viele Gruppenbeteiligte in einen kathartischen Prozeß, wird er darauf achten müssen, die Emotionen zu beschränken. Aber auch beim Einzelnen, besonders bei Schizophrenen, wird er etwa für eine Eindämmung der in Bewegung geratenen Emotionen sorgen müssen, damit sein Ich nicht durch eine Inflation unbewußter Gefühlsgehalte überschwemmt wird.

2.1.6.4. Passivität – Aktivität des Therapeuten

Je nach Charakter des Therapeuten liegt es ihm eher, still, vom Hintergrund aus zu beobachten und zu wirken oder aber sich mehr ins Rampenlicht zu stellen. Wie dem auch sei, sollte der therapeutische Gruppenleiter versuchen, in einer möglichst passiv-partizipierenden Rolle zu bleiben. Er darf sich nicht zu sehr in den Vordergrund schieben und sollte nur eingreifen, wenn es zur Klärung oder Richtungsänderung unbedingt erforderlich ist. Übernehmen Patienten kurzfristig die Therapeutenrolle, soll sie ihnen belassen werden, vorausgesetzt, daß sie die Gruppe nicht monopolistisch zu ihren Zwecken ausnützen. Noch in jeder therapeutischen Gruppe konnten wir beobachten, daß die Patienten zu Beginn sehr hartnäckig versuchten, den Therapeuten in eine Rolle zu schieben, in der er das Kollektiv unterrichten, mit Erkenntnissen «füttern», in der er als Lehrer auftreten sollte. Wie bereits in einem früheren Abschnitt erwähnt, schätzen es die Beteiligten in einer initialen Phase der Gruppenbehandlung, nach erfolgter gegenseitiger Kontaktnahme, in einer infantil-regressiven Haltung zu verharren. Die Patienten wollen jegliche Verantwortung dem Therapeuten zuschieben. Wenn sie erkennen, daß er ihnen diesen Wunsch versagt, werden sie in der Regel gegen ihn aggressiv. Sie erwägen dann etwa, ob er unter diesen Umständen in der Gruppe noch nötig sei, was er ihnen überhaupt nütze usw. Diese Aggressivität dem Gruppenleiter gegenüber zeigt sich erst nach aufgetretener Regression. Das Hervorkommen feindseliger Gefühle dem Therapeuten gegenüber beschleunigt auch die Abreaktion anderer, bisher hintan gehaltener Affekte.

Um den Patienten zu helfen, ihre bisher unterdrückten Emotionen zu äußern und später zu erkennen, muß sich der Therapeut äußerste Zurückhaltung auferlegen. Verhält er sich allzu aktiv, erstickt er neue Ansätze der Patienten im Keim.

Die Patienten werden sich daran gewöhnen müssen, daß sie ein Stück Verantwortung für sich, bzw. ihre Entwicklung, selbst zu tragen haben. Sie werden erkennen, daß sie bei der Übernahme einer gewissen Verantwortung wachsen und es erlernen, ohne Angst eine Aufgabe in der Familie und in der engeren oder weiteren Gesellschaft zu übernehmen. Für den Gruppenleiter ist es wichtig zu beachten, daß die therapeutische Gruppe *gruppenzentriert* bleibt und nicht *führerzentriert* wird. Bei dieser Gelegenheit ist auch zu betonen, daß es auch wesentlich ist, die Gruppe nicht allzu sehr *konfliktzentriert* werden zu lassen. Es geht ja in der Gruppe weniger darum, den Patienten die speziellen Konfliktinhalte in extenso aufzuweisen, als sie vielmehr die sich daraus immer wieder ergebenden anachronistischen Haltungen und Verhaltensweisen in den Gruppensituationen erleben und erkennen zu lassen. Da in der Behandlungsgruppe den einzelnen Patienten naturgemäß weniger Zeit als in der individuellen Psychotherapie zur Verfügung steht, ist es ohnehin nicht möglich, die aufgestiegenen Probleme eingehend zu besprechen. Schon aus diesem Grunde empfiehlt es sich, daß der Therapeut die Gruppe, bzw. die einzelnen Zugehörigen, vor allem zum Registrieren der aus ihrer Problematik erwachsenden Haltungen ermuntert. Sie erhalten so Gelegenheit, ihre Verhaltensweisen zu korrigieren und, in der Rückwirkung, auch die ihnen zugrunde liegenden Konfliktinhalte zu überprüfen.

2.1.6.5. Gegenübertragung des Therapeuten auf die Gruppe

Es kann wohl kaum vermieden werden, daß der Therapeut gewisse, aus seiner eigenen Vergangenheit her zu verstehende, unzeitgemäße Erwartungen der Gruppe gegenüber hegt. SLAVSON spricht in diesem Zusammenhang sogar von der Unvermeidbarkeit der Gegenübertragung. So wäre es zum Beispiel denkbar, daß der Therapeut von der Gruppe eine Selbstbestätigung erwartet, die er früher als Kind, als er vor eine Gruppe, beispielsweise die Familie oder die Schulklasse, treten mußte, nicht erhielt. Für die therapeutische Gruppe ist es naturgemäß nicht ideal, wenn der Gruppenleiter solche Erwartungen an das Behandlungskollektiv knüpft. Doch sie sind auch bei Therapeuten, die eine eingehende analytische Selbsterfahrung hinter sich haben, immer wieder zu erkennen, da jede neue therapeutische Situation wieder neue unbewußte Tendenzen weckt. Besser wäre es vielleicht, wenn der Therapeut vollkommen unbeschwert durch seine Vergangenheit und ohne jegliche besondere Erwartung an die Gruppentätigkeit herangehen könnte. In der klassischen Psychotherapie ist es für den Therapeuten meist leichter, seine Gefühle im Hintergrund zu halten, sitzt er doch in der Regel hinter dem Patienten. Die mehrgliedrige therapeutische Gruppe und die vielseitigen und vielschichtigen affektiven Einwirkungen, denen auch der Therapeut ausgesetzt ist, bewirken es, daß er in der Gruppe eher als in der therapeutischen Zweiersituation die Kontrolle über seine eigenen unbewußten Strebungen verliert.

Die Gegenübertragung kann gegenüber einzelnen oder der Gruppe negativ, positiv oder ambivalent sein. Beispielsweise kann es zu einer positiven Gegenübertragung kommen, wenn der Therapeut das Bedürfnis hat, von einem Patienten geliebt zu werden; er unternimmt dann alles, um von diesem Patienten jene Benevolenz zu erhalten, die er unbewußt benötigt. Seine Angst vor dem Kollektiv, bzw. vor dessen Urteil, wird damit vielleicht gemildert. Oder aber er versucht auf jede ihm mögliche Weise, die Gruppe als gesamte günstig zu stimmen. Es ist naheliegend, daß bei solchem Verhalten des Therapeuten das Behandlungsanliegen leidet.

2.1.7. Indikationen zur Gruppenpsychotherapie

Die Indikationen für die Anwendung der Gruppenpsychotherapie ergeben sich im Grunde genommen bereits aus den Abschnitten über «Die therapeutische Gruppe» und die «Therapeutisch wirkenden Faktoren der Gruppenpsychotherapie – Stadien der Gruppenpsychotherapie». Sie lassen sich größtenteils auch unschwer aus den Kapiteln über «Gruppenpsychotherapie: Begriff und Einteilung» und «Spezielle Methoden» herauslesen. Doch soll die Frage der Indikation im folgenden unter sechs Gesichtspunkten kurz speziell erörtert werden.

Wenn wir empfehlen, einen Patienten in ein therapeutisches Kollektiv einzureihen, bzw. mit einer Gruppe psychotherapeutisch zu arbeiten, so schweben uns oft verschiedene Ziele vor. Diese unterschiedlichen Zwecke, die mit der Gruppenpsychotherapie verfolgt werden können, spiegeln sich in den verschiedenen Indikationen wider:

2.1.7.1. Soziale Indikation

In der Behandlungsgruppe sehen sich die einzelnen Beteiligten über kurz oder lang genötigt, Kontakt mit den anderen aufzunehmen. Bereits diese Tatsache führt dazu, daß die Beteiligten es lernen, mit anderen Menschen in Beziehung zu treten. In der Auseinandersetzung des Gruppenprozesses, in den multilateralen und multidimensionalen Interaktionen sammeln sie eine soziale Erfahrung, die sie vielleicht endgültig von Fehlhaltungen, die im negativen Erleben früherer Kollektivsituationen begründet sind, befreit. Alteingeschliffene, sozial sich ungünstig auswirkende Verhaltensweisen können allmählich abgebaut werden. Es wird so möglich, die verschiedenen Mitwirkenden auf adäquatere Einstellungen und Haltungen zu konditionieren.

Die therapeutische Gruppe ist in dieser Sicht ein soziales Übungsfeld. Die Anwendung der Gruppenpsychotherapie zu diesem Zweck ist dementsprechend besonders dort indiziert, wo aus beliebigen Gründen eine mangelnde soziale Anpassungsfähigkeit besteht. Wenn wir Neurotiker, Schizophrene, Alkoholiker und Toxikomane gruppenpsychotherapeutisch erfassen, geschieht es mit aus diesem Grund. Aber auch in den analytischen Lehrgruppen mit Ärzten und in den Selbsterfahrungsgruppen mit dem Pflegepersonal einer Klinik geht es nicht zuletzt darum, ihnen eine bessere Adaptationsfähigkeit an die kleine Gemeinschaft, in der sie ihren Beruf ausüben, aber auch an die größere, äußere Gesellschaft und vielleicht auch an den Kreis ihrer Familie zu ermöglichen. Die soziale Indikation zur Gruppenpsychotherapie ist ganz besonders aber dort gegeben, wo Tendenzen zur Dissozialität vorliegen. Bei den milieugeschädigten und verwahrlosten Mädchen, die wir in unserer Klinik gruppenpsychotherapeutisch angehen, überwiegt weitgehend diese soziale Indikation. Überhaupt wird bei Charakterabnormen verschiedener Art diese Indikationsstellung im Vordergrund stehen.

Die Mitglieder werden in der Behandlungsgruppe einerseits sich durchsetzen lernen. Doch werden sie andererseits merken, wo sie sich den anderen, zumindest bis zu einem gewissen Grade, adaptieren sollten, wenn sie von ihnen angenommen werden wollen. Das Behandlungskollektiv trägt durch die Verbesserung der sozialen Integration der Beteiligten zu deren besserer Selbstverwirklichung bei. Sie laufen so weniger Gefahr, ihren Weg und damit ihr Leben zu verfehlen.

2.1.7.2. Therapeutische Indikation im engeren Sinn

Die Verbesserung der sozialen Integration stellt zwar häufig auch eine therapeutische Indikation zur Gruppenpsychotherapie dar. Doch ist die soziale Eingliederung eher das Resultat der Gruppendynamik an sich als dasjenige einer Förderung entlastender oder der Einsicht dienender affektiver oder intellektueller Vorgänge beim Individuum oder der Gesamtheit. Nur wo eine solche «Reinigung» der Tiefenpsyche von belastenden Gefühlsgehalten oder eine auf – bewußter – Einsicht beruhende Korrektur einer anachronistischen Einstellung und Haltung erwünscht ist, möchten wir von einer therapeutischen Indikation im engeren Sinne sprechen. Ist es unser therapeutisches Anliegen, kathartische Prozesse zu aktivieren oder die Patienten zum Erkennen von Projektionstendenzen und Übertragungseinstellungen zu bewegen, so liegt eine eigentliche therapeutische Indikation vor. Bei Neurotikern, bei Schizophrenen, Depressiven verschiedener Art wie auch bei Alkoholikern und Toxikomanen überwiegen diese therapeutischen Ziele gegenüber den erwähnten sozialen. Diese Kranken müssen einerseits längst zurückgehaltene oder verdrängte Affekte los werden und Einsicht in unbewußte Motivationen ihres Tuns und Handelns nehmen. Auch in Selbsterfahrungsgruppen mit den Ärzten und dem Pflegepersonal ist diese Indikation die wichtigste. Bei Charakterabnormen verschiedener Art, speziell bei dissozialen Jugendlichen, spielt aber diese Indikation eine geringere Rolle. Sie sind zwar meist imstande, Gefühle kathartisch zu entladen. Es gelingt ihnen etwa auch, Einsicht in das Abartige ihrer Verhaltensweisen zu nehmen. Doch glückt es ihnen oft nicht, sich als Folge der gewonnenen Erkenntnis zu wandeln. Erst die im Rahmen der Gruppe gewonnene soziale Erfahrung wird sie dazu bringen, ihr Verhalten den Gegebenheiten anzupassen. Deshalb überwiegt bei diesen Kranken, wie erwähnt, die soziale Indikation.

2.1.7.3. Didaktische Indikation

Diese Indikation ist dann gegeben, wenn es darum geht, Individuen in einer Gruppe zusammenzufassen, um sie aufzuklären oder zu unterrichten. Unterteilen wir beispielsweise in Fortbildungskursen das diplomierte Pflegepersonal unserer Klinik in kleine Gruppen, so liegt es uns nicht in erster Linie daran, ihnen in einem solchen Kreis zu einer Katharsis und zu einer Einsicht zu verhelfen. Wir möchten sie vielmehr vor allem unterrichten. So ist es unser Wunsch, den an diesen Gruppen Beteiligten adäquate Verhaltensweisen gegenüber Patienten und moderne psychopharmakologische und psychotherapeutische Behandlungsmethoden näherzubringen. Aber auch bei Patientengruppen, zum Beispiel bei den Alkoholkranken und Toxikomanen, hat die Behandlungsgruppe neben den sozialen und im engeren Sinne therapeutischen auch didaktische Aufgaben zu übernehmen. Man wird den Zugehörigen erklären müssen, warum die Suchtgifte schädlich sind und wie sie sich auswirken. Vor allem wird man ihnen aber auch didaktisch helfen müssen, sich von den Suchtmitteln fernzuhalten. –

Diese didaktische Indikation der Gruppenpsychotherapie überwiegt offenbar in der sowjetischen Gruppenpsychotherapie (IVANOV). Der Therapeut unterrichtet dort die Patienten zum Beispiel über die Bedeutung von Angst, depressiver Stimmung oder hypochondrischer Befürchtung. Es wird dabei erwartet, daß die Patienten sich allmählich von ihrer Krankheitssymptomatik abwenden können und sich wieder ihren sozialen Aufgaben zuzuwenden beginnen. Nach IVANOV werden den Patienten in Gruppen sogar spezielle Methoden gelehrt, mit deren Hilfe sie gegen ihre (neurotischen) Symptome kämpfen oder sich von ihnen distanzieren können. In unserem Kulturkreis spielt, wie aus unseren Ausführungen ersichtlich, die didaktische Gruppenpsychotherapie mit Patienten auch eine gewisse Rolle. Doch prävalieren bei uns die sozialen und eigentlichen therapeutischen Indikationen, da wir der Ansicht sind, daß es oft nichts nützt, die Patienten über das Wesen ihrer Krankheit oder die möglichen Wege der Heilung zu unterrichten. Viel wirksamer ist es unserer Erfahrung nach, die Patienten zuerst emotionell zu ergreifen, ihnen zu einer Gefühlsabfuhr zu verhelfen und ihnen wo möglich eine intellektuelle Einsicht durch Selbsterleben zu erleichtern.

2.1.7.4. Die nosologische Diagnose als Indikation zur Gruppenpsychotherapie

Wir kennen nur wenige psychiatrische Diagnosen, bei denen Gruppenpsychotherapie nicht indiziert ist. Vielleicht sind aber Patienten mit gewissen Diagnosen für die Kollektivbehandlung besonders geeignet. Oder aber sie sind durch die gleichzeitige Kollektivbehandlung besser zu erfassen und einer Genesung zuzuführen als bei ausschließlicher individueller Behandlung. In diesem Zusammenhang sind hauptsächlich die Alkoholiker mit ihrem überdurchschnittlichen sozialen Bedürfnis, die oft beziehungsgestörten Toxikomanen und die jugendlichen Dissozialen zu erwähnen. Während bei den Alkoholkranken die Indikation zur Gruppenpsychotherapie schon aus der Tatsache hervorgeht, daß sie für eine Gemeinschaft besonders empfänglich sind, ist die Begründung der Indikation dieser Behandlungsmethode bei Toxikomanen nicht ohne weiteres ersichtlich. Doch haben wir in unserer Klinik während Jahren beobachten können, daß die anfänglich oft recht mißtrauischen Patienten in der Regel eher Kontakt mit dem Therapeuten finden können, wenn sie erkennen, daß andere gefahrlos vor ihm und der übrigen Gruppe sprechen. Indem sie mit anderen Mitgliedern in Beziehung treten, gewinnen sie gerade auch den erwünschten Kontakt mit anderen Menschen. Auch an die dissozialen Jugendlichen ist das therapeutische Anliegen oft leichter in der Gruppe als in der Einzelpsychotherapie heranzutragen. Es ist, wie bereits in einem früheren Abschnitt erwähnt, bei Jugendlichen ja ohnehin oft schwierig, eine Psychotherapie durchzuführen. Sie wollen nicht, kaum haben sie die Domination durch Erwachsene abgestreift, sich erneut an einen erwachsenen Therapeuten binden. Erkennen sie aber in einer therapeutischen Gruppe, daß ein Beteiligter, ohne sich zu kompromittieren, mit dem Therapeuten Kontakt aufnimmt, so werden sie dazu ermutigt, ebenfalls aus ihrer Reserve herauszutreten.

2.1.7.5. Das klinische Syndrom als Indikation zur Gruppen-psychotherapie

Wie Freyhan, Kielholz, Labhardt, Poeldinger u. a. für die Depressionsbehandlung betonen, ist es zur Therapie psychiatrischer Patienten wesentlich, sie nicht nur nosologisch, sondern auch syndromal zu erfassen. Wenn wir 1965 dazu übergegangen sind, Depressive gruppenpsychotherapeutisch zu erfassen, so gingen wir nicht von der nosologischen Diagnose aus. Es war für uns vielmehr entscheidend, daß solche Kranke zusammengenommen werden, die subjektiv unter gleichermaßen bedrückendem Erleben standen oder dadurch gequält waren, in ihrem Leiden überhaupt nicht mehr erleben zu können. Wir nahmen deshalb nicht etwa endogen oder reaktiv Depressive getrennt in Gruppen, sondern wir fassen sie in einem Kollektiv zusammen. Wie sich aus dem späteren speziellen Abschnitt über unsere diesbezüglichen Erfahrungen ergeben wird, bewährte sich dieses Vorgehen. Auch bei den dissozialen Jugendlichen achten wir nicht darauf, ob zum Beispiel die Verwahrlosung neurotischer oder anderweitiger Genese ist. Maßgebend für das Einreihen in die Gruppe milieugeschädigter und verwahrloster jugendlicher Mädchen ist, neben anderen, im speziellen Kapitel über diese Art Gruppenpsychotherapie zu erwähnenden Kriterien, das Syndrom der Verwahrlosung im psychosexuellen und sozialen Bereich.

Die Auslese nach Syndromen ist indessen nicht überall möglich. Wir können beispielsweise nicht alle Patienten mit Zwangssymptomatik zusammennehmen, da zum Beispiel Neurotiker und Schizophrene mit solchen Krankheitsphänomenen, entsprechend ihrer unterschiedlichen Ich-Stärke, eine andere Technik der Gruppenpsychotherapie erfordern.

2.1.7.6. Explorative Indikation

Die therapeutische Gruppe gestattet uns, die Patienten in einem sozialen Rahmen zu beobachten. Es wird dabei ersichtlich, ob und in welchem Ausmaß sie beziehungsgestört sind. Die Verstärkerwirkung der Gruppe auf die Gefühle führt auch dazu, daß gelegentlich psychopathologische Phänomene verstärkt zum Vorschein kommen. So geschah es schon oft, daß paranoide Schizophrene, die unter Neuroleptika anscheinend remittiert waren, im Gruppenverband wieder Beziehungs-, Beeinträchtigungs- oder Verfolgungsideen preisgaben. Damit war der Nachweis erbracht, daß diese Kranken doch noch nicht gefestigt genug waren, um aus der Klinik auszutreten. Auch bei Alkoholikern bietet die Gruppenpsychotherapie eine Gelegenheit, deren Einstellung zu der von ihnen zur Verhütung eines Rezidivs verlangten totalen Alkoholabstinenz zu überprüfen. Im Gruppenverband lassen sie meist die Vorsicht fallen, die sie im Einzelgespräch üben. Werden sie im Kollektiv durch andere in ihrer Opposition gegen die ärztliche Forderung bestärkt, so verkünden sie ebenso überzeugt wie jene, daß sie nicht übermäßig tränken und sie deshalb in Zukunft keineswegs ganz auf den Alkohol zu verzichten hätten. Damit ist es möglich, bei diesen Kranken Tendenzen, die die Prognose verdüstern, rechtzeitig zu erkennen und sie psychotherapeutisch anzugehen.

Die parallel zu anderen psycho- und pharmakotherapeutischen Verfahren geführte Gruppenpsychotherapie gestattet es demnach zu überprüfen, was mit der Behandlung bisher erreicht worden ist und mit welcher Prognose gerechnet werden kann.

In der Behandlungsgruppe ist jedoch noch eine weitere Exploration der einzelnen Beteiligten und der Gesamtheit möglich. Wir meinen die soziometrischen Tests. Mit ihrer Hilfe ist es, wie wir bereits in einem früheren Abschnitt «Die Hierarchie in der therapeutischen Gruppe» darlegten, möglich, die Stellung der Einzelnen im Kollektivverband und damit auch die gesamte Hierarchie der Gruppe zu erfassen. Die Position, die ein Patient im therapeutischen Kollektiv innehat, und die Rolle, die er darin ausübt, sagen auch etwas darüber aus, wie er sich in Kollektivsituationen verhalten und bewähren wird. Kann sich ein Patient in der hierarchischen Stufenleiter des Behandlungskollektivs emporarbeiten, ist anzunehmen, daß es ihm auch außerhalb der Klinik möglich sein wird, sich in den ihn umgebenden Gruppen durchzusetzen. Muß er sich jedoch in der Therapiegruppe mit einer Omega-Position begnügen, so besteht Grund zur Befürchtung, daß er auch nach Spitalentlassung Mühe haben wird, seinen Weg zu finden.

Die Stellung in der Hierarchie der Behandlungsgruppe vermittelt also auch gewisse prognostische Hinweise für die soziale Bewährung. Allerdings können Patienten mit Hilfe des Therapeuten es mit der Zeit erlernen, sich günstigere soziale Positionen im Kreise der Gruppe zu erwerben. Beispielsweise wird der Gruppenleiter etwa einmal selbst in die Omega-Position einspringen, um es einem Kranken zu erleichtern, sich aus der Benachteiligtenposition herauszuarbeiten. Vielleicht wird es ihm so erstmalig möglich, sich gegen Aggressionen anderer zu wehren. Während er zuvor zum Beispiel gewohnt war, sich immer zu ducken, wird er jetzt lernen, seinen Kopf höher zu tragen und den Kampf mit den anderen aufzunehmen.

Bei Patienten, die allzu sehr nach Geltung streben, muß sich der Therapeut etwa dazu entschließen, die Alpha-Position selbst zu übernehmen. Sollte sich der Kranke dauernd nicht unterordnen können und immer eine Monopolstellung für sich beanspruchen, könnte er nicht weiter in der Gruppe belassen werden. Gelingt es aber dem Therapeuten, den Patienten dazu zu bringen, sich temporär mit einer untergeordneten Position abzufinden, so ist anzunehmen, daß er es lernt, sich etwa auch später mit bescheideneren Rollen abzufinden.

Mittels der mit und in einer Behandlungsgruppe durchgeführten soziometrischen Tests kann also die soziale Prognose vorausgesagt werden. Es ist damit aber auch zu erkennen, wo im Verlaufe der Gruppenpsychotherapie in bezug auf die soziale Bewährung korrigierend eingegriffen werden muß. Die periodisch wiederholten soziometrischen Tests werden dann auch erweisen, inwiefern die kollektive Behandlungsmethode beim einzelnen Patienten zum Erfolg geführt hat.

2.1.8. Kontraindikation

Nicht alle Patienten können ohne weiteres gruppenpsychotherapeutisch angegangen werden. Wenn aber GRINBERG et al. schwere Depressionen und Selbstmordgefährdung als Kontraindikationen ansehen, so müssen wir ihnen entgegenhalten, daß wir mit Gruppenpsychotherapie bei Depressiven – und darunter waren auch Suizidale – ermutigende Erfahrungen gesammelt haben. Wir werden in einem speziellen Kapitel näher darauf eingehen.

Bei diesen Kranken ist es indessen besonders wichtig, daß sie nicht vereinzelt in andersdiagnostische Gruppen eingereiht werden. In einem ihnen wesensfremden Kollektiv würden sie sich unverstanden, verloren, isoliert erleben, und es bestünde die Gefahr, daß sie sich noch mehr aus der Welt geworfen fühlten. Doch ist es auch bei anderen Patienten nicht opportun, sie in Gruppen, die nur aus andersdiagnostischen Kranken zusammengesetzt sind, einzureihen. Wollen wir ein therapeutisches Kollektiv mit gemischten Diagnosen zusammenstellen, so sollte die Mischung adäquat proportioniert sein. Ein einzelner Schizophrener in einer Neurotikergruppe oder umgekehrt ein einzelner Neurotiker in einer Schizophrenengruppe würde sich ebenfalls ausgestoßen, isoliert und unverstanden fühlen. Die oben beschriebenen Kontraindikationen sind aber nur relative, weil es absolut möglich ist, die erwähnten Patienten in – homogenere – therapeutische Gruppen einzuordnen.

Wir sind auch nicht der in der Literatur häufig zu findenden Ansicht, schwere sexuelle Störungen seien Kontraindikationen für die Gruppenpsychotherapie. Auch bei diesen Kranken dürfte Geltung haben, daß sie durchaus, allerdings in einer Behandlungsgruppe mit ähnlich gestörten Kranken, gruppenpsychotherapeutisch angegangen werden dürfen, wie langjährige Erfahrungen von BETLHEIM, HADDEN u. a. zeigen.

Doch wollen wir mit unseren Feststellungen nicht sagen, daß die Gruppenpsychotherapie bei jedem psychiatrischen Patienten indiziert sei. Bei wenig durchsetzungsfähigen und schwer beziehungsgestörten Neurotikern ist eine (individuelle) Psychoanalyse weit eher angezeigt. Der Psychoanalytiker wird subtiler vorgehen als eine therapeutische Gruppe, in der die Patienten das Maß des Zuträglichen nicht immer erkennen. Auch andersartige Kranke benötigen oft den intimeren Rahmen des therapeutischen Zweierverhältnisses. Der oft gehörten Aussage, daß die Gruppenpsychotherapie weniger tief gehe als die Psychoanalyse, können wir jedoch nicht beipflichten. Im Gegenteil, die Verstärkerwirkung der Gruppe auf die Gefühle bedingt es oft, daß vorher verdrängte Anliegen erstmals zum Vorschein kommen. Die Tatsache, daß in der Gruppenpsychotherapie die aufgekommenen Fragen oft nur wenig gründlich bearbeitet werden, können wir indessen nicht bestreiten. Man wird sich in der Gruppe sogar etwa darauf beschränken müssen, typische Haltungen der Einzelnen und des Kollektivs zu erörtern, und es vermeiden, die speziellen Inhalte der Probleme Einzelner in extenso zu bearbeiten. Ist der Leidensdruck eines Patienten beträchtlich, wird er deshalb eine therapeutische Gruppe nicht selten als frustrierend erleben. Für andere stellt die therapeutische Gruppe einen Rahmen dar, in dem sie ihre Konflikte agieren und sich einer eingehenden Auseinandersetzung mit ihnen entziehen. Es ist kontraindiziert, bei einem Patienten gleichzeitig individuelle und kollektive Psychotherapie zu beginnen, da sonst die Gefahr besteht, daß er die beiden Behandlungen gegeneinander ausspielt und Widerstandshaltungen unbewußt in der Paralleltherapie genährt und agiert werden. Der Patient soll zuerst Gelegenheit haben, den Ernst seines psychotherapeutischen Anliegens in einer Behandlungsart unter Beweis zu stellen. Erst in einem weiteren Stadium kann es sinnvoll sein, seine psychotherapeutischen Erfahrungen durch die andere Methode zu ergänzen.

Kontraindiziert ist auch, daß derselbe Therapeut die Einzel- und die Gruppenpsychotherapie führt. In der Zweiersituation der klassischen Psychotherapie und der Gruppenpsychotherapie können sich verschiedene Übertragungseinstellungen auf den Therapeuten, die miteinander interferieren und sich gegenseitig stören, ergeben.

Im folgenden sollen noch drei *absolute Kontraindikationen* speziell aufgeführt werden:

2.1.8.1. Ich-Schwäche

Extrem ich-schwache Patienten sollten nicht in eine Behandlungsgruppe eingereiht werden. Sie sind den anderen zu sehr wehrlos ausgesetzt und müssen sich ihnen daher oft restlos anpassen. Oder aber sie ziehen sich vermehrt in ihre eigene Welt zurück und beteiligen sich höchstens noch äußerlich am Gruppengeschehen. So können sich Schizophrene in ihrer Ich-Schwäche dermaßen den übrigen ausgesetzt fühlen, daß sie den Individualitätsverlust befürchten. Dabei können sie sich nach außen eventuell ganz ruhig und angepaßt verhalten. Doch fürchten sie auf diese Weise nur um so mehr den Verlust jeglicher Eigenständigkeit. Oder aber sie ziehen sich vermehrt in ihre psychotische Welt zurück. In beiden Fällen ist für diese Kranken die Integration in eine therapeutische Gruppe gefährlich. Das Ich wird nur noch mehr geschwächt und die Prognose noch mehr verdüstert. Es ist also darauf zu achten, daß solchermaßen Ich-Schwache nicht in eine Behandlungsgruppe integriert werden. Wenn jedoch ein Therapeut sich dennoch etwas von der Einreihung dieser Kranken in ein Patientenkollektiv versprechen sollte, müßte er dringend darauf achten, daß wenigstens alle Beteiligten in ähnlichem Maße ich-schwach wären. Nur so wäre einigermaßen eine Gewähr dafür gegeben, daß nicht einzelne oder mehrere Patienten infolge Überanpassung oder Abwendung von der äußeren Realität in der Kollektivität untergehen, bzw. noch mehr in die psychotische Einsamkeit getrieben werden.

2.1.8.2. Monopolistische Tendenzen

Neigt ein Patient dazu, in einem Behandlungskollektiv Monopolansprüche zu stellen, bzw. die anderen in den Hintergrund zu drängen, so muß der Therapeut versuchen, ihn in Schach zu halten. Gelingt es ihm aber nicht, wird sich der Gruppenleiter, will er keine Schädigung der anderen Zugehörigen riskieren, dazu entschließen müssen, den Monopolisten (GUGGENBÜHL-CRAIG) aus der Gruppe auszuschließen. Das Verbleiben eines geltungsstrebenden, auf die anderen und die Einwände des Therapeuten nicht Rücksicht nehmenden Patienten in der Gruppe würde die übrigen Beteiligten und das Kollektiv an der Entfaltung behindern. Es beinhaltete auch die Gefahr, daß die anderen nur noch blind ausführten, was der Monopolist von ihnen verlangte. Somit würde sich eine Entartung der Gruppe in eine «Masse im kleinen» ergeben. Dieser Prozeß ist unter allen Umständen zu vermeiden, da er bei den Beteiligten zu zusätzlichen Schuldgefühlen führt und sie noch mehr in ihr Leiden zurückstößt. Aus diesem Grunde ist das Miteinbeziehen von Patienten mit extrem monopolistischen Tendenzen kontraindiziert. Eine Ausnahme wäre lediglich dann zu erwägen, wenn eine Gruppe aus lauter solchen monopolistischen Individuen zusammengestellt werden könnte. In diesem Kollektiv müßten die einzelnen zwangsläufig gegenseitig einander Rechnung tragen.

2.1.8.3. Hysterische Einstellung

Kranke, die dazu neigen, ihre mehr oder weniger unbewußten Konflikte in der Behandlungsgruppe demonstrativ zu agieren, die sich damit begnügen, einen Appell an die Umwelt zu richten, statt sich auch selbst mit der eigenen Not auseinanderzusetzen, sind in der Behandlungsgruppe gefährdet. Sie werden im therapeutischen Kollektiv noch mehr in ihre Tendenzen, von der Umgebung endgültig als Kranke akzeptiert und getragen zu werden, getrieben. Die Mitpatienten fühlen sich in der Regel aufgerufen, ihnen beizustehen. Die Hilfe wird von diesen Patienten zwar geschätzt, doch wird damit ihr Gesundheitswille und -gewissen nicht gestärkt, und sie haben es noch schwerer, den Weg zurück in die Gesellschaft zu finden. Die Eingliederung solcher Patienten in eine Behandlungsgruppe ist deshalb kontraindiziert.

2.1.9. Zur Technik

Sowohl in unseren Kleingruppen von 5–9 Patienten als auch in unseren Großgruppen von 20–25 Patienten gehen wir im allgemeinen so vor, daß wir ihnen zu Beginn der ersten Sitzung knapp Sinn und Zweck der Gruppenpsychotherapie erläutern. – In den offenen Gruppen werden wir von Zeit zu Zeit unsere Ausführungen zu wiederholen haben. – Vor allem lenken wir die Beteiligten auf den Umstand, daß sie nicht einfach belehrt oder in eine Diskussion gezogen werden sollen. Es gehe in der Gruppenpsychotherapie vielmehr um ihr eigenes Erleben in einem sozialen Rahmen und um das Bewußtwerden ihrer in der therapeutischen Gruppe offenbar werdenden, mehr oder weniger unbewußten Tendenzen. Des ferneren empfehlen wir den Patienten, einige Regeln zu beachten:

1. Jeder Mitwirkende sollte Vertrauen in die anderen Beteiligten haben können. Eine Vertrauenseinstellung werde gefördert, wenn möglichst nichts aus der Gruppe ausgeplaudert werde.

2. Es sei nach Möglichkeit zu vermeiden, daß Gruppenmitglieder außerhalb der Sitzungen über Probleme reden, die in der Behandlungsgruppe besprochen worden sind. Der therapeutische Kreis verliere sonst an Aktualität. Dazu würde das Kollektiv in zwei Untergruppen unterteilt, nämlich in eine der «Mitwissenden» und in eine, deren Beteiligte nicht «eingeweiht» wären. Diese Zweiteilung könnte sich nur nachteilig auswirken. Sollten indessen vereinzelte oder mehrere Zugehörige außerhalb der Therapiesitzungen doch miteinander über die Gruppenarbeit sprechen, so sollten sie zumindest der Gruppe über ihr Verhalten und den Inhalt des Gespräches berichten. Nur so können die entsprechenden Haltungen und Handlungen auf ihren tieferen Gehalt geprüft werden. Dabei wird darauf hingewiesen, daß alles, was außerhalb des Kollektivs agiert wird, ihm verloren zu gehen droht.

3. Die Zugehörigen sollten in der Gruppenpsychotherapie alles tun und über alles berichten können, was sie innerlich bewegt (Regel der freien Interaktion; F. HEIGL und A. HEIGL-EVERS). Doch machen wir gleichzeitig darauf aufmerksam, daß in einer therapeutischen Gruppe naturgemäß nie alles gesagt werden kann, was gedacht wird, da die Zeit hiefür nicht ausreichte. Es gehe mehr um die Untersuchung und Erhellung der für die verschiedenen Beteiligten typischen Haltungen als um die jeweiligen Inhalte eines momentanen Konflikts. Allerdings werden sich die Haltungen doch immer wieder auf dem Hintergrunde der Konfliktinhalte abspielen.

4. Es können und sollen auch Träume gebracht werden. Doch werden nur solche eingehend besprochen werden, die hauptsächlich der Gruppensituation entspringen, bzw. sich auf sie beziehen.

Sind dem Kollektiv diese Regeln mitgeteilt worden, beginnt die eigentliche Gruppenpsychotherapie. Die Gruppen können offen, geschlossen und als «slow-open-group» (FOULKES) geführt werden. Die Art des Vorgehens wird nicht nur durch die Patienten, sondern auch durch die Bedürfnisse eines Spitals oder eines Ambulatoriums bestimmt. Kleine Gruppen, die diagnostisch homogen zusammengesetzt sind, sollten möglichst geschlossen geführt werden. In den «slow-open-groups» werden austretende Patienten durch neue ersetzt. Werden Gruppen geschlossen oder nur halboffen geführt, können indessen nicht alle der zahlreichen Patienten, die in einer Klinik oder einer Poliklinik behandelt werden, in Gruppen erfaßt werden. Ist das therapeutische Angehen aller Kranken unser Ziel, so sind immer wieder neue Patienten in die Behandlungsgruppen aufzunehmen. Dieses Vorgehen eignet sich aber nicht für die Arbeit mit Kleingruppen. Die Großgruppen lassen es viel eher zu, immer wieder neue Mitglieder aufzunehmen und andere zu entlassen. Deshalb erfassen wir in unserer Klinik außerdem ganze Spitalabteilungen – als Großgruppen-Kollektiv – therapeutisch.

Wie wir schon in einem früheren Abschnitt («Der Therapeut») berichtet haben, ist es nicht Aufgabe des Therapeuten, die Behandlungsgruppe aktiv zu leiten. Er hat vielmehr im Hintergrund zu bleiben, etwa zu deuten, wenn nicht Mitpatienten es tun, und nur selten lenkend einzugreifen. Besonders in einer Neurotikergruppe und in analytischen Lehrgruppen beobachten wir eine strikte analytische Reserve. Haben wir ein Kollektiv von jugendlichen Dissozialen vor uns, müssen wir uns allerdings etwa entschließen, direktiv einzugreifen. Doch sollte auch bei diesen Kranken versucht werden, eine möglichst analytisch-offen-abwartende Haltung einzunehmen. In der Schizophrenengruppe ist es ebenfalls nicht möglich, immer in analytischer Zurückhaltung zu verharren. Wir müssen uns bei ihrer gruppenmäßigen Erfassung oft entschließen, sie aktiv zu bestätigen, ihre Angst zu beruhigen, aber auch wahnbedingte Fehleinstellungen in für sie adäquater Weise in Frage zu stellen.

Recht günstig hat es sich bei uns erwiesen, eine Gruppe durch zwei Therapeuten betreuen zu lassen. Dabei lassen wir immer einen erfahrenen Gruppentherapeuten und einen auszubildenden Ko-Therapeuten mitwirken. Auf diese Weise kann einer Lehraufgabe gedient werden, und es ist eine gegenseitige Kontrolle sowie eine spätere Diskussion der Erfahrungen möglich. Allerdings ist die Leitung einer Gruppe durch zwei Therapeuten nicht ohne Probleme, da gelegentlich gegenseitige unbewußte Strebungen mit ihrer therapeutischen Aufgabe interferieren (GENEVARD und JORDI).

Wann soll eine therapeutische Gruppe aufgelöst werden? Diese Frage ergibt sich vor allem bei den geschlossenen Kleingruppen. Diese Maßnahme sollte nicht zu sehr abhängig sein vom allfälligen Weggang eines oder mehrerer Mitglieder – wir zwingen allerdings niemanden, weiter an einer Gruppe mitzuwirken –, als von einem überlegten Entschluß des therapeutischen Gruppenleiters. In der Regel wird eine

Gruppenbehandlung nicht kürzer dauern als eine Einzeltherapie, es sei denn, daß äußere Umstände einen früheren Abbruch erzwingen. Man wird die Gruppe im allgemeinen so lange zusammenhalten, bis man den Eindruck gewinnt, es seien die hauptsächlichsten (Fehl-) Haltungen der Beteiligten besprochen, verarbeitet und bewußt geworden. Es wird sich dann meist ergeben, daß Widerstandshaltungen seltener geworden und die Zugehörigen gegenseitig und gegenüber der Außenwelt offener geworden sind. Im Gesamtaspekt der Gruppe wird sich nicht selten zeigen, daß die Kohäsion stärker geworden ist. Die Beteiligten setzen deshalb oft alles daran, ihren Kreis noch länger aufrechtzuerhalten. Der Therapeut wird dementsprechend die Gruppe oft nicht plötzlich auflösen können, sondern sie erst nach einer Übergangszeit, in der die Sitzungen seltener sind, mit der Tatsache der Beendigung der Gruppenarbeit konfrontieren.

Es hat sich uns als günstig erwiesen, am Ende einer Behandlungsserie, zum Beispiel vor Ferien des Gruppenleiters, die Patienten in gedrängter Form über ihre Eindrücke und Einsichten berichten zu lassen. Der Therapeut seinerseits wird eventuell gewisse zusammenfassende Bemerkungen über die Einzelnen und die Gruppe als gesamte anbringen. Hatte ein langer Unterbruch stattgefunden, so hat es sich uns bewährt, daß die Patienten, unterstützt vom Therapeuten, versuchen, das bisher Geschehene in Kürze zu rekapitulieren. Ohne solche gelegentliche Zusammenfassungen droht die Gruppenarbeit zu zerflattern und nur wenig zu – bewußten – Einsichten zu führen.

2.1.10. Zusammenfassende Schlußbetrachtungen

Die Behandlungsgruppe vermittelt die Möglichkeit, die Patienten in einem sozialen Rahmen zu erfassen. Die Gruppenpsychotherapie ist indessen nicht einfach eine Behandlung von einzelnen Patienten in einer Gruppensituation. Es werden in der therapeutischen Gruppe, bzw. in der Gruppenpsychotherapie, besonders die sozialen Valenzen der Beteiligten erkannt, korrigiert oder aktiviert werden können. Vorher beziehungsgestörte Patienten treten vielleicht erstmalig mit anderen Menschen in Kontakt. Sie werden aus einem beziehungslosen Mengendasein heraustreten können und auf ein kommunikatives Gruppendasein hingewiesen. Außer dieser gegenseitigen – sozialen – Kontaktnahme kommt es aber auch – auf einer tieferen, psychologischen Ebene – zu, zum Teil anachronistischen, Erwartungs- und Ablehnungseinstellungen der verschiedenen Beteiligten untereinander und dem Therapeuten gegenüber. Diese in der ursprünglichen Familiengruppe oder in urtümlichem Gruppenerleben, bzw. archaischer Kollektivvorstellung der Menschheit, wurzelnden Übertragungs- und Widerstandsgefühle werden durch die im Rahmen der Gruppe stattfindende Regression reaktiviert. Die Zugehörigen haben so Gelegenheit, Gefühle, die sie, bewußt oder unbewußt, immer zurückgehalten hatten, zu äußern, Einsichten in tiefere Zusammenhänge zwischen archetypischen Motiven, der eigenen Lebensgeschichte und dem Erleben gegenwärtiger Gruppensituationen zu gewinnen. Damit nun aber die Dynamik einer Gruppe therapeutisch ausgenützt werden kann und nicht etwa zu gefährlichen Entwicklungen führt, ist deren adäquate Zusammensetzung wesentlich. Wichtig ist auch, daß der Therapeut sowohl um die soziodynamischen Gesetzmäßigkeiten der Gruppe als auch um die damit verbundenen tiefenpsychologischen Vorgänge bei den Einzelnen und der Gesamtheit weiß. Dazu bedarf er einer entsprechenden soziologischen sowie individuell- und kollektivpsychotherapeutischen Vorbildung und Erfahrung. Sind diese Bedingungen erfüllt, wird die Gruppenpsychotherapie, parallel zur Einzelbehandlung oder – seltener – allein angewandt, ihren Wert als Behandlungsmethode erweisen. Sie wird es gestatten, die Patienten tatsächlich in ihrer sozialen Verstricktheit zu ermessen und zu behandeln.

2.1.11. Literatur

ALNAES, R.: Klinische Soziotherapie. Z. Psychother. *13*, 37, 1963.

BALES, R.F., SLATER, PH.E.: In: PARSONS, T., BALES, R.F.: Family, Socialisation and Interaction process. The Free Press, Glencoe, Ill., 3rd print, 1960.

BATTEGAY, R.: Die Verstärkerwirkung der therapeutischen Gruppe. Praxis der Psychotherapie *6*, 9, 1961.
– Gruppenpsychotherapie und klinische Psychiatrie. Karger, Basel/New York 1963.
– Gruppenpsychotherapie mit verwahrlosten Jugendlichen. Schweiz. Arch. Neurol. Neurochir. Psychiatr. *92*, 528, 1963.
– Zur Ausbildung von Gruppenpsychotherapeuten. Schweiz. Arch. Neurol. Neurochir. Psychiatr. *93*, 346, 1964.
– Gruppenpsychotherapie und modernes psychiatrisches Spital. Nervenarzt *36*, 250, 1965. In Englisch: Int. J. Group Psychother. *16*, 270, 1966.
– Geschwisterrelationen als Funktionsmuster der (therapeutischen) Gruppen. Psychother. Psychosom. *14*, 251, 1966.
– Die Gruppe als Ort des Haltes in der Behandlung Süchtiger. Praxis Psychother. *11*, 31, 1966.
– Der Mensch in der Gruppe, Band I: Sozialpsychologische und dynamische Aspekte. Hans Huber, Bern/Stuttgart 1967.

BATTEGAY, R., ROHRBACH, P.: Gruppenpsychotherapie mit Schizophrenen und deren Angehörigen. Z. Psychother. *16*, 154, 1966.

BERGER, M.: The Place of Psychoanalysis in Contemporary Group Psychotherapy. Topic. Prob. Psychother. *2*, 1955. Karger, Basel/New York 1960.

BERNE, E.: Principles of Group Treatment. Oxford University Press, New York 1966.

BETLHEIM, S.: Über Gruppentherapie von verheirateten psychisch Impotenten. Z. Diagnost. Psychol. *5*, 251, 1957.

BEUKENKAMP, C., MULLAN, H., BERGER, M.M.: Training in Group Psychotherapy: A Symposium. Am. J. Psychother. *12*, No.3, 1968.

BINSWANGER, L.: Schizophrenie. Neske, Pfullingen 1957.

BION, W.R.: Experiences in Groups. Tavistock, London 1961.

BOENHEIM, C.: The Expansion of Group Psychotherapy in Mental Hospitals. In: MORENO, J.L.: The Int. Handbook of Group Psychother., S.389, Philosoph. Libr., New York 1966.

BOUR, P.: Elements Catalysateurs dans la Psychothérapie de Groupe des Schizophrènes. Ann. méd. psychol. *122*, 431, 1964.

BRACK, E.: Bifokale Gruppentherapie mit Schizophrenen. Z. Psychosomat. Med.*8*, 133, 1962.

BRENGELMANN, J.C.: Bedingte Reaktionen, Lerntheorien und Psychiatrie. Psychiatrie der Gegenwart, Band I/1A. Springer, Berlin/Heidelberg/New York 1967.

COHN, RUTH C.: Group Therapeutic Techniques as Educational Means in the Training of Psychoanalysts. In: Top. Prob. Psychother., Vol.5, Group Psychotherapy To-Day. Karger, Basel/New York 1965.

COLLINS, B.E., GUETZKOW, H.: A social Psychology of Group Process for Decision-Making. John Wiley, New York/London/Sydney 1964.

COOPER, M.: Group Psychotherapy with Headache Patients. In: MORENO, J.L.: The Int. Handbook of Group Psychotherapy, S.680, Philosophical Library, New York 1966.

DÄUMLING, A.M.: Sensitivity Training. Gruppenpsychotherapie und Gruppendynamik *2*, 113, 1968 (Vandenhoeck & Ruprecht).

DERBOLOWSKY, V.: Analytische Gruppenpsychotherapie in der ärztlichen Privatpraxis. Acta Psychother. *7*, Suppl.83, 1959.

DE SCHILL, ST.: Introduction to Psychoanalytic Group Therapy. Am. Ment. Health Foundation, New York 1964.

ENKE, H., HOUBEN, A., FERCHLAND, E., MAAS, G., ROTAS, P., WITTICH, G.: Gruppenpsychotherapie in der Psychosomatischen Klinik. In: MORENO, J.L.: The Int. Handbook of Group Psychotherapy, Philosophical Library, New York 1966.

EYSENCK, H.J.: Wege und Abwege der Psychologie. Rowohlt, Hamburg 1956.

FORT, J.P.: The Psychodynamics of Drug Addiction and Group Psychotherapy. Int. J. Group Psychother. *5*, 150, 1955.

FOULKES, S.H.: Psychotherapy and Group Psychotherapy. In: KADIS, A., KRASNER, J.D., WINICK, CH. Hoeber, New York/Evanston/London 1963.
– Therapeutic Group Analysis. Allen & Unwin, London 1964.

FREUD, ANNA: Probleme der Pubertät. Psyche *14*, 1, 1960.

FREUD, S.: Formulierungen über die zwei Prinzipien des psychischen Geschehens. Gesammelte Werke VIII. Imago, London, Repr. 1955.
– Die zukünftigen Chancen der psychoanalytischen Therapie. Gesammelte Werke VIII, S.103, Imago, London, Repr. 1955.
– Vorlesungen zur Einführung in die Psychoanalyse. Gesammelte Werke XI 3 A, S. Fischer, Frankfurt a.M. 1961.
– Massenpsychologie und Ich-Analyse. Gesammelte Werke XIII, 71, 4A. S. Fischer, Frankfurt a.M. 1963.

FREYBERGER, H., KARK, B.: Gruppentherapie von Fettsüchtigen. Münch. med. Wschr. *100*, 268, 1958.

Freyhan, F. A.: Die moderne psychiatrische Behandlung von Depressionen. Nervenarzt *34*, 181, 1963.

Friedemann, A.: Gruppenpsychotherapie. In: Hb. d. Neurosenlehre und Psychotherapie. Urban & Schwarzenberg, München/Berlin 1958.
- Gruppenpsychotherapie in Zusammenarbeit mit Ärzten. Ref. 3.Int. Kongr. Gruppenpsychotherapie, Mailand, 18.–21.Juli 1963.
- Gruppenpsychotherapie mit Ärzten. In: Moreno, J.L.: The Int. Handbook of Group Psychother., S.195. Philosophical Library, New York 1966.

Gaddini, E.: Über Konstitutionsphänomene der Gegenübertragung. Psyche *28*, 139, 1964.

Ganzarin, R.,Davanzo, H., Cizaletti, J.: Group Psychotherapy in the Psychiatric Training of Medical Students. Int. J. Gr. Psychother. *8*, 137, 1958.

Genevard, G.: La psychothérapie analytique de groupe. Méd. et Hyg. *19*, 375, 1961.

Genevard, G., Jordi, P.: Essai d'évaluation des concepts de statut et de fonction des cothérapeutes en groupe. Ref. IIᵉ Sém. int. de Psychothér. de groupe, Lausanne, 28.9.–1.10.1966, in: Schneider, P.B. (Ed.): Pratique de la Psychothérapie de Groupe. Presses universitaires de France, Paris / C.E.Giunti, G.Barbèra universitaria, Firenze 1968.

Gliedman, L.H., Rosenthal, D., Frank, J.D., Nash, H.T.: Group Therapy of Alcoholics with Concurrent Group Meetings of their wives. In: Rosenbaum, M., Berger, M.: Group Psychotherapy and Group Function, Basic Books, New York/London 1963.

Glover, E.: The Technique of Psychoanalysis. Baillière, Tindall & Cox, London 1955.

Grinberg, L., Langfr, M., Rodrigue, E.: Psychoanalytische Gruppentherapie. Ernst Klett, Stuttgart 1960.

Guggenbühl-Craig, A.: Erfahrungen mit Gruppenpsychotherapie. Psychologische Praxis *20*. S.Karger, Basel/New York 1956.

Hadden, S.B.: Treatment of Male Homosexuals in Groups. Int. J. Group Psychother. *16*, 13, 1966.

Harlfinger, H.: Analytisch orientierte Gruppenarbeit mit Ärzten. In: Preuss, H.G. (Hrsg.): Analytische Gruppenpsychotherapie. Urban & Schwarzenberg, München/Berlin/Wien 1966.

Heigl, F., Heigl-Evers, A.: Analytische Einzel- und Gruppenpsychotherapie: Differentia Specifica. Gruppenpsychotherapie und Gruppendynamik Bd.2, S.21, Vandenhoeck & Ruprecht, Göttingen 1968.

Heimann, Paula: Bemerkungen zur Gegenübertragung. Psyche *28*, 489, 1964.

Hinckley, R.G., Hermann, L.: Gruppenbehandlung in der Psychotherapie. Rascher, Zürich 1954.

Hoehn, E., Schick, Chr.: Das Soziogramm. Verlag für Psychologie. Hogrefe, Göttingen 1956.

Hulse, W.C.: Gruppenpsychotherapie in Amerika. Schweiz. Arch. Neurol. Psychiatr. *60*, 199, 1947.

Hulse, W.: Curative Elements in Group Psychotherapy. Topic Probl. Psychother.,Vol.5: Group Psychotherapy Today, S.90, Karger, Basel/New York 1965.

Illing, H.A.: Einige Probleme der Gruppenpsychotherapie in Strafanstalten. Z. diagn. Psychol. *5*, 288, 1957.

Illing, H.A., Brownfield, B.: Delusions of Schizophrenic Patients in Group Psychotherapy. J. Soc. Ther. *6*, Nr.1, 1960.

Illing, H.A.: Psychoanalytische Gruppentherapie. In: Federn/Meng: Psychoanalyse und Alltag. Hans Huber, Bern/Stuttgart 1964.

Ivanov, N.V.: A Soviet View of Group Therapy. Int. J. Psychiatry *2*, 201, 1966.

Janner, R., Janner, J.: Eheberatung als Gruppenarbeit. Psychother. Psychosom. *14*, 17, 1966.

Jansen, Elly: The Role of the Halfway House in Community Mental Health Programs in the United Kingdom in America. Amer. J. Psychiat. *126*, 1498, 1970.

Johnson, J.A.: Group Therapy. McGraw Hill, New York/Toronto/London 1963.

Jones, M.: Social Psychiatry. Thomas, Springfield, Ill., 1962.

Jung, C.G.: Die Probleme der modernen Psychotherapie. In: Praxis der Psychotherapie. Gesammelte Werke, Bd. XVI, Rascher, Zürich 1958.
– Über die Psychologie des Unbewußten. Rascher, Zürich 1964.

Kemper, W.: Psychoanalyse und Gruppenpsychotherapie. Z. Psychother. *9*, 125, 1959.
– Zum Problem der Ausbildung von Gruppenpsychotherapeuten. Z. Psychosom. Med. *10*, 191, 1964.
– Zum Problem der Ausbildung von Gruppenpsychotherapeuten. In: Moreno, J.L.: The Int. Handbook of Group Psychother., S. 565, Philosophical Library, New York 1966.

Kielholz, P.: Erfahrungen in der Schweiz. In: Laubenthal, F.: Sucht und Mißbrauch. Georg Thieme, Stuttgart 1964.
– Diagnose und Therapie der Depressionen für den Praktiker. Lehmanns, München 1965.

Klapman, J.W.: Group Psychotherapy, 2. Aufl. Grune & Stratton, New York/London 1959.

Labhardt, F.: Einteilung und Grundeffekte der Psychopharmaka. In: Kielholz, P.: Psychiatrische Pharmakotherapie in Klinik und Praxis. Hans Huber, Bern/Stuttgart 1965.

Langen, D.: Soziologische Faktoren bei der Entstehung und Behandlung von Neurosen. In: Moreno, J.L.: The Int. Handbook of Group Psychotherapy, S. 481, Philosophical Library, New York 1966.
– Psychodiagnostik, Psychotherapie Thieme, Stuttgart 1969.

Lebovici, S.: L'utilisation du psychodrome dans le diagnostic en psychiatrie. Z. Diagnost. Psychol. *5*, 197, 1957.

Levy-Bruhl, L.: Die geistige Welt der Primitiven. M.F. Breckmann, München 1927.

Lewin, K.: Feldtheorie in den Sozialwissenschaften. Hans Huber, Bern/Stuttgart 1963.

Loch, W.: Voraussetzungen, Mechanismen und Grenzen des psychoanalytischen Prozesses. Hans Huber, Bern/Stuttgart 1965.

Lonergan, W.G.: Role Playing in Industrial Conflict. Group Psychother. *10*, 105, 1957.

Moreno, J.L.: Die Grundlagen der Soziometrie. Westdeutscher Verlag, Köln/Opladen 1954.
– Gedanken zu meiner Gruppenpsychotherapie. CIBA-Symposium *11*, 148, 1963.
– Gruppenpsychotherapie und Psychodrama. Georg Thieme, Stuttgart 1964.

Mullan, H., Rosenbaum, M.: Group Psychotherapy. The Free Press of Glencoe, New York 1962.

Neumann, E.: Die große Mutter. Rhein-Verlag, Zürich 1956.

Poeldinger, W.: Zur Methodik der Entwicklung und Prüfung neuer Antidepressiva. Nervenarzt *37*, 121, 1961.

Powdermaker, F.B., Frank, J.D.: Group Psychotherapy. Harvard University Press, Cambridge, Mass., 1953.

Pratt, J.J.: Results obtained in the Treatment of Pulmonary Tuberculosis by the Class Method. Brit. med. J., S. 1070, 1908.

Roman, M.: The Treatment of the Homosexual in the Group. Topic. Probl. Psychother. *5*, 170. Karger, Basel/New York 1965.

Rosenbaum, M., Berger, M.: Group Psychotherapy and Group Function. Basic Books, New York/London 1963.

Rugin, A. S.: Lo psicodramma nel campo educativa. Scuola e città Lanuova Italia, Firenze 15, 581, 1965.

Schindler, R.: Grundprinzipien der Psychodynamik in der Gruppe. Psyche 11, 308, 1957/58.
- Ergebnisse und Erfolge der Gruppenpsychotherapie mit Schizophrenen nach den Methoden der Wiener Klinik. Wiener Z. f. Nervenheilkunde und deren Grenzgebiete 15, 250, 1958.
- Der Gruppentherapeut und seine Position in der Gruppe. « Praxis der Psychotherapie» 6, 1, 1961

Schindler, W.: Transference and Counter-Transference in «Family-Pattern» Group Psychotherapy. Ref. Int. Psychotherapie-Kongreß, Zürich 1954. Acta psychother. 3, Suppl., 345, 1955.
- Exhibitionistic «Acting-out» and Transference in Family Group Therapy. In: Z. Diagnost. Psychol. 5, 243, 1957.

Schultz, J.H.: Über einige gruppenpsychotherapeutische Erfahrungen im autogenen Training. Z. Diagnost. Psychol. 5, 236, 1957.
- Grundsätzliches zur Suchtfrage. Z. Psychother. 3, 97, 1957.

Slavson, S.R.: Analytic Group Psychotherapy. Columbia University Press, New York 1951.
- Gruppenpsychotherapie. In: Stern, E.: Die Psychotherapie in der Gegenwart. Rascher, Zürich 1958.
- Group Psychotherapy and the Nature of Schizophrenia. Int. J. Group Psychother. 11, 3, 1961.
- A Textbook in Analytic Group Psychotherapy. Int. Universities Press, New York 1964.

Speroff, B.J.: Group Psychotherapy in Industry: A case of Intragroup Conflict. Group Psychother. 10, 3, 1957.

Stierlin, H.: Übertragung und Widerstand. In: Preuss, H.G.: Analytische Gruppenprozesse. Urban & Schwarzenberg, München/Berlin/Köln 1966.

Stokvis, B.: Gruppenpsychotherapeutische Erfahrungen bei Asthmatikern. Acta Psychother. 7, 220, 1959.
- Grundlagen und derzeitige Situation der Gruppenpsychotherapie. Z. Psychother. 10, 129, 1960.

Stürüp, G.K.: The Position of Forensic Psychiatry in Denmark. Acta Med. log. soc. 9, 293, 1956.

Taylor, F.K.: The Analysis of Therapeutic Groups. Oxford University press, New York/Toronto 1961.

Teirich, H.R.: Gruppentherapie mit Studenten. Z. Diagnost. Psychol. 5, 260, 1957.

van Dalfsen, G.: Pedagogic Aspects of Group Psychotherapy with Delinquents. In: Moreno, J.L.: The Int. Handbook of Group Psychother., S.656. Philosophical Library, New York 1966.

Whitaker, D. St., Lieberman, M.: Psychotherapy through the Group Process. Tavistock, London 1965.

Wiesenhütter, E.: Gruppenpsychotherapie mit Jugendlichen. In: Preuss, H.G.: Analytische Gruppenpsychotherapie. Urban & Schwarzenberg, München/Berlin/Wien 1966.

2.2. Die verschiedenen Formen der therapeutischen Gruppe

2.2.1. Leiterzentrierte Gruppe – Gruppe mit dominierendem Leiter

Wir erkennen bei der Gruppenpsychotherapie, daß die Beteiligten zu Beginn der therapeutischen Arbeit dazu neigen, ihr Sinnen und Trachten hauptsächlich auf die (den) Gruppenleiter auszurichten. Die Zugehörigen pflegen hauptsächlich Interaktionen mit den (dem) Therapeuten. Sie können aber auch untereinander in Kontakt treten, um sich gegenseitig seine (deren) Gunst streitig zu machen, bzw. um im Bestreben zu wetteifern, an der Macht – der (des) Gruppenleiter(s) – teilhaben zu können.

Eine 22jährige Verwahrloste (Neurotica) fühlte sich in ihrer Kindheit durch ihre autoritäre und gefühlskalte Mutter gegenüber ihren älteren Geschwistern ständig benachteiligt. Der Vater war früh gestorben und fiel deshalb für die Erziehung aus. So wie sie sich in der Jugend ausgeschlossen gefühlt hatte, glaubte sie in der psychotherapeutischen Gruppe stets, übergangen zu werden. Sie versuchte deshalb immer, alles in ihren Möglichkeiten Liegende zu tun, um allein die Aufmerksamkeit der beiden Gruppenleiter beanspruchen zu können. Sie konnte es nicht ertragen, wenn andere mit den beiden Gruppenleitern Kontakt hatten. Infolgedessen verhielt sie sich meist recht demonstrativ. Aber auch in einer Arztfamilie, in der sie zu einem Beschäftigungsversuch aufgenommen worden war, reagierte sie so, wie sie es von der eigenen Familie her gewohnt war. Sie erlebte sich gegenüber den zwei Kindern von sechs und drei Jahren und dem Hausangestellten als zurückgesetzt. Besonders am Mittagstisch fiel sie jeweils durch groteskes Gebaren auf. Sie konnte in Ohnmacht fallen, sich an einer Flasche mit Trinkwasser festhalten oder Fratzen schneiden. Die Arztfamilie mußte sich deshalb während des Essens immer wieder ihrer annehmen. Auch ließ sie sich durch die ein Kind erwartende Arbeitgeberin und die Hausangestellte auf eine Couch tragen, als sie sich schlecht fühlte und niemand sonst zu Hause war. – Die Patientin, die sich in ihrer Jugend verlassen und verstoßen gefühlt hatte, reagierte in der erwähnten Arztfamilie so, als ob sie die ursprüngliche Kindheitsfamilie, der Arzt und seine Frau Vater und Mutter, die Kinder und das Hausmädchen ihre Geschwister wären. Im Grunde ging es ihr unbewußt darum, um jeden Preis von dem Arbeitgeberpaar, auf das sie das Bild ihrer Eltern übertrug, Anerkennung und Umsorgung zu erfahren. Dabei versuchte sie, ihre «Geschwister», analog der Situation in der therapeutischen Gruppe, auszuschalten. Der Arzt und seine Frau wurden von ihr, wie ihre eigene Mutter in der Kindheit – und ihr verstorbener Vater – als übermächtig erlebt, wobei sie sich, vielleicht auch davor fürchtete, den Kontakt mit ihnen, wie mit dem Vater, endgültig zu verlieren. – Ihre Demonstrationen sind aus ihrem Bestreben heraus zu verstehen, vom Arbeitgeber und seiner Gattin eine Gunst und eine Zuwendung zu erfahren, die sie bei ihrer Mutter – und naturgemäß auch bei ihrem Vater – vergeblich gesucht hatte. Daß sie mit ihrem anachronistischen Verhalten in der therapeutischen Gruppe und in der Arztfamilie nicht jene Zuwendung und jenen Kontakt erfahren hat, nach denen sie sich so sehr sehnte, liegt auf der Hand. Sie stieß damit die Gruppenleiter, bzw. die Arbeitgeber, in eine noch übergeordnetere Position. Diese Tatsache erkannte sie wohl. Doch wurden ihr die Zusammenhänge erst in einer langjährigen, gleichzeitig mit der Gruppenpsychotherapie begonnenen individuellen Psychotherapie vollumfänglich bewußt.

Je autoritärer eine therapeutische Gruppe geleitet wird, desto mehr und länger wird das Kollektiv auf den Leiter zentriert bleiben. Die an

195

einer solchen Gruppe Beteiligten haben nur Gelegenheit, sich so weit zu entfalten, als es der Gruppenleiter zuläßt. Die Rollen der Mitwirkenden sind dementsprechend fest umrissen. Werden im Verlaufe der Gruppenpsychotherapie in einem solchermaßen autoritativ geleiteten Kollektiv Rollen offenbar, so sind es meist jene der frühen Kindheit oder jene, die der bestimmende Leiter den Mitwirkenden auferlegt. WITTGENSTEIN nennt solche festgefügten Kleingemeinschaften «Clan-Gruppen». Es ist darin keine Wandlung möglich.

Obschon eine solche Gruppe sich kaum als therapeutisches Milieu eignet, neigen doch viele Therapeuten zu einer zumindest aktiven, wenn nicht sogar autoritären Leitung der therapeutischen Gruppen. Um eine solche Haltung zu vermeiden, hat sich der Therapeut immer wieder selbst in Frage zu stellen und sich eigene Machtstrebungen zu versagen. Eine – individuelle – Lehranalyse hilft naturgemäß, diese Fehlhaltungen des Therapeuten zu vermeiden. Wird sie aber nicht durch eine analytische Gruppenerfahrung ergänzt, besteht die Möglichkeit, daß diese, erst in der Gruppensituation auflebenden, narzißtischen Geltungstendenzen dem Therapeuten nicht genügend bewußt werden und sich deshalb auf die Gruppenführung auswirken.

Bleibt eine therapeutische Gruppe auf den Leiter zentriert, wird sie gar restlos von ihm abhängig, so ist die Entfaltung der Zugehörigen behindert, und es kann auch, wie wir im nächsten Abschnitt sehen werden, zu Entwicklungen kommen, die sich für die Beteiligten nachteilig oder gar gefährlich auswirken.

Infolge des direktiven Vorgehens des Therapeuten ist die Struktur der Gruppe also starr. Die Einzelnen übernehmen die ihnen zufallende Rolle, ohne sich ganz damit identifizieren zu können. Oder aber sie erfüllen, in Wiederholung der frühkindlichen Situation, überbereitwillig eine Rolle, die sie schon in der kindlichen Familien- und insbesondere Geschwisterkonstellation (TOMAN) inne hatten. Bei beiden Sachverhalten haben die Einzelnen zu wenig Gelegenheit, sich zu entwickeln, sich zu entfalten und zu wandeln. Vielleicht werden sie ihren Mangel an Freiheit nicht als belastend erleben. Oft werden sie es sogar schätzen, der Pflicht enthoben zu sein, ihren Weg selbständig zu bestimmen und zu gehen. Ein Neurotiker oder anderweitig Betroffener wird in einer solchen leiterzentrierten Gruppe aber nicht reifen; er wird so bleiben wie zuvor oder noch mehr dazu tendieren, sich jeglicher Verantwortung für sich selbst zu entledigen und sie, in der Gruppe dem dominierenden Leiter, in der äußeren Realität einem mächtigen Vaterersatz oder gar Gott-Vater zu überbürden. Der Patient kann es nicht lernen, im persönlichen, beruflichen oder sonstigen sozialen Bereich Entscheidungen selbständig zu fällen. Ist eine Gruppe strukturell starr, wird sie kaum einen kurativen Effekt ausüben. Ein Therapeut, der in dominierend-direktiver Art eine Gruppe leitet, wird oft beruhigt sein durch den Umstand, daß die Zugehörigen gerne mitwirken. Doch bleibt es bei den Beteiligten beim neurotischen oder sonstwie krankhaften Arrangement (ADLER). Sie haben infolge der Starre der gegenseitigen Beziehungen und der geringen Verantwortung, die ihnen zufällt, oft kein Interesse oder keine Möglichkeit, Einsichten zu gewinnen und sich zu wandeln. Hiezu braucht es eben das ungehinderte Spiel der gegenseitigen Interaktionen. Nur wo den Zugehörigen in der Gruppendynamik Entfaltungswege offen stehen, wird sich das Behandlungskollektiv therapeutisch auswirken können. Zwar werden die Beteiligten durch die Gruppengesetzmäßigkeiten eine Ordnung erfahren. Doch werden sie gleichzeitig wahrnehmen, welche Vielfalt von Möglichkeiten ihnen im sozialen Felde offenstehen.

2.2.2. Gruppe mit «omnipotentem Vater»

Wird der Gruppenleiter als übermächtig, omnipotent erlebt, oder schwingt sich ein Mitglied in eine den anderen übergeordnete Position auf, so ist nur die Rolle des Führers klar umrissen. Das Kollektiv wird in einen Zustand der «Gleichschaltung» gedrängt. Es ist keine Gruppe mehr, sondern eine «Masse im kleinen» (siehe auch Teil I), in der die Einzelnen nicht mehr frei sind, sondern gänzlich im Banne des Leiters, bzw. des Führenden, stehen. Sie sind nur noch gefühlsmäßig und triebhaft, nicht mehr aber intellektuell miteinander verbunden. Besteht in der Gruppe eine feste, unveränderliche Struktur, so ist die Gefahr größer als in einem weniger starren Kollektiv, daß die bereits in früheren Abschnitten erwähnte Entartung der Gruppe in eine «Masse im kleinen» eintritt. Diese Bedrohung besteht vor allem, wenn der Therapeut selbst die Rolle eines «omnipotenten Vaters» übernimmt und die Einzelnen wie die Gesamtheit der Gruppe immer nur in die von ihm bestimmte Richtung weist. Führt er die verschiedenen Beteiligten und die Gesamtheit, ohne ihnen ein entscheidendes Mitspracherecht zu geben, so droht der Gruppe, eine gefügige und «gleichgeschaltete» Masse zu werden, die nur noch blind ausführt, was der «Führer-Therapeut» von ihr verlangt. Irgendwelche Einsichten und eine Reifung sind nicht mehr möglich. Es wird sich dementsprechend auch keine differenzierte Rollenverteilung ergeben. Die mitwirkenden Patienten werden nicht lernen, eine Verantwortung für sich und die anderen zu übernehmen und zu tragen. Sie werden nur zu

Gefolgsleuten des Therapeuten und so unreif bleiben wie zuvor. Diese Tatsache wird ihnen vielleicht erst dann bewußt werden, wenn sie die therapeutische Gruppe wieder verlassen haben. Es wird sie dann aber nicht nur die verlorene Zeit reuen. Sie werden auch Aggressionen gegen einen solchermaßen autoritären Therapeuten hegen. Oft werden sie außerdem durch Schuldgefühle gequält sein, weil sie nun merken, daß sie sich in einen kollektiven Prozeß einspannen ließen, der eigentlich ihren und der anderen Interessen zuwiderlief.

Eine Entartung der therapeutischen Gruppe zu einer «Masse im kleinen» kann aber auch eintreten, wenn ein Patient in eine Übergeordnetenposition aufrückt. Spricht der Therapeut in einer in bezug auf die Rollen starren Gruppe immer demselben Patienten eine Schrittmacherfunktion zu und ist der Betreffende dazu geltungsstrebend und querulatorisch, so wird er alles daran setzen, sich in eine der Gruppe übergeordnete Position aufzuschwingen. Der Therapeut wird keinen Einfluß auf die Gruppe mehr haben. Nur noch das wird ausgeführt werden, was der Übermächtige anordnet. Der ärztliche Gruppenleiter wird so zum Steigbügelhalter für den Monopolisten (GUGGENBÜHL-CRAIG) und zum Initiant der Entartung der Gruppe zur «Masse». Diese Entwicklung kommt um so eher zustande, als in jeder Gruppe die Masse latent mitenthalten ist. Wenn auch die Entwicklung des menschlichen Kollektivverhaltens keineswegs geradlinig verlief, können wir grosso modo doch sagen, daß die Gruppe, je mehr wir in der Menschheitsgeschichte zurückgehen, desto weniger verstandes- und desto mehr trieb- und affektgeleitet ist. So werden wir schließlich zu einem Kollektiv gelangen, das nur noch affekt- und triebverbunden und – dominiert ist, also zu einer Masse in unserem Sinn (siehe Teil I). Gruppe und Masse haben eine gemeinsame Matrix in den ursprünglichen Menschengruppierungen. Die Verhältnisse dürften zwar einerseits nicht so einfach liegen, wie FREUD sie mit seiner Urhorde annahm. Doch drückt seine Aussage «so wie der Urmensch in jedem Einzelnen virtuell enthalten ist, so kann sich aus einem beliebigen Menschenhaufen die Urhorde wieder herstellen», eine auch in der Gruppenpsychotherapie zu erkennende Tatsache aus. Bei begünstigender Situation kann diese «Urgruppenreminiszenz» aus dem Hintergrund heraustreten und dominant werden.

Ein Urgruppenverhalten äußert sich auch in der in allen Gruppen sich manifestierenden «mystischen Partizipation» (LÉVY-BRUHL) zwischen Gruppe und Raum. Besonders bei den von KIELHOLZ als prämorbid starr und schwer anpassungsfähig beschriebenen Involutionsdepressionen, aber auch bei anderen Kranken sehen wir, daß sie sich nur dann in eine Gruppe integriert fühlen, wenn sie auch das Haus mit den anderen teilen können. Man kann also sagen, daß der Raum, in dem die Zusammenkünfte stattfinden, ebenso Teil der Gruppe ist wie deren Mitglieder (siehe auch Teil I).

Ein solches Kollektiv stellt nur den Rahmen eines omnipotenten Vaters dar. Die Rollen der verschiedenen Gruppenmitglieder sind kaum differenziert und kommen nur wenig zur Geltung. Auch in einer solchen Gruppe können sich die Mitwirkenden noch wohl fühlen. Sie werden überhaupt keine Notwendigkeit der Verantwortungsübernahme mehr wahrnehmen und nur das ausführen, was der Leitende von ihnen fordert. Was sie beseelt, ist einerseits eingegeben durch die führende Person, andererseits Produkt kollektiv-psychischer Motive. Meist entspringt das von der Leiterperson wie das offensichtlich vom kollektiven Unbewußten (JUNG) her Kommende ein und demselben Quell. Denn was die Führerfigur durchsetzen kann, ist doch in der Regel nichts anderes als das, was in der Gemeinschaft begründet liegt, bzw. was sie zuläßt. Im Massengeschehen, das sich in unserer Klinik bei ungeeigneter, allzu direktiver Führung von therapeutischen Gruppen wiederholt, wenn auch selten ereignete, war es offensichtlich, daß urtümliches Kollektivverhalten wieder auflebte. Wie erwähnt sind die Rollen der einzelnen Zugehörigen in solchen Gruppen meist recht undifferenziert. Die einzelnen Mitglieder sind in ihren Konturen verwischt. Sie imponieren höchstens als Mehrlingsgestalten, die restlos auf die übermächtige Leiter- (Vater-)figur ausgerichtet sind.

2.2.3. Die Gruppe als «Große Mutter»

In der Gruppenpsychotherapie können wir etwa erkennen, daß das therapeutische Kollektiv eine «Große Mutter» (NEUMANN) darstellt. Besonders bei der Gruppenbehandlung von Alkoholkranken ergibt sich, daß sie sich im therapeutischen Kreise beschützt, umsorgt und mütterlich umgeben fühlen. Im Rahmen der therapeutischen Gruppe kommt es bei diesen Patienten zu einer Atmosphäre der gemütlichen Gesprächigkeit, der Identifikation der Mitglieder untereinander und des Gefühls des Verschmelzens zu einer befreienden Gemeinsamkeit. Es wird immer wieder offensichtlich, daß die Gruppe für die Alkoholiker ein Milieu ist, in dem sie, die Mutterfixierten oder -frustrierten, eine annehmende Mutter wieder oder erstmalig erfahren können. Die Gruppenpsychotherapie schafft für die Behandlung der Alkoholkranken, indem sie ihnen das Erlebnis der «Großen Mutter» vermittelt, ein Milieu, das sie anspricht und ihnen jene affektive Zuwendung, aber auch jenen Halt zu geben vermag, der sie vielleicht endgültig von ihrer Sehnsucht nach der Mutter und von ihrem übermäßigen Trinken befreit.

Die an einer (therapeutischen) Gruppe Beteiligten werden etwa aber auch erkennen, daß eine solche Gruppe sie nicht nur bergend umfangen, sondern sie auch in ihrer Individualität bedrohen kann. Die Gruppe ist also im einen Falle eine gute, liebespendende Mutter, im anderen wird sie zur verschlingenden, bösen Mutter, vor der es unter allen Umständen zu fliehen gilt.

Eine 33jährige Schizophrene blieb nach über einem Jahr Beteiligung an der Gruppe von den Sitzungen fern, nachdem sie dem Kollektiv eine Tischlampe geschenkt hatte, die den Sitzungsraum besser erleuchten sollte. Sie hatte zuvor geäußert, daß ihr keine Gedanken mehr einfielen. Die Kranke ließ durchblicken, daß sie sich den anderen zu sehr ausgesetzt fühlte und im Therapiezimmer unter mangelndem Licht gelitten hatte. Es war offensichtlich, daß sie ihre Eigenständigkeit als bedroht erlebte und hoffte, durch Verbesserung des Lichtes, bzw. durch Erhellung ihres Geistes, ihre und der anderen Konturen besser zu erkennen. Als diese Erleuchtung trotz der Verbesserung des äußeren Lichtes nicht eintraf und die Patientin sich und ihren Geist auch dann noch vom Dunkel umgeben sah, erschien ihr die Gruppe als unheimliche, ihre Individualität überschattende Mutter, vor der es zu fliehen galt.

Wird die Gruppe übermächtig, sind die Beteiligten nur noch Kollektiv, ist ihr Einzelsein bedroht, und nicht nur bei Schizophrenen wird es zu dieser Angst vor dem Verlieren der Eigenständigkeit kommen. Sie werden sich ängstigen, in der uferlosen Kollektivität unterzugehen und Tiefen zu erschauen, die sie nicht auszuhalten vermögen. Spricht nicht GOETHES Mephistopheles Ähnliches aus, wenn er zu Faust von den Müttern spricht: «Göttinnen, ungekannt Euch Sterblichen, von uns nicht gern genannt, nach ihrer Wohnung magst ins Tiefste schürfen; Du selbst bist schuld, daß ihrer wir bedürfen…» Weiß nicht auch die erwähnte Schizophrene darum, daß sie zwar der Gruppe bedarf, durch sie aber – noch mehr – dem Dunkel oder, um mit JUNG zu sprechen, dem Schatten verfallen kann. Es ist deshalb verständlich, wenn diese Kranke sich nicht nur nach der Gruppe sehnte, sondern sich auch vor ihr fürchtete. Was die Schizophrenen, aber auch Kranke und Gesunde in der Gruppe oft ängstigt und fasziniert, ist der Umstand, daß sie zwei Aspekte hat: Ein Gesicht der lebensspendenden Liebe und ein Gesicht der erstickenden Domination.

In Gruppen, in denen die Tendenz zur Kollektivität vorherrscht und die Eigenständigkeit der Beteiligten in Frage gestellt ist, sind die Rollen der verschiedenen Mitglieder nicht differenziert. Die Zugehörigen sind eingegangen in die Matrix der allumfassenden Mutter. Sie sind in ihr untergetaucht und können sich, wenn überhaupt, meist erst dann wieder von ihr lösen, wenn die Banden der Gruppe sich lockern. Ein solches Kollektiv trägt nicht zur Ich-Stärkung bei. Es wird vielmehr bewirken, daß das, was an Ich noch vorhanden war, unterzugehen droht in den Sphären unbewußt schattenhafter Bereiche. Obschon sich die Menschen einerseits nach Nähe und Identifikation im Rahmen einer Gruppe sehnen, wird ihnen andererseits aber eine allzu enge Partizipation bedrohlich. Allerdings neigen die modernen Menschen nicht selten dazu, sich jeder Freiheit zu begeben und sich gänzlich einer solchen dominierenden Gruppe, einem jede Individualität übergehenden Kollektiv zu unterwerfen. Eine gänzlich der «Großen Mutter» ergebene Gruppe bedeutet das Ende jeglichen Einzelseins. Das Individuum wird jeder Verantwortlichkeit enthoben. Die Verhältnisse in bezug auf die Gruppenmitglieder liegen bei dieser Art von Kollektiv ähnlich wie bei der gänzlich trieb- und affektdominierten «Masse im kleinen». Doch sind bei der einen alle Beteiligten eingegangen in die «Große Mutter»; auch dem Gruppenleiter kommt kaum mehr eine isolierte Bedeutung zu. Bei der anderen indessen bleibt der Leiter in der Position eines omnipotenten Vaters.

In einer gänzlich unter der Domination des Kollektivs, der «Großen Mutter» stehenden Gruppe kommt es also zu einem Auslöschen der Grenzen zwischen Individuum und Individuum. Sogar die Leiterfigur sinkt für die Gruppenmitglieder zur Bedeutungslosigkeit herab. Nicht mehr ist es wichtig, was der Einzelne fühlt und denkt. Einzelne Rollen brächten zuviel Individualität mit sich. Die Kollektivität ist entscheidend und nicht die sie konstituierenden Menschen. Nur das wird in einem solchen Kollektiv akzeptiert, was sich bedingungslos der Totalität unterstellt.

In der Gruppenbehandlung kann diese Art von Gemeinsamkeit therapeutisch nie sinnvoll sein. Sie ist kein Boden, auf dem ein krankes Individuum sein Leiden in der Reifung seiner selbst überwindet. Ihr Endeffekt ist ganz im Gegenteil die Auflösung, der Tod jeglicher Individualität. Es gilt in der Gruppenpsychotherapie also immer wieder, auf diese Gefahr der übermächtig werdenden Gruppe zu achten. Die Gruppenpsychotherapie ist nicht dazu da, das Kollektiv zu nähren. Umgekehrt hat die Gruppe dazu zu dienen, dem Individuum Kräfte zu seiner eigenen Entfaltung zu vermitteln. Wir sind daher nicht der Ansicht von STIERLIN, der die Gruppe als gesamte behandeln möchte, sondern legen Wert darauf, die Einzelnen mit Hilfe des Instrumentes der Gruppe der Heilung zuzuführen.

2.2.4. Die Gruppe mit wechselnden Rollen

Für die Kollektivbehandlung eignet sich besonders die Form der Gruppe, in der die Einzelnen nicht nur immer dieselbe Rolle übernehmen, sondern in ihren sozialen Funktionen wechseln. Sie hat zur Voraussetzung eine zurückhaltend-analytische Haltung des Therapeuten. Die Beteiligten haben sich im Rahmen dieser Gruppen, die im Grunde genommen nichts anderes als Kleingesellschaften darstellen, immer wieder in andere Rollen einzuleben. Diese Gruppen erlauben ein freies Bewegen der Zugehörigen. WITTGENSTEIN bezeichnet diese Gemeinschaften mit ihren wechselnden Rollen als «Kollektiv-Gruppen». Sie laufen kaum Gefahr, zu «Massen im kleinen» zu entarten.

Eine in wechselnden Rollen sich geltend machende Gruppe vertritt die in der individuellen Vergangenheit oder im kollektiven Menschheitserleben begründeten zwischenmenschlichen Relationen viel deutlicher als jene mit dominanter Führerfigur, als die «Masse» oder gar als die zur «Großen Mutter» gewordene Gruppe. Auch läßt sie fortwährend neue Rollen und Beziehungen zu. Die Beteiligten haben so Gelegenheit, sich immer wieder mit neuen Situationen auseinanderzusetzen und sich zu wandeln. So kann eine Patientin in einer Gruppenstunde die Rolle einer besorgten Mutter übernehmen, in einer anderen aber jene einer gleichermaßen betroffenen Schwester.

Eine 44jährige medikamentensüchtige Patientin, die in ihrer Kindheit zusammen mit ihrer jüngsten Schwester aufs schwerste frustriert und traumatisiert worden war, entwickelte in der Toxikomanengruppe eine eindeutige Geschwisterübertragung auf die Beteiligten. Die Gefühle, die ihr die anderen in der therapeutischen Gruppe entgegenbrachten, ließen in ihr zuletzt Gefühle aufleben, wie sie sie vielleicht für jenes früher mitleidende Geschwister hatte. So verwunderte es uns denn kaum, daß sie nach Klinikaustritt dem Therapeuten schrieb: «Ich lasse auch meine lieben ,Mitschwestern vom Kränzli' grüßen.» Sie erfuhr durch sie eine Gemeinschaft, die nur bei schwesterlicher Nähe der anderen erlebt werden kann. In dieser Aussage dürfte auch ihr Bedürfnis nach Geborgenheit begründet liegen. Ihre Annäherung an die anderen Gruppenbeteiligten war derart, daß sie sie, entsprechend urtümlicher Sippenklassifikation, als Schwestern erlebte. Doch war bei der Patientin dieses Gefühl der geschwisterlichen Nähe nicht immer vorhanden. Sie hatte zuerst versucht, eigenmächtig vorzugehen und autoritativ ihren Willen durchzusetzen. Erst als sie dabei auf den Widerstand der anderen stieß und sie so kennenlernte, kam sie ihnen näher. Es war demnach eine Wandlung in ihrer Rolle eingetreten. Sie wurde von einer Außenseiterin zu einer Schwester.

Wird einmal das Bedürfnis offenbar, in mehr geschwisterliche Beziehungen zu treten, so kann ein anderes Mal der Wunsch nach einer dominierenden Haltung des Leiters auftreten.

Eine Patientin wollte vielleicht Ähnliches ausdrücken, als sie dem Therapeuten in einer etwas ungewöhnlichen, seine Autorität ambivalent markierenden und bezweifelnden Form schrieb: «Sehr geehrter Herr Oberarzt! Im Anschluß an die Gemeinschaftsstunde des gestrigen Tages erlaube ich mir, Ihnen einen kurzen freundlichen Gruß zu entbieten und dabei zu bemerken: Meines Erachtens hat auch die Psychiatrie ihre Grenzen, doch der beste ,Psychiater' ist Gott...» Bei einer solchen Patientin gilt es allerdings, ihr Bedürfnis nach einem allmächtigen Vater in den sozialen Bezügen immer wieder in Frage zu stellen und sie in der Hinsicht zu bestätigen, daß eine dermaßen mächtige väterliche Führung nur dort gegeben ist, wo der menschliche Glaube ihn übersinnlich erstehen läßt.

Während in analytisch-zurückhaltend geleiteten Gruppen etwa der Wunsch nach direktiv-bestimmender Führung auftritt, werden sich Mitglieder einer bestimmt gelenkten Gruppe nach etwas mehr Entfaltungsfreiheit, geschwisterlicher Gleichberechtigung und freiem Kräftemessen sehnen. Diese Tendenzen erkennen wir zum Beispiel immer wieder bei unserer Gruppe von milieugeschädigten und verwahrlosten Jugendlichen. Da sie aber oft die adäquaten Proportionen zwischen Freiheit und Selbstbeherrschung nicht kennen und finden, ist es gerade bei diesen Patienten oft nötig, sie bestimmt zu leiten.

In einer Gruppe mit wechselnden Rollen werden sich jene zwischenmenschlichen Beziehungen manifestieren, die die Beteiligten bereichern. Die Mitwirkenden werden einmal jene Nähe, ein anderes Mal aber auch jene Distanz erfahren, die sie zu ihrer eigenen Entfaltung benötigen. Zwar wird in ihnen das frühkindliche Erinnerungsbild der familiären Beziehungen und Konstellationen wach werden. Doch werden sie in der Gruppenrealität ihre früheren Erfahrungen überprüfen und korrigieren können. Sie werden neue Aspekte des Vaters und der Mutter, des Bruders und der Schwester, des Vorgesetzten und des Kameraden erkennen, und es wird sich ihnen dabei offenbaren, wo sie sich auf die Mitmenschen verlassen und wo sie ihre eigenen Kräfte zu stärken haben. In diesen frei flottierenden Interaktionen im Rahmen einer therapeutischen Gruppe mit wechselnden Rollen wird es ihnen aufgehen, wo sie sich der Gemeinschaft, wie früher der Familie oder aber erstmalig in ihrem Leben, anpassen und mit ihr «eins-sein» können und wo sie, wollen sie nicht untergehen, um jeden Preis sich durchsetzen und unversehrt ihr Selbst bewahren müssen (E. Fromm). Die Mitwirkenden erhalten so auch Gelegenheit, in den Interaktionen mit anderen alte Reaktionsmuster zu revidieren und sich auf neue Begebenheiten umzustellen. Fehlkonditionierungen werden auf diese Weise abgebaut werden können. Die Mitwirkenden haben also Gelegenheit, adäquateres Verhalten zu erlernen und sich den Mitmenschen zu öffnen. Es werden so neue Eindrücke in ihnen entstehen und ein realitätsgerechteres Bild der Mitmenschen bei ihnen aufkommen.

2.2.5. Zusammenfassende Schlußbetrachtungen

Je nach Art der Gruppenkonstellation kommen unterschiedliche Relationen unter den Beteiligten zustande:

In der Gruppe mit direktiv-autoritärer Führung und starrer Struktur werden die Beteiligten ihnen auferlegte Funktionen ausüben. Oder sie werden Rollen übernehmen, wie sie sie bereits in ihrer Kindheit im Rahmen der Familie innehatten.

In der Gruppe, in der eine übermächtige, omnipotente Führer- bzw. Vaterfigur deren Entartung zur «Masse im kleinen» herbeigeführt hat, sind kaum mehr verschiedene Rollen zu erkennen. Die Beteiligten führen nichts mehr aus individueller Initiative und Verantwortung aus, sondern nur noch das, was der Übergeordnete für sie vorsieht.

In der gänzlich zur Kollektivität, zur «Großen Mutter» gewordenen Gruppe ist jegliche Eigenständigkeit, sogar die des Leiters, aufgehoben. Auch in ihr kommen keine differenzierten Rollen mehr zustande. Die Einzelnen sind eingegangen in die alle umfassende Matrix.

In der Gruppe mit analytisch-zurückhaltender und demokratischer Führung und wechselnden Rollen kommen nicht nur individuell-lebensgeschichtliche und archaische Beziehungsmuster zum Vorschein. Die Beteiligten werden dazu in immer wieder neue zwischenmenschliche Beziehungen miteinbezogen. Sie haben so Gelegenheit, sich zu wandeln und zu reifen. Diese Art von Gruppe eignet sich demnach am besten als therapeutisches Milieu.

2.2.6. Literatur

ADLER, A.: Individualpsychologische Behandlung der Neurosen. In: Praxis und Theorie der Individualpsychologie. Bergman, München/Wiesbaden 1920.

FREUD, S.: Massenpsychologie und Ich-Analyse. Gesammelte Werke, Bd. XIII, S. 71. Fischer, Hamburg, 4. Aufl., 1963.

FROMM, E.: Die Furcht vor der Freiheit. Steinberg, Zürich 1945.

GOETHE, W.: Faust II, in Goethes sämtliche Werke, Bd. 2, S. 110. Ph. Reclam jun., Leipzig.

GUGGENBÜHL-CRAIG, A.: Erfahrungen mit Gruppenpsychotherapie. Psychologische Praxis 20. S. Karger, Basel/New York 1956.

JUNG, C. G.: Über die Psychologie des Unbewußten. Gesammelte Werke, Bd. 7. Rascher, Zürich/Stuttgart 1964.

KIELHOLZ, P.: Diagnose und Therapie der Depressionen für den Praktiker. Lehmanns, München 1965.

LÉVY-BRUHL, L.: Die geistige Welt der Primitiven. Bruckmann, München 1927.

NEUMANN, E.: Die Große Mutter. Rhein-Verlag, Zürich 1956.

STIERLIN, W.: Übertragung und Widerstand. In: PREUSS, H. G.: Analytische Gruppenpsychotherapie. Urban & Schwarzenberg, München/Berlin/Wien 1966.

TOMAN, W.: Die prägenden Wirkungen der Geschwisterkonstellation auf den Charakter. Z. Psychother. 13, 113, 1963.

WITTGENSTEIN, O.: Märchen – Träume – Schicksale. Eugen Diederichs, Düsseldorf/Köln 1965.

– Persönliche Mitteilung.

2.3. Beschleunigende / Fokale Methoden der Gruppen-psychotherapie [1]

2.3.1. Immer mehr macht sich in der Gruppenbehandlung jene von der individuellen Psychotherapie her bekannte Tendenz bemerkbar, durch spezielle Techniken zu versuchen, die Gruppenbehandlung zu beschleunigen. Diesen Trend verrät beispielsweise das Wort «Facilitator» (Erleichterer), das ROGERS für den Gruppenleiter in seinen «Encounter Groups» verwendet. Der Leiter soll helfen, die Gruppen-prozesse und das Entstehen eines Interaktionsklimas zu fördern. Dementsprechend betont ROGERS, dass er sich nicht nur mit seinen Ideen, seinem Intellekt, sondern auch mit seinen Gefühlen an seinen «En-counter Groups» beteilige. Dieser Autor nimmt eine aktivere Rolle ein als analytisch orientierte Gruppenpsychotherapeuten. Er sagt zum Beispiel zu Beginn einer Gruppensitzung: «Ich nehme an, wir werden uns am Ende der Gruppensitzung ein gutes Stück besser kennen als wir es jetzt tun.» Damit setzt er einen suggestiven Akzent. In der üblichen psychotherapeutischen Haltung bleibt ROGERS, wenn er sagt, dass er gelernt habe, die Gruppe so anzunehmen, wie sie sei. Selbst wenn sich eine Gruppe intellektualistisch verhalten will, nimmt er diesen Umstand als beachtenswertes Phänomen an. Dabei wird allerdings darauf geachtet, dass die Beteiligten sich allmählich emotional befreien und ihre Gefühle zum Ausdruck bringen. Die Mitglieder werden in keiner Weise gedrängt, sich in die Gruppe hinein zu begeben. Doch werden die Zugehörigen durch die wachsende Beteiligung des Therapeuten in ihrem Verhalten beeinflußt und zu einer aktiveren Rolle veranlaßt. Als wichtigstes stellt ROGERS das emphatische Verstehen dessen dar, was eine Person kommuniziert. Der «Facilitator» soll die Bedeutung erfassen, die die Äußerungen für die betroffenen Personen haben. ROGERS setzt seine eigenen Gefühle ein, um der Gruppe als ganzer oder den Einzelnen zu zeigen, wie sie – auf ihn – gewirkt haben. Dabei scheut er sich nicht, seine Sensitivität für die beteiligten Individuen und die Gruppensituation wirken zu lassen und beispielsweise zu sagen: «laßt uns Karlene eine Chance geben», oder er wird sagen: «Du siehst so aus, als ob Du wegen etwas betrübt wärest, möchtest Du es uns nicht wissen lassen?» ROGERS tendiert auch danach, die beteiligten Individuen mit ihrem Verhalten zu konfrontieren und ihnen entsprechende Feed-backs zu geben. Er wird beispielsweise sagen: «Ich habe die Art, wie Du plauderst, nicht gerne. Es scheint mir, daß du alle Aussagen drei-

[1] Herrn Dr. E. Collett sei für seine wertvollen Anregungen bestens gedankt.

bis viermal machst. Ich würde wünschen, daß Du aufhörst, wenn Du eine Aussage gemacht hast.» ROGERS geht sogar so weit, im Rahmen dieser Gruppen selbst über seine eigenen Probleme zu berichten. Dabei achtet er darauf, daß sie in einem Zusammenhang mit der Gruppe stehen. ROGERS vermeidet es, die Gruppe zu planen, weil sonst deren Verlauf, in der Auffassung dieses Autors, künstlich wäre. Es gibt nur sehr wenige Kommentare oder Deutungen über den Gruppenprozeß. Mit den übrigen Gruppenpsychotherapeuten in Übereinstimmung bleibt er, wenn er betont, daß er die Gruppe ebenso als therapeutisch aktiv betrachte wie den «Facilitator» selbst. Nicht nur die verbale Äußerung, sondern auch die averbale Kommunikation, beispielsweise die pantomimischen Ausdrucksbewegungen, werden in den ROGERS'schen Gruppen eingesetzt und beachtet. Der physische Kontakt zwischen Mitgliedern wird in den «Encounter Groups» zur Kommunikationsförderung eingesetzt. ROGERS berichtet von einer jungen Frau, die geweint und erzählt habe, sie hätte einen Traum gehabt, daß in der Gruppe niemand sie liebte. Er habe sie dann umarmt, geküsst und ihr das Gefühl der Behaglichkeit gegeben. Vor allem in bezug auf den körperlichen Kontakt, aber auch im Ausdrücken der eigenen Probleme und Gefühle, unterscheidet sich ROGERS wesentlich von der Gruppenanalyse. Bei der analytischen Gruppenpsychotherapie sollen ja vor allem die verbalen Äußerungen zur Einsicht führen und, neben dem Gruppenprozess, Objekt der Analyse sein. Wir haben indessen in den letzten Jahren gelernt, das nicht-verbale Agieren in die analytische Gruppenpsychotherapie miteinzubeziehen (NETO). Nach wie vor gilt aber die Abstinenzregel für den analytisch orientierten Gruppenpsychotherapeuten. Der Leiter hat darauf zu achten, seine eigenen Triebbedürfnisse zurückzuhalten und eine entsprechende psychologische und soziale Distanz zu wahren. Nur so wird es den Patienten ermöglicht, die verschiedensten Gefühlsbeziehungen auf den Therapeuten zu übertragen. Wie ANZIEU, der bekannte französische Gruppenanalytiker, zu Recht betont, übt der Gruppenleiter («Moniteur») in der analytischen Gruppenpsychotherapie im wesentlichen symbolische Funktionen aus. Er ist Träger der analytischen Regel. Seine Worte, sein Blick, seine Gestik und Mimik, ob er will oder nicht, haben ein anderes Gewicht als die Äußerungen der anderen Beteiligten. Er mobilisiert mehr als die anderen Übertragungen, Projektionen und Phantasien. ANZIEU formuliert nun die Rolle des Gruppenanalytikers vollkommen anders als die Rolle, die ROGERS dem «Facilitator» der «Encounter Groups» zuerkennt. ANZIEU sagt wörtlich: «seine Rolle ist nicht zu animieren, die Gruppe ,zum Fortschreiten zu bewegen', sie etwas ,machen oder sagen zu lassen›, zu ›dirigieren‹ oder zu ›organisieren‹, zu ›handeln‹, damit man sich wohlfühle, sondern zu interpretieren.» Wenn der Therapeut sich anders verhalte, so sei es die Funktion seiner eigenen Gegenübertragung oder seiner eigenen Gegenwiderstände (GLOVER).

In den letzten Jahren sind noch zahlreiche andere Methoden aufgekommen, die die Kommunikation in der Gruppe erleichtern sollen, so die themenzentrierte, interaktionelle Methode von RUTH COHN. Die Autorin will durch das Geben eines Themas das allgemeine Interesse der Gruppe stimulieren und die Phantasien des Kollektivs fokussieren. Sie möchte mit dem Thema dafür sorgen, dass das Ich der Beteiligten aktiviert wird und sie in eine aktive Kommunikation eintreten. Dabei geht es ihr darum, dass die Zugehörigen nicht nur intellektuell, sondern vor allem auch emotional ergriffen werden. Das Thema soll nicht etwa dazu dienen, das Unbewußte zu unterdrücken, wie beispielsweise aufkommende belanglose Themata es tun können, die etwa als Mattscheibe für dahinterliegende Probleme wirken. Vielmehr soll es durch seine emotionale Gerichtetheit ganz im Gegenteil dazu führen, dass die Mitwirkenden sobald als möglich gefühlsmässig ergriffen werden. RUTH COHN gibt beispielsweise als Thema: «Wie nehme ich Beziehungen zu meinen Mitmenschen auf?» Mit einer solchen Themengebung sind die Einzelnen und die Gesamtheit sehr rasch in einen emotionalen Prozeß hineingestellt. Wie bei der Fokaltherapie, die in der dualen psychotherapeutischen Situation vor sich geht, versucht die Autorin mit ihrer Methode, wie erwähnt, die Gruppenpsychotherapie zu fokussieren und sie zu beschleunigen. Sie erwartet davon aber auch, daß der ganze Mensch, nicht nur der rationale, erfaßt werde. Ihre Methode fördert insbesondere auch die Katharsis der Beteiligten, indem längst hintangehaltene Konflikte durch die Formulierung des Themas plötzlich aktiviert werden. Man könnte der Autorin entgegenhalten, daß ein solches Thema nicht immer zu einer Beschleunigung unbewußter Prozesse führe, sondern von entsprechend disponierten Beteiligten ausgenützt werden könnte, um strikte beim Thema zu bleiben und damit, wie oben gezeichnet, die Widerstände zu verbergen. Selbstverständlich wird die analytisch geschulte Autorin solche Widerstandshaltungen erkennen und dann analysieren und durcharbeiten. Doch könnte der Ungeübte solche Abwehrtendenzen hinter dem gestellten Thema übersehen.

Wie bei allen beschleunigenden und auf Kürze hinzielenden Methoden stellt diese Methode Anforderungen an das Ich der Beteiligten. Das Miteinbezogenwerden in eine therapeutische Gruppe bringt ja ohnehin für das Ich der Mitwirkenden gewisse Belastungen mit sich.

Es kommt etwa zu der Angst vor dem Individualitäts- oder Ich-Verlust, wenn eine bestimmte soziale und psychologische Distanz unterschritten wird. Bei beschleunigenden Methoden, wie der themenzentrierten, ist diese Gefahr natürlich ganz ausgesprochen vorhanden. Es ist deshalb nötig, dass die Therapeuten, die diese Methode anwenden, eine gründliche gruppenpsychotherapeutische Ausbildung erhalten, damit sie dieses Periculum erkennen.

RUTH COHN flicht in ihre Methode auch die Gesichtspunkte der Gestalt-Therapie ein (PERLS). Die Gestalt-Therapeuten legen zur Erfassung der Beziehung des Individuums zu dessen Umgebung besonderen Wert auf die figürliche Wahrnehmung der Objekte, der Gestalten. Wenn beispielsweise ein Mann allein sitzt und liest, dann steht das Buch im Zentrum seiner Aufmerksamkeit. Der Rest des Raumes tritt in den Hintergrund. Auch sein Körper wird in dieser Sicht zum Hintergrund. Der Leser ist nur im Kontakt mit den Ideen des Buches. Nehmen wir an, daß er mitten im Lesen immer durstiger wird. Nach und nach werden der Mund und das Innere des Mundes figürlich werden und bald das Feld dominieren. Nun tritt das Buch in den Hintergrund, und die Person fühlt: «ich bin durstig». Mit anderen Worten, der Leser wird eines Wechsels in ihm gewahr, der eine veränderte Beziehung zu seiner Umwelt zur Folge hat. Dementsprechend wird er seine eigene Erfahrung und sein motorisches Verhalten verändern. In diesem simplen Modell zeigt sich, dass im Lichte der Gestaltpsychologie die Phänomenologie der Welt durch die Bedürfnisse des Individuums organisiert ist. Diese Bedürfnisse führen zu einem Verhalten und bedingen eine Selbsterfahrung wie auch ein motorisches, zu den Objekten hin tendierendes Verhalten (WALLEN). In der Gruppenpsychotherapie, die diese gestalttheoretischen Gesichtspunkte berücksichtigt (R. COHN), wird versucht, die Beteiligten figurative Modelle erfahren zu lassen, wie beispielsweise ein Individuum, ein Objekt, um den Beteiligten dazu einen phänomenologischen und verhaltensmässigen Zugang zu ermöglichen. Dabei erwartet PERLS, daß die Mitwirkenden sich ihrer selbst und aller anderen, denen sie begegnen, gestalthaft bewußt werden und die Emotionen der Beteiligten intensiver erleben.

Eine Kurzform der Gruppenpsychotherapie strebt auch GOULDING an. GOULDING versuchte, die BERNE'sche transaktionelle Analyse weiter zu entwickeln, indem er in der Gruppenpsychotherapie in bezug auf die einzelnen Teilnehmer eine frühe Einschärfung (injunction) formuliert, die der Vorstellung des Kindes entspreche, die die Gruppenbeteiligten bei ihrem Heranwachsen von ihren Eltern übernommen hätten. GOULDING betont, daß das Verhalten des Patienten, seine Worte und Spiele dazu dienten, jene speziellen Einschärfungen zu stützen, die ihm durch die Eltern in der Kindheit mitgegeben worden seien. Weiter erkennt GOULDING, daß der Patient diese Einschärfungen nicht überwinden kann, bevor er bereit ist, eine neue Entscheidung (redecision) zu verbalisieren und sich so von der Einschärfung zu befreien. GOULDING formuliert die Einschärfung beispielsweise wie folgt: «Du darfst nicht sein», «Du darfst nicht Dich sein», «Sei kein Kind», «Sei kein Erwachsener» usw. Da die Einschärfung oft durch Schläge oder entsprechendes Verhalten den Kindern eingepflanzt worden sei, begännen die Heranwachsenden ihr zu folgen, damit sie die Bedrohung, die ihr psychologisches Überleben durch das elterliche Verhalten erfahre, überwänden. Um die Gruppenpsychotherapie zu beschleunigen, um mit wenigen Stunden Gruppenarbeit schon zu einem Ziel zu gelangen, hält es GOULDING für wichtig, möglichst bald zu einer neuen Entscheidung (redecision) zu kommen. Der Autor hilft den Betroffenen, sich ihre Verhaltens- und Lebensmuster zu vergegenwärtigen, besonders indem er sie durch Phantasien über ihre Zukunft oder über einen Dialog mit ihren Eltern zu einer Wiedererwägung kommen läßt. Wenn zum Beispiel die Einschärfung der Eltern «Du darfst nicht sein» übernommen war, so wird der Patient zur Wiederentscheidung kommen müssen, indem er vom Therapeuten angeregt wird, sich immer wieder zu sagen: «Ich darf leben.» Die Gruppe wird dazu verwendet, des Patienten neue Entscheidung zu bekräftigen, zu verstärken. Der GOULDING'schen Kurzmethode könnte vorgeworfen werden, daß sie die Behandlung des Einzelnen durch die Gruppe anstrebt, nicht aber alle Beteiligten zu gleicher Zeit mit in den therapeutischen Prozeß einbezieht. Auch ist die Methode von GOULDING leiterzentriert. Die Beteiligten werden zwar zu einer Wiedererwägung kommen, doch wohl ungenügend ihr Ich entfalten, da sie in solchermaßen geleiteten Gruppen kaum Gelegenheit haben, sich frei zu entwickeln.

Die erwähnten Methoden der Gruppenpsychotherapie gehen, wie aus unseren Ausführungen hervorgeht, vor allem darauf aus, den Behandlungsprozeß zu beschleunigen. Doch möchten sie durch die Betonung des Erlebens auch zu einer gesteigerten emotionalen Tiefe führen. Dabei besteht aber stets die Gefahr, daß die Beteiligten durch die rasche Konfrontation mit starken Gefühlsintensitäten überfordert und von Angst ergriffen werden. Insbesondere bei Ich-Schwachen ist, wie bereits dargelegt, Vorsicht mit solchen Methoden geboten.

Beinahe zwangsläufig müssen diese Techniken, die eine relativ hohe Aktivität des Therapeuten voraussetzen, leiterzentriert sein. Damit können sich aber die anderen Mitwirkenden nicht genügend frei entfalten. Es besteht zudem die Gefahr des Auftretens einer prolongierten Regression und einer entsprechenden Abhängigkeit vom Leiter und der Gruppe, die ihrerseits nun die kürzere Dauer der Therapie in Frage stellen.

Vor allem aber ist allen diesen Methoden, die den Gruppenprozeß erleichtern und beschleunigen sollen, der Nachteil gemeinsam, daß sie zuviel den Einzelnen herausstellen und zuwenig die Gruppensituation als Gesamtes beachten, in der sich alle befinden und die alle mehr oder weniger beeinflußt. Es wird auch nicht oder nicht genügend auf die Gruppenstruktur, die Rollendifferenzierung und die Funktionen, die die einzelnen Mitglieder in einem solchen Verbande ausüben, geachtet. Die Gruppe wird bei diesen Techniken nur dazu ausgenützt, um immer wieder andere Mitglieder als einzelne therapeutisch zu ergreifen. Der Gruppenprozeß, das gemeinsame Erleben und das gegenseitig beeinflußte Verhalten der Mitglieder werden oft ungenügend berücksichtigt. Wir möchten damit aber nur die Grenzen dieser Methoden zeichnen. In ihrer beschleunigenden und die Gefühlsvorgänge vertiefenden Potenz haben sie durchaus einen therapeutischen Wert. Zur Vorsicht möchten wir aber mahnen, wenn dabei die notwendige therapeutische Distanz verlorengehen sollte.

Wie CHRIST auf Grund von vergleichenden Beobachtungen von Gruppen durch LIEBERMAN und Mitarbeiter, die mittels verschiedener Techniken angegangen wurden (psychoanalytische, gestaltpsychologische, transaktionelle, Marathon-Methoden usw.), feststellt, befriedigten die Resultate einerseits in jenen Gruppen nicht, in denen eine Art Laisser-faire-Führung vorherrschte, aber auch nicht in jenen Gruppen, in denen der Gruppenleiter charismatisch-dogmatische Tendenzen aufwies. Die besten Erfolge zeitigte der Typ des «Providers», des «Ernährers». Sein Vorgehen ist charakterisiert durch mässiges, sorgfältiges Stimulieren und ebenso mässiges, beherrschtes, kontrolliertes Eingreifen in die Gruppe. Eine Gefahr der angeführten beschleunigenden Methoden besteht nun zweifellos darin, daß die Akzeleration und die Fokussierung des Gruppenprozesses etwa zum Dogma erhoben wird. Es bedarf einer stetigen sorgsamen Überprüfung durch den Therapeuten, damit einer solchen Entwicklung vorgebeugt werden kann. Steigert er sich jedoch in eine Überwertung seiner eigenen Methodik hinein – was bei aktivierendem Vorgehen leicht der Fall sein kann –, so wird er in jene charismatische Einstellung hineingeraten, die nach den Beobachtungen von LIEBERMAN und Mitarbeitern gehäuft zu therapeutischen Versagern führt. Bleiben diese beschleunigenden und auf vertieftes Erleben zentrierten Methoden aber in den Händen von selbstkritischen Therapeuten, so

sind sie wertvolle gruppenpsychotherapeutische Techniken, die es
auch gestatten, jene Menschen in Gruppenpsychotherapie zu nehmen,
die sich nur für kurze Zeit einer Behandlung widmen können. Auch
können sie etwa affektiv zurückhaltende, gehemmte Patienten aktivieren und damit für die Gruppenpsychotherapie öffnen, die durch
ein anderes Vorgehen vielleicht nicht ergriffen würden.⁴

2.3.2. Literatur

ANZIEU, D., BÉJARANO, A., KAES, R., MISSENARD, A., PONTALIS, J. B.: Le Travail
psychanalytique dans les Groupes: P. 80, Dunod, Paris 1972.

CHRIST, J.: Neue Forschungsresultate über Selbsterfahrungsgruppen. Über eine Arbeit
von M. A. LIEBERMAN, J. D. YALOM und M. B. MILES, in: Gruppenpsychotherapie und
Gruppendynamik, Vandenhoeck & Ruprecht, Göttingen/Zürich (im Druck, 1973).

COHN, RUTH C.: Das Thema als Mittelpunkt interaktioneller Gruppen, in: Gruppenpsychotherapie und Gruppendynamik, Band 3, Heft 2, S. 251, Vandenhoeck & Ruprecht, Göttingen/Zürich 1970.

– Therapy in Groups: Psychoanalytic, Experiental, and Gestalt in FAGAN, J., SHEPHERD,
I. L. (Ed.): Gestalt Therapy Now, S. 197, Harper and Row, New York, Evanston,
San Francisco, London 1970.

GLOVER, E.: The Technique of Psychoanalysis, Baillière, Tindall, London 1955.

GOULDING, R.: New Directions in Transactional Analysis: Creating an Environment
for Redecision and Change in: SAGER, A. J., KAPLAN, S. H. (Ed.), S. 105, Group and
Family Therapy, Brunner/Mazel Publ., New York, Butterworth, London 1972.

LIEBERMAN, M. A., YALOM, I. D. and MILES, M. B.: The Group Experience Project:
A Comparison of Ten Encounter Technologies. In: BLANK, GOTTSEGEN and
GOTTSEGEN (Eds.), Encounter: Confrontation in Self and Interpersonal Awareness,
S. 496–497. Macmillan Press, New York 1971, Neudruck in The New Group Psycho-
therapies, T. ROTHMANN (Ed.), 1972.

LIEBERMAN, M. A., YALOM, I. D. and MILES, M. B.: Effects of Encounter Groups.
Journal of Applied Behavioral Science, Vol. 8, No. 1, S. 29–50, 1972. Neudruck in
B. BERZON and L. N. SOLOMON (Eds.), The Encounter Group: Issues and Applications,
Jossey-Bass, San Francisco, 1972.

LIEBERMAN, M. A.: Encounter Leaders: Their Behaviour and Impact. Interpersonal
Development, Vol. 2, No. 1, pp. 21–49, 1971, 72. Reprinted in B. BERZON and L. N.
SOLOMON (Eds.), The Encounter Group: Issues and Applications, Jossey-Bass, San
Francisco, 1972.

NETO, B. B.: Acting-out in psychotherapeutischen Gruppen, in: Gruppenpsychotherapie
und Gruppendynamik, Band 5, Heft 1, S. 83, Vandenhoeck & Ruprecht, Göttingen/
Zürich 1971.

PERLS, F. S.: Four Lectures, in: FAGAN, J., SHEPHERD, I. L. (Ed.), Gestalt Therapy
Now, S. 14. Harper and Row, New York, Evanston, San Francisco, London 1970.

ROGERS, C. R.: Encounter Groups, Harper & Row, New York, Evanston, London 1970.

WALLEN, R.: Gestalt Therapy and Gestalt Psychology, in: FAGAN, J., SHEPHERD, I. L.
(Ed.): Gestalt Therapy Now, S. 8, Harper and Row, New York, Evanston, San
Francisco, London 1970.

2.4. Gruppenarbeit ohne im engeren Sinne therapeutisches Ziel

Als Gruppenpsychotherapie verstehen wir nur solche Methoden, die sich autozentriert mit den tiefenpsychologischen Motivationen der Beteiligten und den dynamischen Auswirkungen der Gruppe auf die Einzelnen und die Gesamtheit befassen. Methoden, die nur oder vorwiegend nur eine Verhaltenskorrektur intendieren, wie auch alle auf eine äußere Aufgabe, zum Beispiel auf die Wissenvermittlung, ausgerichteten Gruppenverfahren, sind nicht direkt therapeutisch wirksam. Zwar können sie indirekt auch therapeutische Auswirkungen zeitigen. Doch gehen sie nicht oder nicht in erster Linie auf das Erhellen der bei den Gruppenbeteiligten selbst aktivierten – vorwiegend unbewußten – Konflikte, sondern hauptsächlich auf die Bewältigung eines sozialen oder eines didaktischen Zieles aus. Im folgenden werden uns, in getrennten Abschnitten, das Sensitivity Training, die BALINT-Gruppe und die Kontrollgruppe beschäftigen.

2.4.1. Sensitivity Training – Zusammenfassende Schlußbetrachtungen

«Sensitivity» ist nach SMITH die Fähigkeit vorauszusagen, was ein Individuum tun, fühlen sowie «über Dich, sich selbst und andere» sagen wird. Nach DÄUMLING bezeichnet der englische Begriff «sensitivity» die «Fähigkeit des adäquaten Aufnehmens und Beantwortens von Kommunikationssignalen».

Das Sensitivity Training erwächst aus der angewandten Gruppendynamik und geht auf die sozialpsychologische Schule von KURT LEWIN zurück. In den Vereinigten Staaten von Amerika wurde die Methode des Sensivitity Trainings nach dem zweiten Weltkrieg eingeführt (GARWOOD). Seither fand es dort eine große Verbreitung. In Europa fand es erst viel später Eingang, zunächst in England, Skandinavien, den Niederlanden und Belgien, später in Deutschland und Österreich.

In unserem Lande hat das Sensitivity Training binnen kurzer Zeit einen ungeheuren Aufschwung genommen. Immer mehr Interessenten melden sich für entsprechende Kurse an.

Die Trainingsgruppen setzen sich in der Regel aus 6–12 Teilnehmern zusammen. Sie dürfen nicht zu groß sein, damit sich nicht Einzelne aus der Aktivität herausnehmen. Ihr Rahmen soll aber auch nicht zu klein sein, da sie sonst kaum mehr eine «Gesellschaft im kleinen» darstellen.

Die Trainingsphasen dauern 7–21 Tage. Die Teilnehmer sind während dieser Zeit permanent in «Klausur» (DÄUMLING) und haben nur nachts Zeit, sich auszuruhen.

Ein Beweggrund zum Sensitivity Training ist die echte Einsicht, daß die zwischenmenschlichen Beziehungen im Rahmen der Gruppen, in denen wir Menschen leben, nicht immer spontan, ungestört ablaufen, sondern geübt werden müssen. Der moderne Mensch, der meist in Kleinfamilien aufwächst, hat oft nicht mehr ein spontanes Verständnis für die Interaktionen in der Gruppe. Er muß sich die Fertigkeit, in einer Gruppe zu leben, oft erst erwerben. Das Sensitivity Training, das die Gruppenfähigkeit des Menschen steigern will, hat also dementsprechend eine sinnvolle Aufgabe. Doch strömen dem Sensitivity Training oft auch Menschen zu, die gar nicht wissen, was sie damit anstreben, welche Möglichkeiten, aber auch welche Risiken und Gefahren sie damit auf sich nehmen. Es ist zu hoffen, daß das Sensitivity Training dort Eingang finde, wo Verantwortliche besonders um die gruppendynamischen Gesetzmäßigkeiten wissen sollten. Der unbeschränkten und nicht indizierten Verbreitung des Sensitivity Trainings können wir aber nicht zustimmen, da es keine harmlose Methode ist.

Das Sensitivity Training breitet sich nicht etwa nur im psychiatrischen Bereich aus, sondern auch in Schulen und Instituten, in der Industrie, im Militär und in Universitäten, bzw. Medizinschulen.

Dabei werden die Interessenten häufig unausgewählt in die Trainingsgruppen (T-Groups = Trainingsgruppen) genommen. Daß sich dabei, speziell bei entsprechend Prädisponierten, auch gefährliche Entwicklungen ergeben können, liegt auf der Hand. Infolge der Verstärkerwirkung der Gruppe auf die Gefühle (BATTEGAY) ist auch mit der Gefahr von kollektiven Komplikationen, beispielsweise einer Entartung der Gruppe zu einer «Masse im kleinen» oder zu einem (restlos) auf sich selbst zentrierten Kollektiv (siehe Band I), zu rechnen. Die Tendenz zur Konvergenz der Ansichten und Haltungen in der Gruppe (HOFSTÄTTER), bzw. der normative Effekt der Gruppe, bringt es aber auch mit sich, daß ich-schwache Beteiligte sich etwa zu sehr an das Kollektiv anpassen und damit Gefahr laufen, restlos ihre Eigenständigkeit zu verlieren und in ihrem Ich noch weiter geschwächt zu werden. Wie CARTWRIGHT und ZANDER betonen, sind diese Gruppennormen, haben sie sich etabliert, gegenüber einem Wechsel sehr resistent. Es kann daher vorkommen, daß die Beteiligten, statt sich zu wandeln, starr an Gruppenstandards festhalten.

Ein Hauptziel des Sensitivity Trainings ist, die Voraussagefähigkeit des zu Trainierenden in bezug auf die Interaktionen der Einzelnen in der Gruppe untereinander und mit der Gesamtheit zu üben. Insbesondere soll das Niveau der Einschätzung verbessert werden. Die Eigenschaften der Mitwirkenden sollen präziser getroffen werden. Es wird außerdem eine Steigerung der empathischen Genauigkeit angestrebt, d. h. eine verbesserte Fähigkeit zu beurteilen, worin die Gruppenzugehörigen einander ähnlich sind und in was sie voneinander abweichen. Dazu bedarf es einer geschärften Beobachtung, einer erhöhten Möglichkeit der Erfassung individueller Besonderheiten. Im Sensitivity Training soll aber auch geübt werden, welche der Stereotypie (HOFSTÄTTER), d. h. welche gruppenspezifischen Qualitäten für die einzelnen Beteiligten zutreffen. Im englischen Sprachbereich spricht man deshalb von einer Verbesserung der Stereotyperfassung, der «stereotype accuracy» (Stereotypengenauigkeit). Stereotype in bezug auf eine Gruppe entsprechen zwar nicht den objektiven Gegebenheiten. Sie stellen mehr oder weniger Vorurteile dar. Dennoch – oder deshalb – wenden wir sie immer wieder an. Sind wir in der Lage, sie zu erkennen, werden wir sie auch eher zu relativieren lernen. Im Sensitivity Training geht es darum, das Verhalten der Beteiligten im Kommunikationsbereich der Gruppe präziser zu erfassen und wirksamer zu gestalten. Die Zugehörigen sollen auf der einen Seite besser die Tendenzen und Strebungen der anderen erkennen und ihnen Rechnung tragen, auf der anderen Seite aber auch wahrnehmen, wo ihnen selbst Möglichkeiten gegeben sind, sich effektvoller durchzusetzen. Jeder Mitwirkende soll die übrigen Mitwirkenden verbessert erfassen und beurteilen lernen, überhaupt, die Vorgänge bei den Einzelnen und in der Gruppe exakter wahrnehmen und auch Täuschungs- sowie Vorurteilsquellen erkennen lernen.

Im Sensitivity Training geht es auch darum, die individuellen Beweggründe in den jeweiligen Gruppensituationen zu beachten und mit in Rechnung zu ziehen. Insbesondere sind die Beteiligten darauf zu trainieren, ihre eigenen Ausdrucksmittel und das Zusammenwirken verbaler mit averbalen Äußerungen, mit ihren Auswirkungen auf die Gruppenbeteiligten, herauszuspüren. Dabei ist es wesentlich, daß sie es lernen, trotz der bewußten Beachtung ihrer und der anderen Ausdrucksweisen, ihre echten und natürlichen Gefühle beizubehalten.

Es ist zweifellos eine Gefahr des Sensitivity Trainings, daß die Übung des sozialen Verhaltens und des Beobachtens des Einzelverhaltens im Kommunikationsbereich der Gruppe die Gefühle einengt. Echtes Ausrichten auf die gruppendynamischen Gesetzmäßigkeiten muß aber nicht den Verlust der Gefühle mit sich bringen, sondern kann die Emotionalität erst recht zur Geltung bringen.

Wenn von Training gesprochen wird, so deutet dieser Ausdruck darauf hin, daß nicht die Information, nicht das Weitergeben eines Wissensstoffes erzielt werden soll, sondern die Formation, das Vermitteln von Erfahrungen und Erlebnissen in bezug auf eigene und fremde Verhaltensweisen und -normen sowie die Möglichkeit zu deren Veränderung.

In den verbalen und averbalen Interaktionen werden die Beteiligten ihre Reaktionsweisen wechselseitig erfahren. Das Verhalten jedes Einzelnen löst reaktive Haltungen und Einstellungen bei einzelnen, mehreren anderen oder der gesamten Gruppe aus. Die eigenen Verhaltensweisen werden durch die Reaktionen der anderen rückgekoppelt. Es kommt zu einem «feedback» (SBANDI) in der Gruppe, oder, wie FOULKES darlegt, zu einer Spiegelwirkung der Gruppe.

Doch lernen die Beteiligten in der Konfrontation mit den anderen nicht nur sich selbst, sondern auch die Reaktionsmöglichkeiten der Mitmenschen kennen. Sie erfahren im Rahmen der Gruppe, welchen Spielraum ihnen die anderen lassen. Es kommt zu einer verbesserten und adäquateren Einschätzung der Freiheiten und Begrenzungen, die dem Individuum im Interaktionsnetz der Gruppe gegeben sind. Sehr wesentlich ist, daß die Beteiligten nicht nur die Schranken erleben, die ihnen die anderen in der Gruppe und die Gesamtheit setzen, sondern auch die mit der Teilnahme mehrerer Individuen verbundenen Möglichkeiten. Die Zugehörigen werden erkennen, daß ihnen das Mitwirken anderer auch einen verlängerten Hebelarm gibt, mit dem sie ihre eigenen Zielsetzungen unter Umständen wirksamer durchzusetzen vermögen. Die Beteiligten werden somit lernen, die Gruppenprozesse und das gesellschaftliche Geschehen insgesamt adäquat zu beobachten und einzuschätzen.

Die am Sensitivity Training Beteiligten können üben, aus erstarrten Rollen, die sie bisher in Gruppen zu übernehmen pflegten, herauszukommen und neue zu übernehmen. Sie werden es lernen, ihre Angst, die sie bis anhin mit stereotypen Einstellungen und ihnen gewohnten Rollen abzuwehren versuchten, auf sich zu nehmen und in diesem schonenden Experimentierfeld neue Rollen kennenzulernen. Auf diese Weise werden starre Einstellungen gelockert. Die Mitwirkenden lernen während des Sensitivity Trainings aber nicht nur das Verhalten der Einzelnen kennen, sondern auch die gruppendynamischen Gesetzmäßigkeiten, so unter anderem die möglichen Rollenverteilungen in der Gruppe, die Entstehung von Normen, oder die Neigung Einzelner zum Außenseitertum, zur Anomie (MERTON). Vor allem werden die Zugehörigen auch die Zentripetal- und Kohäsionskraft der Gruppe erkennen. Wir haben mit dem Sensitivity Training noch keine eigene

Erfahrung. Berichte von Kollegen, die an solchen Übungsgruppen teilnahmen, lauten aber dahin, daß der Zusammenhalt zwischen den Beteiligten während der Trainingstage in der Regel immer intensiver wird.

Das Sensitivity Training hat aber nicht nur eine Verbesserung des Sozialkontaktes und der Abschätzung des sozialen Geschehens zur Folge. Es kann, wie die Berichte der Kollegen zeigen, auch zu einer Regression der Beteiligten führen, die so weit geht, daß die Zugehörigen am Ende der Sitzungsperiode kaum mehr auseinander zu gehen vermögen. Sie sind zu einem Kollektiv geworden, in dem die Mitwirkenden ihre Individualität weitgehend aufgegeben haben und zu einem Wir geworden sind, das wir als Gruppe mit der Struktur der «Großen Mutter» (NEUMANN) bezeichnen möchten. Auch kann die Interaktionsdichte derart werden, daß besonders Ich-Schwache sich den anderen zu sehr ausgesetzt fühlen und befürchten, ihre Eigenständigkeit restlos zu verlieren. Diese Menschen werden sich dann entweder vom Training zurückziehen, in eine innere Emigration gehen oder sogar psychotisch werden.

Was ist nun der Unterschied einer Trainingsgruppe zu einer Psychotherapiegruppe, bzw. worin unterscheidet sich das Sensitivity Training von der Gruppenpsychotherapie? Wir können den Unterscheidungskriterien, die DÄUMLING aufgestellt hat, nicht voll und ganz beipflichten. Wenn er betont, daß an der Trainingsgruppe nicht Leidende und an der Therapiegruppe Patienten, d. h. leidende, gehemmte, verletzbare Menschen teilnehmen, so halten wir diese Kennzeichen der beiden Arten von Gruppenarbeit für zu schematisiert. Es ist doch wohl so, daß sich auch für das Sensitivity Training in erster Linie Menschen melden, die erkennen, daß sie in ihrer sozialen Beziehungsfähigkeit irgendwie beeinträchtigt sind. Dabei werden sie allerdings nicht immer die Einsicht in eine zugrunde liegende neurotische oder anderweitige Grundproblematik haben. Umgekehrt werden wir Menschen in die Gruppenpsychotherapie integrieren, die ihre sozialen Integrationsstörungen als solche erkennen, also krankheitseinsichtig sind. Nicht notwendigerweise leiden sie mehr als jene Individuen, die sich für das Sensitivity Training interessieren. Es ist indessen nicht jedermanns Sache, sich für eine Psychotherapie anzumelden. Es stempelt in der öffentlichen Meinung vielleicht auch heute noch weniger ab, sich an einem Übungsseminar zu beteiligen, als sich offen zu einer Therapiebedürftigkeit zu bekennen.

Wohl wird im Sensitivity Training in erster Linie eine Kommunikationsverbesserung und in der Gruppenpsychotherapie Heilung gesucht, doch geht es bei beiden Methoden darum, daß der Beteiligte seinen sozialen Bezug verbessert. In diesem Sinne wirkt sich das Sensitivity Training ebenso heilungsfördernd wie die Gruppenpsychotherapie aus. Doch sind die Akzente verschieden. Im Sensitivity Training geht es in erster Linie um eine erhöhte Effizienz im sozialen Rahmen, während bei der Gruppenpsychotherapie das therapeutische Ziel, die bessere psychische, sexuelle und soziale Genußfähigkeit im Vordergrund steht.

Der Leiter des Sensitivity Trainings hat zwar gruppendynamische Spezialkenntnisse, doch ist er nicht notwendigerweise psychiatrisch oder psychologisch vorgebildet. Der Trainer wird – im Sensitivity Training – seine Aufmerksamkeit hauptsächlich auf die sozialen Interaktionen der Beteiligten richten, während der Gruppenpsychotherapeut das Behandlungsanliegen, d. h. die tiefenpsychologischen Motivierungen und die Möglichkeiten zur Einsichts- und Wandlungsförderung der Einzelnen, außer der Gruppendynamik, im Auge behalten muß. Wohl erfordert auch die Stellung des Trainers eine multifokale Aufmerksamkeit in bezug auf die verschiedenen Beteiligten und die Gesamtheit sowie auf deren Interaktionen. Doch ist die Aufgabe des Psychotherapeuten komplexer. Er hat nicht nur die Einzelnen und die Gesamtheit in und mit ihren Kommunikationen zu beachten, sondern vor allem auch immer wieder, neben der sozialen, die tiefenpsychologische Dimension im Auge zu behalten. Im Sensitivity Training werden den Leiter nur die die Verhaltensweisen unmittelbar auslösenden Motive interessieren, in der Gruppenpsychotherapie aber, vor allem in der analytischen Gruppenbehandlung, die in der Lebensgeschichte der Beteiligten verankerten Motivierungen. Dementsprechend werden in den Trainingsgruppen (T-Groups) die Phänomene der Übertragung nicht als solche beachtet. Zwar wird man auch in diesen Gruppen den damit verbundenen Fehlbezug zur momentanen Gruppenrealität wahrnehmen und bearbeiten. Doch wird man nicht auf die Wurzeln des anachronistischen Verhaltens, nicht auf die ursprüngliche Situation eingehen, die zu den Übertragungsprozessen geführt haben. Während das Sensitivity Training vor allem das Verhalten der Beteiligten anvisiert und dementsprechend eine Verhaltensbeeinflussung, bzw. – trotz allem – eine Verhaltens*therapie*, darstellt, so ist die Gruppenpsychotherapie eine Methode, die nicht nur das Gebaren der Beteiligten zu beeinflussen versucht. In der psychotherapeutischen Gruppe, speziell in der analytischen, geht es auch darum, mittels Übertragungs-, Widerstands- und Traumanalyse beim Patienten zu einer Einsicht in seine tieferen und lebensgeschichtlich begründeten Motivierungen zu führen. Wohl steht auch bei der Gruppenpsychotherapie, wie wir gezeigt haben (BATTEGAY), eine Haltungsanalyse im

Vordergrund. Doch werden stereotyp aufkommende Verhaltensweisen des Patienten immer wieder an Kernkonflikten, in ihrer lebensgeschichtlichen Determiniertheit, durchgearbeitet.

Wenn betont wird, daß der Trainer in den T-Groups keinen Rangunterschied zu den übrigen Beteiligten besitze, so muß diese Aussage in Frage gestellt werden. Immerhin wissen alle Teilnehmer, daß er besser ausgebildet ist als sie selbst. Schon diese Tatsache vermittelt ihm ein gewisses Prestige. Andererseits kann nicht gesagt werden, daß der Gruppenpsychotherapeut «automatisch Prestige besitzt» (DÄUMLING). Auch der Arzt oder der Psychologe darf die therapeutische Gruppe nicht leiterzentriert führen. Er sollte bescheiden im Hintergrund bleiben und die kollektive Psychotherapie möglichst spontan, gruppenzentriert, vor sich gehen lassen. Der Arzt oder der Psychologe, der eine therapeutische Gruppe leitet, ist bei der Gruppenbehandlung ebenso zur Diskussion gestellt wie der Leiter im Sensitivity Training. Eine autoritäre Haltung des Gruppentherapeuten würde die Interaktionen auch in den therapeutischen Gruppen beeinträchtigen und zu Rollenfixierungen führen, die die Patienten in ihrer Entfaltung behinderten. Das Leiterverhalten in den Trainingsgruppen und in den Therapiegruppen dürfte nicht sehr verschieden sein. Im allgemeinen wird ein Therapeut noch zurückhaltender sein als ein Trainer. Jeder in der Psychotherapie Tätige weiß, daß eine Voraussetzung zu einer adäquaten therapeutischen Haltung die zurückhaltende Teilnahme darstellt.

Wenn behauptet wird, daß die Trainingsgruppen unstrukturiert, die Therapiegruppen aber strukturiert seien, so können wir dieser Aussage nicht beipflichten. In beiden Kollektiven bilden sich, wie in allen anderweitigen Gruppen, hierarchische Gliederungen, Rollenverteilungen aus. Diese Strukturierungen sollen indessen weder in der therapeutischen Gruppe noch in der «T-Group» starr sein. Sie sollen in beiden Kollektiven einer stetigen Wandlung unterzogen werden. Dabei ist allerdings an die bereits zitierten Autoren CARTWRIGHT und ZANDER zu erinnern, die betonen, daß die Gruppennormen, die Gruppenstandards, oft sehr zähe festgehalten werden. Beharrungstendenzen werden dementsprechend in beiden Kreisen vorkommen.

Wird gesagt, daß in das Sensitivity Training hauptsächlich Gesunde, also keinesfalls schwere Neurotiker, miteinbezogen werden sollten, so können wir diese Aussage bejahen. Doch nicht weil sie die Gruppenarbeit blockierten (DÄUMLING), sondern weil sie selbst im Gruppenprozeß Schaden nähmen, da ihre Triebkonflikte nicht genügend berücksichtigt würden.

Es ist überhaupt zu sagen, daß im Sensitivity Training psychisch schwer Gestörte zusätzlich geschädigt werden können. Zwar ist auch bei der Gruppenpsychotherapie das Integrieren von ich-schwachen, auch von monopolistischen und hysterischen Persönlichkeiten in eine Gruppe von anders Strukturierten mit Gefahren für die Betreffenden verbunden (siehe Kapitel «Kontraindikationen»). Doch besteht in der Gruppe zumindest die Möglichkeit, daß der entsprechend geschulte Therapeut neu aufkommende psychopathologische Komplikationen, aktualisierte Konflikte als solche erkennt und die entsprechenden Patienten eventuell aus der Gruppe herausnimmt. In den T-Groups ist die Aufmerksamkeit indessen so sehr auf das Kommunikative, auf die soziale Erfahrung und die Verhaltenskorrektur ausgerichtet, daß ein Schaden eventuell zu spät erkannt wird. Auch sind die Trainer in bezug auf die Psychopathologie nicht immer genügend geschult. Wir möchten damit nicht etwa die wertvollen Möglichkeiten des Sensitivity Trainings, vor allem in Hinsicht einer Verhaltensschulung, verkleinern. Diese Methode halten wir insbesondere für die Vorbereitung von Menschen, die an verantwortlicher Stelle einer Institution zu stehen haben, oder mit einer pädagogischen Aufgabe betraut sind, für sehr geeignet. Es lassen sich damit Fehlhaltungen vermeiden, die, unerkannt, einen Betrieb, eine Institution, eine Schule lähmen oder gefährden können. Doch wäre es angezeigt, bei der Auswahl der sich zum Sensitivity Training Anmeldenden sorgfältig vorzugehen und ein individuelles Interview vorangehen zu lassen. Nur so wird es möglich sein, krankhafte Motive rechtzeitig zu erkennen und die Betroffenen einer Psychotherapie – individuell oder in Gruppen – zuzuführen.

Zusammengefaßt kann gesagt werden, daß mit dem Sensitivity Training die soziale Wahrnehmung und der soziale Kontakt mittels der Erfahrung in der T-Group verbessert werden. Damit wird die Kommunikationsfähigkeit der Beteiligten erhöht. Das Ziel der Trainingsgruppen ist aber nicht vorwiegend ein therapeutisches, sondern vorwiegend ein soziales. Es eignet sich insbesondere für die Steigerung der Effizienz der an verantwortlicher Stelle in der Gesellschaft Wirkenden.

2.4.2. Die Balint-Gruppe – Zusammenfassende Schlußbetrachtungen

In den Fallbesprechungsgruppen, bzw. -seminaren, nach BALINT, geht es darum, einer Gruppe von Ärzten, Nicht-Psychiatern, ein adäquates Verhalten gegenüber den sie aufsuchenden Patienten zu lehren. Die Gruppen werden mit Vorteil auf sieben bis elf Kollegen beschränkt, damit eine Vertrauensatmosphäre entstehen kann. Man trifft sich regelmäßig alle zwei bis vier Wochen für 1½–2½ Stunden. Die einzelnen Beteiligten berichten abwechslungsweise über einen Problempatienten. Nicht nur der Leiter, sondern auch die Auszubildenden bringen dazu ihre Einfälle und ihre Kritik. Der Seminarleiter behält aber die Führung in der Hand und weist die ihm indiziert erscheinende Richtung.

Die Kollegen sollen lernen, die Art der jeweiligen Arzt-Patienten-Relation zu erkennen und, wenn nötig, sie entsprechend zu beeinflussen. Es soll dem Arzt bewußt gemacht werden, daß seine Gefühle gegenüber dem Patienten eng mit dessen Krankheit zusammenhängen können und dementsprechend nicht Motive seiner Handlungen sein dürfen. M. und E. Balint sagen dazu folgendes: «Wenn im Arzt bei der Behandlung des Patienten Gefühle oder Affekte auftreten, so muß er sie als wesentliches Symptom der Krankheit des Patienten mit in Rechnung stellen; auf keinen Fall darf er danach handeln...» Es wird in den Fallbesprechungen demnach zu erreichen versucht, daß der Arzt seine gefühlsmäßigen Reaktionen zu kontrollieren und entsprechend den therapeutischen Erfordernissen zu handeln lernt.

In den Balint-Gruppen geht es auch darum, den praktizierenden Ärzten zu zeigen, daß sie nicht allein, sondern gemeinsam mit dem Patienten die Symptome untersuchen oder, wenn möglich, den Patienten selbst seine Beschwerden klären lassen sollen. Wir werden in den Balintschen Fallseminaren die Ärzte immer wieder darauf hinweisen, daß sie in der Begegnung mit den Patienten nicht zu aktiv sein dürfen. Sie müssen lernen hinzuhören, auf das Verhalten des Patienten zu achten und sich in den Hintergrund zu stellen. Es wird darauf hinzuweisen sein, daß bereits das Erstinterview beim Arzt wesentlich ist. Oft wird es entscheiden, in welcher Richtung die therapeutische Beziehung gehen wird, welche Übertragungsgefühle beim Patienten mobilisiert werden, aber auch welche Gegenübertragungen beim Arzt auftreten. Es ist dementsprechend auch erforderlich, die an den Fallbesprechungsseminaren Beteiligten auf die Möglichkeit aufmerksam zu machen, daß die Reaktion und Verhaltensweisen des Patienten eigentlich nicht ihm, sondern einer Beziehungsperson der Vergangenheit gelten. Auch werden wir dem Arzt helfen müssen, eigene Fehlbezüge, die aus seiner Lebensgeschichte heraus erwachsen, zu erfassen und zu verstehen. Er wird erkennen zu lernen haben, mit welchem Typ von Kranken er sich wiederholt versucht fühlt, sich zu identifizieren, und welchen gegenüber er immer wieder geneigt ist, affektiv ablehnend zu reagieren. Nur wenn er darum weiß, daß seine Gefühlsreaktionen nicht immer nur vom Patienten, sondern auch von seiner eigenen – unbewußten – Problematik abhängen, wird er die Kranken dagegen adäquat zu behandeln wissen. Dabei wird der Leiter eines Fallbesprechungsseminars darauf achten müssen, daß nicht die eigenen Probleme der beteiligten Ärzte, sondern die Patienten mit ihren Fragen im Vordergrund des Interesses bleiben. Das Balint-Seminar darf nicht zu einer autozentrierten, analytischen Selbsterfahrungsgruppe werden. Es soll allozentriert, auf die Aufgaben der Patienten ausgerichtet, bleiben.

Das Fallbesprechungsseminar soll, wie Knoepfel anführt, dem Nicht-Psychiater oder dem Hausarzt zeigen, daß er psychotherapeutische Möglichkeiten besitzt, welche dem Facharzt für Psychiatrie und Psychoanalyse nicht offenstehen. So kann beispielsweise die nahe Kenntnis des Patienten vor Beginn einer Psychotherapie von Vorteil sein. Es wird so etwa von vornehrein ein gegenseitiges Vertrauensverhältnis bestehen. Der daneben meist vorhandene Kontakt des Hausarztes mit den Angehörigen kann aber die Psychotherapie auch erschweren. Die Patienten fühlen sich dann gelegentlich nicht sicher, ob das dem Arzt Anvertraute nicht an seine Familie weitergegeben wird. In diesem Fall ist das Vertrauen zum Hausarzt geringer, als es zu einem aussenstehenden Fachpsychotherapeuten wäre.

Den Ärzten ist in den Fallbesprechungsseminaren ausserdem zu erkennen zu geben, daß der sie aufsuchende Patient nicht immer der Hauptkranke ist. Der effektiv neurotische Patient bleibt etwa zu Hause, und nur die unter ihm Leidenden suchen den Arzt auf. Der Einzelne, der den Arzt aufsucht, ist auch nicht selten nur Symptom oder der Vorposten der (mit-) kranken Familie.

Der Arzt wird sich hüten lernen müssen, sich mit dem ihn Aufsuchenden zu identifizieren und gänzlich den von ihm geschilderten Aspekten einer familiären Situation oder anderweitiger zwischenmenschlicher Beziehungen zu verfallen. Setzen sich die Patienten in ein günstiges Licht und ihre Angehörigen in ein schlechtes, so wird man zu entdecken versuchen müssen, welchen Anteil sie selbst an den Spannungen haben. Der Arzt wird also dahingehend geschult werden müssen, daß er nicht nur den Anwesenden, sondern auch den – oder die – abwesenden Patienten (M. und E. Balint) mit in seine Überlegungen einbezieht.

Der Seminarteilnehmer wird entscheiden lernen müssen, ob er mit der Familie Kontakt aufnehmen darf und will. Sicher wird er die Angehörigen nur dann in die Therapie miteinbeziehen, wenn sie an ihn gelangen und der Patient damit einverstanden ist. Zwar betont Friedemann, daß «für die Wendung zum Guten oder Bösen die Mitwirkung der Angehörigen unbedingt notwendig, also unvermeidlich ist». Auch hat die Familientherapie in den letzten Jahren einen wachsenden Aufschwung genommen (ACKERMAN, BOSZORMENYI-NAGY und FRAMO, SAGER). Doch müssen wir in den BALINT-Seminaren immer wieder darauf hinweisen, daß der Arzt oft mit dem anwesenden Patienten vorlieb nehmen muß. Nicht nur wenn der Kranke sein Einverständnis zu einer Besprechung mit den Angehörigen nicht gibt, sondern auch wenn sie nicht von selbst kommen – was nicht selten der Fall ist –, wird er sich mit demjenigen, der ihn aufsucht, begnügen müssen. Es bleibt dann für den Arzt zu hoffen, daß sich die Behandlung des einen auch auf die ihn umgebenden Beziehungspersonen therapeutisch auswirkt.

Im BALINT-Seminar kann den auszubildenden Ärzten generell gezeigt werden, welche Möglichkeiten der Psychotherapie ihnen als Nicht-Psychiater offenstehen. Sie werden dabei erkennen, daß die Situation des Allgemeinpraktikers oder des Nicht-Fachpsychiaters ihnen vorwiegend nur die verschiedenen Formen der Kurzpsychotherapie gestattet. Wir denken in diesem Zusammenhang an die psychotherapeutischen Möglichkeiten, die im ärztlichen Gespräch gegeben sind, an Entspannungsmethoden, wie beispielsweise das Autogene Training von J. H. SCHULTZ und die fokal ausgerichtete analytische Kurzpsychotherapie (BECK, MALAN, MEERWEIN, MAEDER).

Der psychotherapeutisch interessierte Arzt erhält in der BALINT-Gruppe eine Chance, die Technik seiner Gesprächsführung mit den Patienten zu verbessern. Er wird während der Fallbesprechung auch immer wieder darauf gestoßen, bei wem und wann Relaxationsmethoden als ausschließliche oder zusätzliche Behandlungen angezeigt sind. Auch dahingehend wird er geschult werden, die Indikation zur analytischen Kurzpsychotherapie zu stellen. Dabei wird er lernen müssen, möglichst früh zum Schluß zu kommen, ob bei einem Patienten eine – fokale – Kurzpsychotherapie oder aber eine – länger dauernde – Psychoanalyse notwendig ist. Bei einer «Kurzstreckenpsychotherapie» wird er im allgemeinen die Patienten selbst behalten und behandeln können. Dabei wird er sich schlüssig werden müssen, ob die Kriterien für eine analytische Kurzbehandlung erfüllt sind:

– Abgegrenztheit des Konfliktes,

– Bewußtseinsnähe (des Konfliktes),

– Leidensdruck,

– mindestens durchschnittliche Intelligenz,

– gutes Ansprechen im Erstinterview.

Eine «Langstreckenpsychotherapie», eine Psychoanalyse, wird er indessen in der Regel, schon aus zeitlichen Gründen, nicht selbst durchführen können. Hat er indessen eine Lehranalyse durchgemacht und in Kontrollen von mindestens zwei selbständig durchgeführten psychoanalytischen Behandlungen bei einem erfahrenen Analytiker eine entsprechende Erfahrung erworben, wird er auch die Langstreckenpsychotherapie selbst übernehmen können, vorausgesetzt, daß die Zeit hierfür ausreicht. In der Regel wird sich der Allgemeinpraktiker oder anderweitige Nicht-Fachpsychotherapeut aber nicht auf länger dauernde Psychotherapien einlassen, da sie ihn zu sehr belasten.

Gelegentlich wird er, besonders bei erfolgter Ausbildung in Gruppenpsychotherapie, eine therapeutische Gruppe mit Patienten bilden und sie selbst leiten. Mit der Gruppe wird er, je nach Indikation und je nach Methode, die er beherrscht, entweder im Sinne der Entspannungstherapie, der sonstigen direktiven Behandlung, der analytischen Therapie oder des Psychodramas arbeiten.

Der Ausbildungskandidat wird im Rahmen der BALINTschen Fallbesprechungen auch sehen, daß jegliche Form von Psychotherapie nicht in der Sprechstundenroutine durchgeführt werden kann. Patienten, die einer psychischen Behandlung bedürfen, werden mit Vorteil speziell für eine Randstunde aufgeboten. Damit kann der Arzt dem Patienten und sich selbst Zeit für ein eingehendes Gespräch lassen. Ist ein Arzt zeitlich gedrängt, wird er versucht sein, zu rasch Deutungen zu geben.

Die BALINTschen Fallbesprechungen öffnen dem psychotherapeutisch interessierten Arzt den Sinn dafür, wann er still und aufmerksam zuzuhören und wann er eine Deutung zu geben hat. Im allgemeinen ist es von Vorteil, wenn der Patient selbst auf seine Konflikte stößt und sie zu deuten lernt. Der Arzt soll dem Patienten beistehen, sich selbst zu helfen.

Die auszubildenden Kollegen sind immer wieder darauf hinzuweisen, daß sie bei der psychotherapeutischen Begegnung mit dem Patienten nicht in den Fehler verfallen dürfen, sich selbst bestätigen zu wollen. Nicht selten trägt der Arzt unbewußt eine Omnipotenzvorstellung in sich. Er hofft insgeheim, daß er mit seinen Deutungen die Konflikte des Patienten treffen und lösen kann. Nicht selten ist er auf diese Weise selbst magischen Vorstellungen, besonders im Hinblick auf seine eigene Wirksamkeit, unterworfen. In den Fallbesprechungen geht es dementsprechend darum, den Ärzten aufzuzeigen, daß sie mit einer solchen Haltung nicht nur beim Patienten regressive Haltungen aktivieren, sondern auch sich selbst schaden, indem sie Wunschvorstellungen vermeintlich für die Realität halten. Dabei geht es darum, daß die psychotherapeutisch interessierten Ärzte sich wirklich ihren Patienten stellen lernen, sich ihnen aussetzen und nicht ihnen magistral helfen und sich über sie hinwegsetzen.

Häufig werden die BALINTschen Fallseminare verwechselt mit den analytischen Selbsterfahrungsgruppen. In den BALINT-Gruppen geht es, wie unsere nunmehr zweijährigen Erfahrungen mit einer BALINT-Gruppe, die ich zusammen mit einem Kollegen[1] leite, zeigen, vor allem darum, die Arzt-Patienten-Relationen zu beleuchten, den Arzt bewußt werden zu lassen, was im Patienten bei der Begegnung mit ihm wach wird, welche tieferen Motive sich in der Haltung eines Patienten kundtun und wie der Therapeut selbst auf diese Tendenzen und Haltungen des Kranken antwortet und antworten soll.

Wie wir in unseren ärztlichen Selbsterfahrungsgruppen seit 1960 beobachtet haben, sind diese analytischen Gruppen demgegenüber auf die Erhellung der unbewußten Tendenzen und Motivationen, die in ihrem Kreise aufleben, ausgerichtet. Die analytische Selbsterfahrungsgruppe ist vorwiegend *autozentriert*, d. h. auf die Probleme und Konflikte der Beteiligten selbst, ausgerichtet. Die BALINT-Gruppe ist demgegenüber *allozentriert*, auf eine äußere Aufgabe ausgerichtet.

Für einen praktizierenden Nicht-Psychiater ist es in erster Linie wesentlich, daß er die Patienten in ihrer leib-seelischen Ganzheit sowie in ihrem sozialen Feld (LEWIN) zu erkennen und zu behandeln lernt. Zu diesem Zwecke wird er – in der BALINT-Gruppe – hauptsächlich lernen müssen, die gegenseitigen Beziehungen zwischen ihm und den Patienten, in seiner sozialen Verstrickheit, bewußt zu erkennen und zu verarbeiten.

In den Fallbesprechungen nach BALINT kann es nicht darum gehen, die unbewußten Einstellungen und Strebungen, die Gegenübertragungen (FREUD, GADDINI, PAULA HEIMANN, LOCH u. a.) und Gegenwiderstände (GLOVER) des Arztes eingehend zu beleuchten und durchzuarbeiten. Man wird höchstens auf die Möglichkeit solcher Tendenzen hinweisen, wenn man Skotome des Therapeuten für typische und/ oder immer wiederkehrende neurotische Fehlhaltungen des Patienten, bzw. für Übertragungen und Widerstände, die vom psychosomatisch Kranken ausgehen, erkennt. In einer analytischen Lehrgruppe wird demgegenüber auf die daran beteiligten Ärzte ausgerichtet diskutiert. Schildert in einem solchen Kreis beispielsweise ein Arzt seine eigenen Schwierigkeiten beim Besprechen der sexuellen Fragen eines Patienten, so wird darauf eingegangen werden müssen, ob aus seiner Kindheitsentwicklung heraus zu verstehende eigene Tabuierungen daran beteiligt sein könnten. Es wird darum gehen, deren Hintergrund auszuleuchten und den entsprechenden Triebkonflikt des Arztes im hic et nunc der Gruppenanalyse durchzuarbeiten. Nicht nur wird es aus-

[1] Auch an dieser Stelle sei Herrn Prof. Dr. F. LABHARDT (stellvertretender Direktor der Psychiatrischen Universitätsklinik Basel) für seine Mitarbeit herzlich gedankt.

schlaggebend sein, welcher Art der Tiefenkonflikt des Arztes ist, sondern welche Haltung er gegenüber seinen Problemen und gegenüber den in der Gruppe besprochenen Fragen Einzelner oder der Gesamtheit einnimmt. Zwar geht es auch in der analytischen Selbsterfahrungsgruppe mehr darum, die charakteristischen Verhaltensmuster der Einzelnen und der Gesamtheit – autozentriert – zu erhellen. Doch wird sich diese Haltungsanalyse immer wieder an Kernkonflikten und deren Inhalt vollziehen. Im Gegensatz dazu bleibt, wie erwähnt, in der BALINT-Gruppe das Problem des Patienten, bzw. die therapeutische Aufgabe an ihm, im Vordergrund des Interesses. Ärztliche Fehlhaltungen sollen zwar schon erkannt, aber nicht deren Ursachen ausführlich besprochen werden. Die Fehleinstellungen des Arztes werden nur so weit besprochen, als sie «Yatrogenien» (SAPIR) bei einem Patienten verhüten sollen. Die BALINT-Gruppe ist vorwiegend didaktisch ausgerichtet (GENEVARD), wobei allerdings – wie in der analytischen Selbsterfahrungsgruppe – der Formation des Arztes gegenüber der Information das Hauptgewicht zukommt. Damit meinen wir, daß der Arzt nicht nur aus den Kenntnissen, die er sich in den Fallbesprechungen erwirbt, lernen soll, sondern auch aus der praktischen Anwendung des Gehörten in seiner Beziehung mit dem Patienten. Über die Besprechung der Arzt-Patienten-Beziehung und die Reaktionen der BALINT-Gruppenbeteiligten einerseits und der Patientenreaktionen andererseits wird indirekt allerdings auch die Introspektion der Mitwirkenden gefördert.

Ein Arzt berichtete darüber, daß ein Freund, der ihm früher immer überlegen gewesen sei, ihn um Rat gebeten habe. Dieser Mann sei schon bei vielen Kollegen gewesen, doch habe ihm keiner helfen können. Nun könne er ihm doch seine Hilfe nicht versagen. Nachdem sich die BALINT-Gruppe während zweier Sitzungen über die Relationen des Patienten zum Therapeuten unterhalten hatte, wurde es dem berichtenden Kollegen allmählich von selbst klar, daß er seinen Freund als Patienten übernommen haben könnte, um nun seinerseits seine Überlegenheit dokumentieren zu können. Über die Besprechung des Arzt-Patienten-Verhältnisses wurde ihm sein früheres Insuffizienzgefühl und sein anachronistischer Versuch der Kompensation klar. Es war ihm ein Schritt in Richtung der Introspektion möglich geworden. Damit war er in der Lage, künftig seinen Patienten mit der erforderlichen therapeutischen Distanz gegenüberzutreten. Er wird wohl auch in Zukunft weniger versucht sein, seine Kompensationstendenzen unbewußt in den therapeutischen Beziehungen zu leben.

Während in der analytischen Lehrgruppe die Aufmerksamkeit multifokal aufgeteilt wird auf die verschiedenen Beteiligten und den Gruppenprozeß als gesamten, wird in der BALINT-Gruppe die therapeutische Aufgabe am Patienten im Visier behalten. In der analytischen Gruppe berücksichtigen wir sowohl den tiefenpsychologischen als auch den soziologischen Aspekt. In der BALINT-Gruppe treten die psychologischen und soziologischen Aspekte der Zugehörigen und des anwesenden Kollektivs in den Hintergrund. Im Rampenlicht bleibt der Patient, allerdings in der Konfrontation mit dem Arzt.

Auch in den BALINTschen Fallseminaren werden sich, wenn oft auch unbemerkt, Gruppengesetzmäßigkeiten – die psychologisch und soziologisch interpretiert werden können – auswirken. So kann beispielsweise in den Fallseminaren beobachtet werden, daß, infolge der Verstärkerwirkung der Gruppe auf die Gefühle (BATTEGAY), Emotionen, die durch einen Arzt mit dem Fallbericht in einen solchen Kreis gebracht werden, eine Potenzierung erfahren und der gesamte Kreis dann seine Aufmerksamkeit zu sehr oder ausschließlich auf eine Konfliktthematik zentriert. Die BALINT-Gruppen können so in ihrem Spektrum eingeengt werden. Dabei besteht die Gefahr, daß wesentliche Anliegen des Patienten – und des Arztes – vernachlässigt werden. Diese Zentrierung auf eine Thematik kann man etwa auch in analytischen Kontrollseminaren erkennen, an denen mehrere Kollegen mitwirken. Die Assoziationen der Beteiligten sind dann gelegentlich zu sehr auf eine Sicht eingeengt und können durch den Ausbildungskandidaten in der psychoanalytischen Situation mit den Patienten häufig nicht als solche verwendet werden. Der Kollege, der in der BALINT-Gruppe – oder im analytischen Kontrollseminar – über einen Patienten berichtet, fühlt sich in solchen Momenten etwa frustriert, weil die in der Gruppe vorherrschenden Gefühle die wahren Verhältnisse in einem verzerrten oder überdimensionierten Licht erscheinen lassen. Man muß sich in diesem Zusammenhang fragen, ob es für die Leiter von BALINT-Gruppen nicht angezeigt wäre, eine Gruppenerfahrung in analytischen Lehrgruppen zu erwerben. Ist ihm die Gruppendynamik nicht oder nicht genügend bekannt, besteht die Gefahr, daß er, aus den Gruppengesetzmäßigkeiten heraus zu verstehende Geschehnisse und Äußerungen fehlinterpretiert und zu keiner adäquaten Beurteilung des dargelegten Krankheitsfalles kommt.

Zusammengefaßt kann gesagt werden, daß die BALINT-Gruppe dazu dient, die psychotherapeutisch interessierten Nicht-Psychiater in einem adäquaten Verhalten gegenüber den Patienten zu schulen. Sie sollen erkennen, daß Gefühle, die in ihm entstehen, Symptome der Krankheit des Patienten darstellen. Des ferneren soll er wissen, daß der anwesende Patient oft nur der Vorposten eines (mit-) kranken abwesenden Patienten oder der (mit-) kranken Familie darstellt. Die Fallbesprechungen sollen den Kollegen auch darauf hinweisen, daß nicht er selbst, sondern der Patient und er zusammen für die Erhellung der dem psychosomatischen bzw. neurotischen Leiden zugrunde liegenden Konflikte verantwortlich ist. Die BALINT-Gruppe soll zwar Fehlhaltungen und tiefenpsychologisch bedingte Skotome des Arztes aufdecken. Sie muß aber – im Gegensatz zur analytischen Selbsterfahrungsgruppe, die autozentriert ist – allozentriert bleiben.

2.4.3. Die Kontrollgruppe – Zusammenfassende Schlußbetrachtungen

Die Kontrolle von individuellen Psychotherapien und Gruppenpsychotherapien (siehe Kapitel «Ausbildung») erfolgt häufig in einer Gruppe.

2.4.3.1. Als Vorteile der Gruppenkontrolle sind unter anderen anzuführen:

2.4.3.1.1. Der erfahrene Therapeut spart Zeit. Er kann in einer gewissen Zeitspanne gleichzeitig mehrere Psychotherapien kontrollieren. Allerdings entfällt auf die einzelnen Kandidaten weniger Zeit als in einer Einzelkontrolle.

2.4.3.1.2. Die Kandidaten haben in einer Gruppe Gelegenheit, aus den Berichten der Kollegen und den dazu erfolgenden Kommentaren des Kontrollanalytikers zu lernen. Sie werden sich auch selbst ein Bild über die Psychotherapien, die die anderen durchführen, entwerfen und sich dazu äußern. In der Diskussion mit dem Kontrollanalytiker und der Gruppe wird so die Möglichkeit bestehen, die geäußerten Auffassungen zu überprüfen. Die Gruppenkontrolle erweitert demnach den Informationsbereich des Einzelnen (siehe Abschnitt «Erweiterter Informationsbereich») und spannt ihn in ein Milieu ein, das sich infolge der wechselseitigen Interaktionen und gegenseitigen «feedbacks» formativ auswirkt.

2.4.3.1.3. In der Kontrollgruppe sind die Kandidaten genötigt, ihre Fallberichte möglichst kurz gefaßt und präzise vorzutragen. Sie lernen so, sich auf das Wesentliche zu beschränken.

2.4.3.1.4. Die Gemeinschaft mit Kollegen vermittelt ihnen ein Gruppengefühl. Sie erleben sich dem Kontrollanalytiker nicht mehr isoliert und allein ausgesetzt. Die Identifikation mit gleichermaßen Betroffenen erleichtert es ihnen, ihre Ansicht zu äußern, allenfalls mit dem Kontrollanalytiker in eine Diskussion zu treten.

2.4.3.2. Doch bringt die Kontrollgruppe auch Nachteile für die einzelnen Beteiligten mit sich:

2.4.3.2.1. Die erwähnte Beschränkung in der Zeit bedeutet, daß die Kontrolle weniger gründlich erfolgen kann als in einem dualen Kontrollverhältnis.

2.4.3.2.2. **Die Gruppendynamik interferiert mit dem Kontrollanliegen.** Es wird in einer Gruppe anders über Psychotherapie berichtet als in einer Einzelkontrolle. Gegenseitige Konkurrenzprobleme, narzißtische Tendenzen, aus der frühkindlichen oder späteren Kollektivsituation verständliche Übertragungen, damit zusammenhängende Widerstände, Gegenübertragungen und Gegenwiderstände (GLOVER) des Kontrollanalytikers werden in einer Gruppe mit ihrer Verstärkerwirkung auf unbewußte Tendenzen bedeutend mehr mobilisiert als in einem dualen Kontrollverhältnis. Auch bilden sich in einer solchen Kontrollgruppe Normen, Standards (CARTWRIGHT und ZANDER), heraus, die sich nicht selten verfestigen. Es entsteht auf diese Weise in der Gruppe oft ein festes Bild von einem Kandidaten. Der Einzelne hat dann Mühe, auch wenn er einen Lernzuwachs aufweist, die übrigen zu einer anderen Ansicht über ihn zu bewegen. Es ist im Kollektiv ein Stereotyp (HOFSTÄTTER) über ihn entstanden.

2.4.3.2.3. **Die Kontrollgruppe vermittelt nie jene Vertrauensatmosphäre,** in der allein der Kandidat bereit wäre, einen vollkommen offenen Bericht über die von ihm durchgeführte Psychotherapie zu erstatten. Er wird in einem solchen Kreis, bewußt oder unbewußt, immer die Tendenz haben, sein Vorgehen «stilisiert» darzustellen. Die Anwesenheit anderer wird oft als ein Mit-Sein Urteilender – oder sogar Verurteilender – betrachtet. Die Gruppe nimmt im Erleben des kontrolliert werdenden Kandidaten nicht selten eine Über-Ich-Rolle an. Der Auszubildende fühlt sich dementsprechend in einem solchen Kreise bedeutend mehr der Kritik ausgesetzt als in einem dualen Kontrollverhältnis.

2.4.3.2.4. **Beachtet der kontrollierende Psychotherapeut die Gruppengesetzmäßigkeiten nicht,** bzw. kennt er sie nicht, besteht die Gefahr, daß er aus der Gruppendynamik resultierende Färbungen der Fallberichte für ausschließliche Probleme der kontrollierten Psychotherapien hält und nicht merkt, daß sie, zumindest teilweise, das Produkt der Gruppengesetzmäßigkeiten sind.

2.4.3.2.5. **Es zeigt sich in den Gruppen immer wieder, daß sich die Aufmerksamkeit der Beteiligten während längerer Zeit auf ein vorgebrachtes Problem konzentriert.** Dabei entspricht diese Fokussierung nicht immer dem Gewicht des Konfliktes in der referierten Psychotherapie. Vielmehr ist es oft die momentane Situation der Kontrollgruppe, die dazu führt, daß sich das Kollektiv mit einem Problem näher befaßt als mit einem anderen. Nicht selten fühlen sich die Kandidaten – oft zu Recht – frustriert, wenn die Gruppe auf einer Diskussion von Fragestellungen verharrt, die in der kontrollierten Psychotherapie keine zentrale Rolle spielen. Die Gruppe mit ihrer Verstärkerwirkung auf die Gefühle hilft dem Kollegen in diesen Situationen keineswegs, eine adäquate Haltung in der Psychotherapie zu finden. Sie sieht dann an den wirklichen Problemen vorbei und empfiehlt so Verhaltensweisen, die den Ausbildungskandidaten nichts nützen.

Zusammengefaßt kann gesagt werden:
Die Kontrollgruppe beinhaltet für die Beteiligten nicht nur Lernmöglichkeiten und Fortentwicklung, sondern auch die Gefahr eines Fixiertwerdens und Stagnierens. Außerdem ist es möglich, daß die Gruppe, entsprechend ihrer Dynamik, die vorgetragenen Probleme der kontrollierten Psychotherapien verkennt. Weiß der erfahrene Kontrollanalytiker um diese, der Kontrollgruppe inhärenten Gefahren, so ist sie ein wertvolles Ausbildungsmilieu und -instrument, das ihm gestattet, Zeit zu sparen, und den anderen Beteiligten ermöglicht, von ihm und voneinander zu lernen.

2.4.4. Literatur

ACKERMAN, N.W.: The Psychodynamics of Family Life. 5th print. Basic Books, New York 1960.

BALINT, M. und E.: Psychotherapeutische Techniken in der Medizin. Huber/Klett, Bern/Stuttgart 1963.

BATTEGAY, R.: Die Verstärkerwirkung der therapeutischen Gruppe. Praxis der Psychotherapie *6*, 9, 1961.
– Konfliktinhalte und Haltung in der therapeutischen Gruppe unter dem Aspekte analytischer Selbsterfahrungsgruppen mit Ärzten. Praxis der Psychotherapie *13*, 58, 1968.

BECK, D.: Die Indikation zur psychoanalytischen Kurzpsychotherapie. Z. Psychosomat. Med. *13*, 257, 1967.

BOSZORMENYI-NAGY, I., FRAMO, J.L. (Ed.): Intensive Family Therapy. Hoeber Medical Division, Harper & Row, New York 1965.

CARTWRIGHT, D., ZANDER, A.: Pressures to Uniformity in Groups: Introduction. In: CARTWRIGHT, D., ZANDER, A. (Ed.): Group Dynamics. Harper & Row, New York, Evanston, London, 3rd ed., 1968.
– Groups and Group Membership: Introduction. In: CARTWRIGHT, D., ZANDER, A. (Ed.): Group Dynamics, p.45, Harper & Row, New York, Evanston London 1968.

DÄUMLING, A.M.: Sensitivity Training. In: Gruppenpsychotherapie und Gruppendynamik, Band 2. Verlag für Medizinische Psychologie im Verlag Vandenhoeck & Ruprecht, Göttingen 1968.

FOULKES, S.H.: Therapeutic Group Analysis. Georg Allen & Unwin, London 1964.

FREUD, S.: Die zukünftigen Chancen der psychoanalytischen Therapie. Gesammelte Werke, Bd.VIII, S.103, Imago London, repr. 1955.

FRIEDEMANN, A.: Der Arzt, der Patient und seine Angehörigen. Psychosomatische Medizin (Urban Verlag, Solothurn) 1968/1969: Heft 1/2, S.62.

GADDINI, E.: Über Konstitutionsphänomene der Gegenübertragung. Psyche *28*, 139, 1964.

Garwood, Dorothy Seménow: The Significance and Dynamics of Sensitivity Training Programs. Int. J. Group Psychotherapy *17*, 457, 1967.

Genevard, G.: Différences et analogies entre les groupes psychothérapeutiques et les groupes de discussion. In: Schneider, P.B.: Pratique de la Psychothérapie de groupe. Presses Universitaires de France. Editrice universitaria G.Barbera, Paris/Firenze 1965.

Glover, E.: The Technique of Psychoanalysis. Baillière, Tindall & Cox, London 1955.

Heimann, Paula: Bemerkungen zur Gegenübertragung. Psyche *28*, 489, 1964.

Hofstätter, P.R.: Gruppendynamik. Rowohlt, Hamburg 1957.
– Einführung in die Sozialpsychologie. Alfred Kröner, Stuttgart 1963.

Knoepfel, H.K.: Hausärztliche Psychotherapie auf analytischer Basis. Psychosomatische Medizin, Union Verlag, Solothurn, 1968/1969: Heft 1/2, S.132.

Lewin, K.: Feldtheorie in den Sozialwissenschaften. Hans Huber, Bern/Stuttgart 1963.

Loch, W.: Voraussetzungen, Mechanismen und Grenzen des psychoanalytischen Prozesses. Hans Huber, Bern/Stuttgart 1965.

Maeder, A.: Studien über Kurzpsychotherapie. Klett, Stuttgart 1963.

Malan, D.H.: Psychoanalytische Kurztherapie. Huber/Klett, Bern/Stuttgart 1965.

Meerwein, F.: Die Arzt-Patient-Beziehung in der Kurzpsychotherapie. Praxis der Psychotherapie *10*, 134, 1965.

Merton, R.K.: Social Theory and Social Structure. Free Press Glencoe, Ill., 1957.

Neumann, E.: Die Große Mutter. Rhein-Verlag, Zürich 1956.

Sager, C.J.: An Overview of Family Therapy. Int. J. Group Psychotherapy *18*, 302, 1968.

Sapir, M.: Le Psychiatrie et le médecin face au trouble neuro-végétatif. Médecine Psychosomatique. Union-Verlag, Solothurn 1970: Nr.2, S.131.

Sbandi, P.: «Feedback» im Sensitivity Training. Gruppenpsychotherapie und Gruppendynamik, Band 4, Heft 1, S.17. Vandenhoeck & Ruprecht, Göttingen 1970.

Schultz, J.H.: Das Autogene Training. 8.Aufl. Thieme, Stuttgart 1953.

Smith, H.C.: Sensitivity to People. McGraw-Hill, New York/St.Louis/San Francisco/Toronto/London/Sydney 1966.

3.1. Autorenregister

3.2. Sachregister

Weitere empfehlenswerte Bücher aus dem Aurum Verlag

Detlef I. Lauf

GEHEIMLEHREN
TIBETISCHER TOTENBÜCHER

– Jenseitswelten und Wandlung nach dem Tode –

– Ein west-östlicher Vergleich mit psychologischem Kommentar –

Mit einem Vorwort von Prof. Dr. F. Spiegelberg

310 S., reich illustriert, mit viels., bisher unbekanntem Bildmaterial, 4 Farbtafeln und 8 Schwarz-weiß-Tafeln, Übersichten, Tabellen, Literatur-Verzeichnis, Glossarium und Register. Leinen mit Goldprägung u. ill. Vorsatz

Aus der reichen Tradition tibetischer Geheimlehren zeigt dieses Werk alle Nachtod-Visionen, die – Abbild tiefster Lebenserkenntnisse tibetischer Gurus – über den Tod hinaus in mögliches neues Leben führen. Ein vielseitiges, bisher unbekanntes Bildmaterial zu den Initiationen des Totenrituals bereichert die ausführliche Darstellung.

Ian Stevenson

REINKARNATION

– Der Mensch im Wandel von Tod und Wiedergeburt –

– 20 überzeugende und wissenschaftlich bewiesene Fälle –

Mit einem Vorwort von C. J. Ducasse

416 S. mit vielen Tabellen und Übersichten sowie Index

Diese Arbeit untermauert den Glauben an die Wiedergeburt erstmals mit wissenschaftlicher Beweisführung anhand von 20 Fällen wiederholter Erdenleben.

Viele Fragen unseres Lebens lassen sich nur dann sinnvoll beantworten, wenn wir an die Möglichkeit erneuten Lebens glauben. REINKARNATION zeigt, daß Menschen mehrfach auf der Erde gelebt haben und unter uns leben. Dieses Buch wird zum Zeugnis der Wandlung des Menschen in Tod und Wiedergeburt.

AURUM VERLAG · FREIBURG IM BREISGAU

Weitere empfehlenswerte Bücher aus dem Aurum Verlag

José und Miriam Argüelles

DAS GROSSE MANDALA-BUCH

– Mandala in Aktion –

Mit einem Vorwort von Lama Tschögyam Trungpa

152 S. mit 160 Ill. und 16 teils ganzseitigen Farbtafeln, Register
Großformat in Leinen

Dieses Buch bietet in umfassender Weise eine praktische Einführung in die Mandala-Meditation und stellt gleichzeitig eine direkte, praktische Meditationshilfe dar – wie Lama Trungpa
sagt: Es ist in sich selbst ein »Mandala in Aktion«.

Swami Muktananda

SPIEL DES BEWUSSTSEINS
– CHITSHAKTI VILAS –

– Die geheime Kundalini-Praxis –

Mit einem Interview des Autors mit Astronaut Edgar Mitchell

308 S. mit 7 Abb. und 1 Farbtafel sowie Glossarium

Die Geheimnisse des Maha-Yoga, durch Jahrtausende nur münd-
lich von Guru zu Schüler weitergegeben, werden hier aufgedeckt. Äußerst selten sind über die Erfahrung des inneren Selbst
so präzise und unmißverständliche Aussagen gemacht worden.

AURUM VERLAG · FREIBURG IM BREISGAU